海外中国哲学研究译丛

[美]刘纪璐 著　江求流 译

宋明理学：
形而上学、心灵与道德

Neo-Confucianism:
Metaphysics, Mind and Morality

JeeLoo Liu

西北大学出版社
·西安·

著作权合同登记号：陕版出图字 25-2019-140
图书在版编目（CIP）数据

宋明理学：形而上学、心灵与道德／（美）刘纪璐著；江求流译. —西安：西北大学出版社，2021.11
（海外中国哲学研究译丛／赵卫国主编．）
书名原文：Neo-Confucianism: Metaphysics, Mind and Morality
ISBN 978-7-5604-4831-2

Ⅰ．①宋… Ⅱ．①刘…②江… Ⅲ．①理学—研究—中国—宋代 ②理学—研究—中国—明代 Ⅳ．①B244.05 ②B248.05

中国版本图书馆 CIP 数据核字（2021）第 216928 号

NEO-CONFUCIANISM: METAPHYSICS, MIND, AND MORALITY
by JEELOO LIU
Copyright © 2018 John Wiley & Sons, Inc.
本书中文简体中文字版专有翻译出版权由 John Wiley & Sons, Inc. 公司授予西北大学出版社。未经许可，不得以任何手段和形式复制或抄袭本书内容。
本书封底贴有 Wiley 防伪标签，无标签者不得销售。

宋明理学：形而上学、心灵与道德

[美] 刘纪璐　著　　江求流　译

出版发行：西北大学出版社

（西北大学校内　邮编：710069　电话：029-88302621　88303593）

经　　销	全国新华书店
印　　装	陕西博文印务有限公司
开　　本	880 毫米×1194 毫米　1/32
印　　张	15
版　　次	2021 年 11 月第 1 版
印　　次	2021 年 11 月第 1 次印刷
字　　数	335 千字
书　　号	ISBN 978-7-5604-4831-2
定　　价	118.00 元

本版图书如有印装质量问题，请拨打电话 029-88302966 予以调换。

海外中国哲学研究译丛

主　编

赵卫国

执行主编

陈志伟

编　委

杨国荣	梁　涛	万百安	李晨阳	陈志伟
朱锋刚	王　珏	宋宽锋	刘梁剑	张　蓬
林乐昌	贡华南	陈　赟	江求流	苏晓冰
张美宏	吴晓番	张　磊	王海成	刘旻娇
顾　毳	陈　鑫	张丽丽		

丛书受到教育部哲学社会科学研究重大课题攻关项目"海外汉学中的中国哲学文献翻译与研究"(项目编号：18JZD014)经费资助。

本书的翻译亦受到国家社会科学基金项目"宋代理学的佛教批判及其现代意义研究"(项目编号：17XZX012)经费资助。

总　序

赵卫国　陈志伟

哲学"生"于对话,"死"于独白。哲学的对话,既体现为同一文化传统内部不同思想流派、人物之间的对辩机锋,也体现为不同文化传统之间的互摄互融。特别是在走向全球一体化的当今时代,不同文化传统之间的互相理解与尊重、彼此交流与融合,显得尤为迫切和必要。鉴此,从哲学层面推动中西文明传统之间的理解与交流,以"他山之石"攻"本土之玉",就成为我们理解外来文化、审度本土文化、实现本土思想文化创造性转化和创新性发展的一条必经之路。

在中国传统哲学的发展历程中,有过数次因外来文化传入而导致的与不同传统之间的互通,传统哲学因此而转向新的思想路径,比如佛教传入中国,引发了儒学在宋明时期的新发展。16世纪西方传教士进入中国,一方面中国人开始接触西方文化和哲学,另一方面,西方人也开始了解中国的儒释道传统,中西方思想的沟通交流由此拉开了崭新的序幕。这一过程大体上经历了三个阶段,即耶稣会传教士阶段、新教传教士阶段和专业性的经院汉学阶段。而自从汉学最先在法国,后来在荷兰、德国、英国、美国确立以来,西方人对中国哲学的理解和诠释可谓日新月异,逐渐形成了海外汉学中国哲学研究的新天地。特别是从20世纪80年代开始,海外汉学家的中国哲学研究与国内哲学家、哲学史家的中国哲学研究两相呼应,一些极富代表性的海外中国哲学研究成果相继译出,这也就为当代中国哲学研究提供了一些新的理论视角和方法。

海外汉学是不同传统之间对话的结果,其范围涵盖众多的学科门类。其中中国文学、史学、民族学、人类学等领域的海外汉学研究成果,已得到了系统化、规模化的译介和评注。与之相较,海外汉学中的中国哲学研究论著,虽已有所译介和研究,但仍处于一种游散状态,尚未形成自觉而有系统的研究态势,从而难以满足国内学界的学术研究需要。因此应在前人工作的基础上,将更多优秀的海外汉学中国哲学研究成果,包括海外华人学者以西方哲学视角对中国哲学的研究成果,迻译进来,以更为集中的供国内学者参考、借鉴。正是出于这样的考虑,我们借助教育部哲学社会科学重大课题攻关项目"海外汉学中的中国哲学文献翻译与研究"(18JZD014)立项之机,策划设计了"海外中国哲学研究译丛",并希望将此作为一项长期的工作持续进行下去。

当今之世,中国哲学正以崭新的面貌走向世界哲学的舞台,地域性的中国哲学正在以世界哲学的姿态焕发新机。与此同时,用开放的他者眼光来反观和审视中国哲学,将会更加凸显中国哲学的地域性特色与普遍性意义,并丰富其研究内涵和范式。我们希望通过此项丛书的翻译,使得海外中国哲学研究作为一面来自他者的镜子,为当代中国哲学研究提供新的方法论和概念框架的参考,助力中国哲学未来之路的持续拓展。

谨将本书献给我的母亲刘林祝闹女士，因为她对子女的高标准成就了今日的我。

目　录

中译本序言 ……………………………………… 1

前言 ……………………………………………… 7

致谢 ……………………………………………… 11

导论 ……………………………………………… 1

第一部分　理学形而上学：从宇宙论到本体论 …… 43

第一章　从无到无限：周敦颐宇宙论的本源 ……… 45

第二章　万物的基本构成：张载的气一元论 ……… 87

第三章　程朱学派的规范实在论：宇宙之理 ……… 120

第四章　王夫之"理在气中"的理论 ……………… 149

第二部分　人性、人心与人类道德的基础 …… 175

第五章　朱熹的内在道德实在论："性即理" …… 177

第六章　陆象山和王阳明的"心即理"学说 …… 196

第七章　王夫之的人性日生论及其道德心理学 …… 222

第三部分　德性的培养、道德人格以及道德世界的建构 ………… 255

第八章　张载论道德人格的培养 ………… 257
第九章　二程兄弟的整合主义美德伦理学及德性认识论 ………… 288
第十章　朱熹的成圣方法论：道德认知主义与道德理性主义 ………… 319
第十一章　王阳明关于先天道德意识与道德反身主义的直觉主义模式 ………… 344
第十二章　建构道德世界：王夫之的社会情感主义 ………… 373

参考文献 ………… 405
索引 ………… 427
译后记 ………… 453

中译本序言

刘纪璐

这本书是继续我第一本《中国哲学导论：从古代哲学至中国佛学》而完成我立志以分析哲学方法系统性整理中国哲学的计划。这本英文著作于2017年年底在美国出版。中文版能够在这么短的时间内出版，译者江求流博士功不可没。这本中文翻译属于西安电子科技大学的教育部重大课题"海外汉学中的中国哲学文献翻译与研究"课题组的翻译计划之一。我要特别感谢西安电子科技大学人文学院陈志伟教授和苏晓冰博士两人的牵线，帮助我找到陕西师范大学哲学系的江求流博士来做翻译工作。江求流是个年轻负责的学者，对宋明理学特别有研究。他在翻译过程中与我多次沟通，务必要使得译文正确易读。他在牛津大学访学的时候花了很大工夫去查对中文英译的原文，对字句的斟酌也费了许多心思。我对他的译文非常满意。如果没有他的执着求好，这本牵涉多方位哲学议题的书无法这么顺利译成中文。

我来自中国台湾，当年在高二时读到中文教科书里的《船山记》选文，就深深为王夫之的爱国情操与刻苦精神感动，发愿要读他的著作。当初大学联考可以多重选校选本科，一共有一百三十多个选择项目，但是我只填选了四个志愿，是当时台湾的大学仅有的四个哲学系。结果幸运进入台湾大学哲学系，毕业后又直接考入硕士班，实现我要熟读王夫之著作的意愿。我的硕士论文便是在张永儁师的指导下写王夫之的历史哲学。张师同时也在我大学本科学习期间开了宋明理学跟清代哲学两门课，他的教学热情以及他对理学的阐释对我日后治学影响深远，也启发我树立了把理学发扬光大的志向。

台大哲学硕士班毕业后，我想要拓展我的哲学研究视域，于是来到美国纽约罗彻斯特大学哲学所攻读西方分析哲学。研究兴趣包括语言哲学、形而上学、心灵哲学以及伦理学。最后我决定选心灵哲学中的一个当红议题作论文题目，于1993年在 Richard Feldman 教授的指导下拿到博士学位。次年即开始在纽约州立大学的几内修分校开始正式教学工作。我一开始只愿意教西方哲学，一方面是我对年少时热爱的宋明理学已经感到脱节，另一方面是我已经爱上分析哲学的清晰方法论，对分析哲学的哲学问题意识产生浓厚的兴趣，而觉得中国哲学缺乏这些优点。但是我开始教书后不久，学生便陆陆续续向我以及系主任要求开中国哲学课。美国大学生其实对中国思想很感兴趣，但是他们的认知范围仅限于中学的世界宗教概论以及媒体对道家或是佛教思想的片面性传播。我最早开始教一门实验性的中国哲学课，学生反应很好，这门课便成为哲学系的固定课程。我从此就开始一个漫长的教学反思：如何使美国大学生将中国思想理解为一门哲学课，而非宗教课或是文化学习。我发现在20世纪90年代可以做中国哲学教科书的英语书实在非常贫乏,除了陈荣捷的《中国哲学文献选编》可以用来做资料选读之外,其他没有什么导论性质的书合乎我的教学需要。冯友兰的《中国哲学史》英译本多是文献选读,加上艰涩的短文诠释,完全不适合美国大学生的阅读能力,也无法激起他们的阅读兴趣。是以我开始以我的教学方式整理《中国哲学文献选编》的选文,并且把每一个哲学家的哲学问题带出来让学生思辨讨论。我发觉我过去认为中国思想没有分析性,不够清楚,不具问题性是错误的理解。中国思想是否可以哲学化完全在于诠释表达方式。于是我开始着手写一本融合分析哲学方法以及中国哲学问题精髓的中国哲学导论。我的第一本书《中国哲学导论:从古代哲学至中国佛学》于2006年在美国出版,立刻得到许多好评,被视为是解决中国哲学在英美哲学界传播之急的及时雨。

在写完第一本书后我便想回到宋明理学,对以前大学时热爱但是仅仅一知半解的理学心学之辨重新做一番厘清。我的中国哲学课,每学期教到宋明理学时我都只能草草带过,因为我找不到对学生最适合的切入点。而且,我感觉美国学生对先秦哲学跟佛学都很能契合,因为他们从中间看到自己生命的导向、人格的培养,跟家人、社会、世界的关系。许多学生事后会写信感谢我的教导,因为他们的生命有了新的气象,对自己的人生目标有了多一层的了解。对他们来说,上了中国哲学课有如获得精神生命的改头换面。但是他们对宋明理学家的形而上世界观与其道德规划却无法认同:学生们对宋明理学中的理气之辨、心性之辨、格物致知、慎独诚意、圣贤理想等议题,都无法有切身的体会。对大多数美国学生来说,宋明理学只是一堆人名，很容易搞混，是理论上也很难区分的纸上谈兵，象牙塔内的钻牛角尖，对他们的生命无关痛痒。我了解这些其实是源自我教学的困境：因为即使我认为宋明理学是中国哲学的精华，最富有哲学思辨性，但是我自己也无法清楚分析心学、性学到底争执关键何在。这是我想要进一步开展中国哲学思维的一个障碍。

这一本《宋明理学：形而上学、心灵与道德》，便是在这样的内省以及我想继续引介中国哲学至英语世界的意愿之下开始构思的。本书的章节是有意的安排：我认为宋明理学家的道德哲学观跟他们的形而上学思辨以及他们的心性学之观点是息息相关的，而他们的心性学之看法又是跟他们所提出的道德规划有直接的关联。所以本书分成三部分，第一部分强调不同的形上学观，理气之关系，以及宋明理学的特色——道德形上学的逐渐发展。本部分以王夫之的理气论做总结，因为我认为王夫之融合前哲的理气思维而为集大成者。第二部分诠释心学性学之辨为理学家对人类道德基础以及道德如何可能的探讨，这部分以王夫之的道德心理学做总结，因为他的人性论将理在心还是理在性的纠结拓展至一个新的问题：道德实现的心理基础何在。本书的第三部分逐一介绍宋明理学家所提出来的道德建设方案，而最后总结于从王夫之的道德情感论启发我自己要发展的哲学思想：社会情感主义。这本书的大纲展现了我认为理学可以哲学化、现代化的种种途径。同时为了厘清各个理学家思想的特点，我也尝试给他们的理论标上哲学派别，并且从他们的著作中找到支持我诠释的文本。从这样的比较哲学角度来分析，宋明理学呈现了一个多彩多姿的哲学风貌，对世界的构成、万物的秩序、人性的善恶、人心的修养以及道德实现的可能，都提出不同的方案。如果有学者仍然觉得宋明理学不是中国哲学的精华，那么这本书应该可以转变他们的看法。

如今我在美国教中国哲学已经二十多年了，我也常常参加美国以及国际性的哲学研讨会，一心一意要把中国哲学尤其是宋明理学的哲学精髓介绍给美国学者与美国学生。现在仍然有些中国学者坚持中国思想不应该西化，而应该保持国粹精神。我在此要引用我在2016年于《深圳大学学报（人文社会科学版）》发表的一篇文章《儒学哲学化的契机：以分析哲学为传统中国哲学开生面》的序言：

> 而要儒学哲学化，在当代的哲学世界里，就不能不把传统儒学用西方分析哲学的语言方式重整面目。分析哲学的语言与议题也许不见得能改善中国儒学的内涵，但是它对帮助儒学走入英美哲学界的主流讨论却是不可或缺的一种"外语能力"。如果中国儒学不能走出去，让西方哲学界看到我们可以提供哪些不同的见解，呈现如何歧异的思考模式，中国儒学就无法吸引他人的研究兴趣。只有当更多的人愿意走入中国儒学研究的圈圈，这个圈圈才会越来越大。但是如果我们只是站在自己的圈子中，作自己的讨论，自己的研究，这个圈子就会越来越呆滞，狭隘，最终只有成为世界哲学角落的配景。

我很期望本书中文版的印行可以启发更多中国学者为宋明理学的国际化和哲学化共同努力。

前　言

这本书是继续我第一本《中国哲学导论：从古代哲学至中国佛学》而完成我立志以分析哲学方法系统性整理中国哲学的计划。本书英文原作于 2017 年年底，在美国出版。本书不是一本关于中国哲学史的著述，它也没有把理学（neo-Confucianism）局限在其历史语境（historical context）之中。本书旨在提取宋明理学的哲学精髓并使之与当代的哲学论述联系起来。本书的方法论是比较哲学，而比较的角度采取分析哲学（analytic philosophy）。之所以选择以分析哲学来对理学进行诠释与建构，是基于作者本人的哲学训练与专业知识。在许多值得重视的研究中国哲学之路向中，比较分析也是一个可信度高的研究方式。作者撰写本书的意图不是要定义理学为何，而是要展示如何可以哲学地从事理学的研究。

这本书引用诸多分析哲学中的当代哲学理论，以期为理学中的许多传统哲学观念提供一个新的解释学门径（hermeneutic entry）。这样的做法当然不是表示在 11 至 17 世纪发展的理学真正地包含着这些现代学说，因为这样的断言会导致时代错乱的误植（anachronistic）或是削足适履的（Procrustean）解释。然而，这样一种用当代语境来重构（recontextualization）理学的做法，可以使理学从它特定的历史语境中解放出来，并使之与现代读者产生共鸣。本人相信大多数哲学观念，虽然有它们的语境根源（contextual root），但都源于人类的共同关切，因此是可以接受在不同的时代语境中被重构的。一个文本需要通过它的阐释者和读者而继续存在，不然它就是死去的文本。

不过，这种用西方哲学的概念来解释中国哲学的比较哲学进路（comparative approach），可能会招致许多中国历史学家和汉学家（Sinologists）的强烈反对，被认为是认识论的殖民化（epistemological colonization），或所谓的"反向格义"（借用刘笑敢的术语）。一些中国学者一直强烈反对使用任何西方哲学的观念来解释中国思想，认为这种西方化会破坏中国思想的"精髓"。在这本书中，我想要挑战的正是这种哲学的民族主义（nationalism）或本质主义（essentialism），即将中国哲学看作国产，只限于中国的知性传承（lineage），并且认为只有中国的读者才能够理解。我认为用西方的哲学术语来解释中国哲学，并不一定会迫使后者进入前者的概念框架（conceptual framework）。如果这种比较视角的理解能忠于文本，不曲解先哲的哲学理念，那么，对于中国哲学的局外人而言，这种视角将作为一个桥梁，为他们进入中国哲学提供知性通道（intellectual access）。与此同时，这一比较视角也可以激发熟悉中国哲学的学者们去学习更多西方哲学的观点。在这本书中，我希望通过使用现代分析哲学的术语来重构理学，不仅可以使得理学的相关观念易于理解，而且使其具有哲学的启发性。为了忠于理学的哲学内涵，这一重构既基于严谨缜密的文本分析，也参考了英文与中文二手资料中的其他相关解释。我希望为读者们提供的是一个关于理学在哲学维度方面清新、新颖和明晰的表达。

致　谢

这本书是在 John Templeton ①基金会的慷慨资助下得以完成的。我要感谢基金会的前任和现任主任 Hyung Choi、Michael J. Murray 和 John Churchill 的协助。

这本书可以说是我的第一本著作《中国哲学导论：从古代哲学至中国佛学》(*An Introduction to Chinese Philosophy：From Ancient Philosophy to Chinese Buddhism*，Blackwell 出版社，2006) 的续篇。我深深地感谢帮助我开启写作生涯的 Wiley-Blackwell 出版社的前哲学编辑 Jeff Dean。在 20 世纪 90 年代末，当我作为纽约州立大学几内修分校（SUNY Geneseo）的初级助理教授时，几乎没有著作发表的我向 Jeff 提出了用一种分析的进路来写一本介绍中国哲学的著作的想法，他满腔热情地接受了我的这一想法，并且在我的整个撰写过程中提供了许多有帮助的反馈。我对 Jeff 能够信任我按照自己想要的方式来写

---

①在本译本中，除了那些有成熟中文译名的英文名字会以括号的形式标注其中文译名外，其他一律保留为英文。——译注

作那本书深感谢意。当时我们一致认为，如果这一中国哲学导论扩展到理学，就会使得那本书过长，因此关于理学的内容不得不等到这一导论的第二卷了。而完成这第二卷的工程，花费了我将近10年的时间。Jeff对这本书的提案再次表示欢迎和鼓励，并且提供了许多正确的编辑建议，包括本书当前的英文名称。我非常遗憾在这本书完成之前，Jeff离开了Wiley-Blackwell出版社。不过，我很感谢现任编辑Marissa Koors接手这个项目并将其出版。我还要感谢这本书的两位审稿人，他们对本书的改进提出了许多友好而且非常有益的建议。

理学一直是我的热情所在。当我还在台湾大学读本科时，我喜欢在父母公寓的屋顶阳台上阅读理学的著作，看着夕阳和美丽的云朵，我常常想，几百年前的理学家们与我共享着这一片天空，并感到自己与他们的关联。而将这种热情灌注到我的心灵之中的人，是我的本科指导教授同时也是我的硕士论文导师张永儁，他是我们这个时代一位活生生的理学家——献身于学习与教学，传递着道的火炬，我非常感激他为我开启了通往理学的大门。

2009年，当我撰写这本书的想法初步浮现时，我被邀请到台湾的政治大学开展一个关于相同主题的实验性暑期课程。我要对政治大学哲学系给予我的这一宝贵机会表示感谢，开这门课使得我能够通过与学生的讨论来发展我的思想。我必须感谢使得这本书得以可能的参与者们：我的助教张子立以及参与这个课程的学者和同学们。我也要对香港中文大学哲学系在本书手稿修订的最后阶段为我提供的一次赞助性访问表示感谢。

最后，但也是最重要的，我还要感谢我的丈夫 Michael Cranston 和我们的两个儿子 Collin 和 Dillon，因为他们为我写书的这些年提供了一个充满爱与支持而没有压力的环境。

导　论

　　本书对宋明时期（11世纪至17世纪之间）的中国理学的八个中心人物给予了详尽的哲学性分析。它是作者的前一本著作《中国哲学导论：从古代哲学至中国佛学》（Blackwell出版社，2006）的续篇。前部书研析先秦的五大哲学流派和中国佛学四个主要学派。本书延续了前书对中国哲学的分析性导论，主要聚焦于宋明理学。

　　这本书将宋明理学的主要议题和关注之点与分析哲学进行比较。这一进路有助于将理学带入当代哲学的语境，并有助于展示以独特的理学术语表达的议题如何与当代哲学中的议题相关联。这一分析性方法的目标之一是展示出尽管中国哲学家们使用着不同的术语、叙事策略和分析模式，他们所关注的问题仍常常与西方哲学所关注的类似，例如：实在的真相是什么？道德价值的基础何在？人性本质上是善的还是恶的？人类与整个宇宙的关系为何？我们关于物质世界和道德实在的知识基础是什么？这种进路将通过对相关文本的分析阐释，揭示这些议题的普遍性，从而使西方思想家们能够理解宋明理学。这本书将使得那些不熟悉中国哲学术语或其思想史的西方读者获得一种对理学的哲学性理解。更进一步来说，通过参考英文的理学研究以及具有代表性的关于理学的中文著作,本书将用清晰易懂的语言来展示从事理学研究的西方哲学家和当代中国学者之间共同关心的问题以及共同的追求,以促进他们之间更积极的哲学交流。

何为理学

"理学"通常指的是古典儒学(classical Confucianism)的复兴,它形成于11至18世纪的中国,在中国历史上跨越了四个朝代:宋、元、明和清。理学是儒学的一种新形态,出现于道家及随后的佛教在中国思想界占据主导地位之后。与西方哲学中"现代哲学(Modern Philosophy)"在西方哲学史的成就相近,理学也复兴了传统哲学,拓展了传统的中国哲学论述,增加了儒学的新维度,并使儒学达到了新的高峰。由于受到道家和佛教思想的挑战与影响,儒学的转型是中国哲学史上最显著和最重要的发展。理学使得《易经》等经典著作中的形而上学思想重新焕发活力,并将道家和佛教的不同概念及观点吸收到它的论述之中。此外,为了对道家关于知识可能性的怀疑性态度做出回应,理学家将《大学》等经典著作中所主张的知识理论提升到了一个更为精致的水平。

方岚生(Frank Perkins)对理学做了一个恰当的概括:理学"可以被广泛地界定为一种试图将受佛教和道家影响的思辨性、系统性形而上学融合到以伦理和社会为导向的儒家体系之中的努力"(Perkins 2004,20-21)。理学家根本上关注的是人在其周遭世界的道德重建中所扮演的角色。在他们看来，人类不仅赋予自然界以意义，而且拥有与自然现象共同的道德属性（moral attribute）。理学家以其形而上学观点为他们的道德理论奠定了基础。本书的主旨在于解析宋明理学的三大主题（形而上学、心灵与道德）如何环环相扣，并解释这些主题如何展现出一个连贯性的深度关怀，也就是人与自然的关系。在宋明理学家丰富多样的议题中，他们探讨了先天道德感的可能性以及道德知识的各种方法论。同时，理学家对道德的可能性与道德的基础提供了耐人寻味的论述。在理学家看来，道德的根基要么在于人性的普遍善，要么在于个体对人心的道德反思和培养。"性即理"与"心即理"两派看法之间的辩论是理学的主要论题之一。总结来说，在理学中我们看到了一种持续的努力，不仅要重新定义实在论的世界观（realist worldview），肯定世界不依存于人类的观念系统，同时要重申人文主义世界观（humanist worldview），把人类置于意义和价值系统的中心。当然，无论理学家对实在论的还是对人文主义的拥抱，都是对道家和佛教的直接回应。这种融合的世界观刻画出理学精神的轮廓。

理学家们普遍关注于建立一种道德化的自然论（moralistic-naturalism），肯定我们生活于其中的自然世界展示了诸多值得人类效法的良善属性。我们可以说，他们发展出了某种形式的道德形而上学（moral metaphysics）。按照当代研究理学的学者黄勇的说法，"理学的独特之处在于它将古代儒家所倡导的道德价值发展成作为一种本体论表述（ontological articulation）的道德形而上学"（黄勇 2014，195）。将理学和先秦儒学区分开来的正是这种道德形而上学。相较之下，宋明理学的特征之一就是理学家确认世界上存在一个客观的秩序，他们称之为"天理（heavenly principle）"，而这一更高秩序的内容同时作为人类的客观道德法则。同时，理学家也接受中国哲学传统以《易经》为基础的世界观，认为作为基本元素的气是宇宙的物质（物理）基础。理学形而上学的核心观点以气为万物的基本构成成分，并且认为气的运行有其内在的秩序。

对于人类道德的心理基础，理学家绝大多数都属于孟子学派的阵营。孟子的道德内在论（moral internalism）主张人类的道德基础存在于道德主体的内在心理构造。对孟子而言，人类之所以不同于其他动物，正是因为人类天生就具有道德情怀，只有人类是道德的动物。由于孟子以此界定"人"这一概念，因此在孟子的使用中，"人"的概念不指涉一个自然物种（natural kind），而是一种道德范畴（moral category）。按照孟子的说法，在人类之中存在着四种普遍的道德情操（moral sentiment①）：恻隐之心，羞恶之心，辞让之心，以及是非之心。由于人类生来就被赋予了这些道德情操，因此道德是人类本性的自然扩充。恶则是不培养自己的"善端"的结果。对孟子而言，道德并非纯粹是社会制约的结果，也不是来自于社会契约（social contract）或基于经过计算共同利益而达成的理性共识（rational consen-

---

① "sentiment"一词有情感、情操等含义，为了与"emotion"相区别，本译本将"sentiment"译为"情操"，但在涉及"virtue ethics of sentiment""social sentimentalism"等表达中，遵循一般的惯例译为"情感"；而emotion则一律译为"情感"。——译注

sus）。正相反，人类的道德之所以可能，正是因为人类是道德动物。

宋明理学家主张道德主体的内在根源在于人类的道德意识、道德判断、道德直觉，或是道德情操。但是他们共同接受道德行为是发自个体内心的自主行为这一看法。他们不同意荀子把道德当作是"伪"的产物。在荀子看来，我们需要使用礼仪的规范来抑制人性中的不良品质。道德是人为建构和社会制度下的成果，而恶则是缺乏社会约束继而顺从人类与生俱来的本性的结果。虽然荀子确实肯定人类是有理性的，并且可以借助于心的道德认知来学习善，但对他而言，"良知"（innate goodness）并不存在。从道德外在论者（moral externalist）的观点出发，道德产生于以人与人之间的和平共处为目标的社会制约，外在的社会环境是个人有或没有道德意识的主因。根据这一观点，人类的道德意识和道德感是教育和学习的产物。因此，不同的社会背景和文化教育可能产生互不相容的道德观，甚至会创造出多重的道德标准。换言之，文化相对主义（cultural relativism）是道德外在论（moral externalism）的自然延伸。相对之下，宋明理学的一个特征是，理学家确认世界上存在一个客观、普遍的道德标准，他们称之为"天理"。对理学家们而言，道德实在的存在是自然界不容置疑的事实，同时道德真理的普遍性根源于人类共有的道德意识。

理学家将他们的道德理论建立在他们的道德形而上学观点之上，根据这个观点，自然世界中含有客观的道德实在性。这种世界观起源于《易经》：在《易经》中，天与地的四德（元亨利贞)同时也是每一宇宙阶段的四种德性(virtue①),而《易经》的 64 个卦象所展现的即象征这些宇宙万象。我们可以把这种针对自然界的观点重新解释为某种目的论(teleology)——这个世界是由生之理(principle of life)所统治,并且这一世界观所设定的首要目的就是生命的创造和延续。从现代的观点来看,我们可以说自然界确实是在生之理下运行的——直到今天仍在持续地进化以及形态多样的有机体的存在这类事实即证明了这一点。自然科学的主题在于研究哪些自然现象能够维持生命,以及是什么原因导致了破坏生命的自然灾害。另一方面,从人本主义(humanist)的视角来看待自然世界,我们也可以说很多自然现象都有利于生命的延续,例如来自天空的阳光和雨露,以及来自大地的肥沃土壤。诚然,如飓风这些自然现象确实会毁灭生命;然而,在毁灭之后,季节会更替,生命会延续。先儒通过对自然世界的观察,从生命的延续中得到了极大的慰藉,这一自然事实奠定了他们坚信自然界的主导性原理就是"生生不息"的基础。基于这一信念,他们把自然界本身看作是一个"善的"宇

---

① 英文 virtue 一词有德性、美德等含义,常常用来翻译中文中的"德"字。鉴于中文中"德"字的中性意义(参考本书第 12 章的相关论述),因此本译本中一般将 virtue 翻译为"德性"。但因"virtue ethics"翻译为"美德伦理学"已经是一个约定俗成的译法,故而,在"virtue ethics"中"virtue"仍翻译为"美德"。另外,ethics 一词通常翻译为"伦理",但 ethical 一词可翻译为"伦理的",也可翻译为"道德的"。本译本一般都将 ethical 翻译为"道德的"。——译注

宙。以这个对自然界的观察为起点，先儒得出的结论就是人类有一个终极的道德使命：为实现生之理作出贡献。

宋明理学的道德理论最适合理解为属于美德伦理学（virtue ethics）的范畴。美德伦理学是强调道德主体的德性及其道德品格的伦理学理论进路①。作为一种规范伦理学（normative ethics），美德伦理学界定人们应该培养哪种德性或人们应该发展哪种道德品格。它是一种以行动者主体为中心（agent-centered）的进路，不同于那些以道德行动为中心（act-centered）的进路，如义务论（deontology）——它根据一个行为是否遵守了某些特定的道德义务来判断该行为的道德价值，或者后果论（consquentialism）——它通过考虑道德行为可能带来的后果来决定行为是否可取。美德伦理学较少关注如何为道德行为定义规则；反之，它更强调如何界定道德人格。一个有德的行为（virtuous act）是由有德的主体（virtuous agent）完成的。为了定义有德

---

① 正如安靖如（Stephen C. Angle）在他的《圣境：宋明理学的当代意义》一书中写到的："西方美德伦理学与理学的对话并非巧合，因**为理学本身就是一种美德伦理学**。"（Angle 2009，51；黑体是作者所加）他也把王阳明解释为一个美德伦理学家（virtue ethicist）（Angle 2010）。黄勇将二程兄弟的道德理论分析为美德伦理学，并进一步将这种形式美德伦理学定义为"本体论的美德伦理学（ontological virtue ethics）"（黄勇 2003，453）。也可参看黄勇，2014。*Angle and Slote*（2013）是一本关于美德伦理学与儒学的论文集。Antonio S. Cua，Kwong-loi Shun 和 Philip J. Ivanhoe 等人是理学美德伦理学研究领域最著名的先驱性学者。

的人格，美德伦理学家们必须识别出哪些品德是任何一个要想成为一个道德主体都应该培养的基本道德品质。在他们定义德性时必须解决以下问题：究竟有哪些德性可以完全保证主体是善的？因此，他们的目标就在于定义那些可以引发个人道德行为的、最具有持久性和有效性的美德。宋明理学家公认在世界的道德意象中最高的道德品格是圣人的道德品格——所谓圣人，指的是一种完美的道德主体，对人们在何种情境中应该做什么总是具有精确的见识并拥有坚定的道德品格。培养圣人的境界是理学家的共同道德目标。

然而，在美德伦理学家中也存在不同的进路。美国学者艾文贺（Philip J. Ivanhoe）区分了两种形式的美德伦理学：繁荣昌盛的美德伦理学（virtue ethics of flourishing，VEF）和情感的美德伦理学（virtue ethics of sentiments，VES）。前一种进路是"建立在关于人性的全面而详尽的概念之上"，并且把一个完美的道德主体的繁盛（flourishing①）实现看作是道德修养的目

---

① 英文术语 flourishing 含义丰富，很难找到一个中文词汇来和它完全对应，一般可译为"幸福"，但相对于 flourishing 而言，"幸福"的意义过于狭窄，从而无法涵盖 flourishing 一词的全部内涵，因为还有一些溢出幸福范畴的生命状态也可以被归为 flourishing 的概念内涵之中，例如为获得某种精神境界的提升而经历的艰苦磨难等，但这种艰苦磨难却可能更有助于人的生命旺盛力的提高，所以我们一般把这个术语译为"繁荣昌盛"或"繁盛"。这种译法很明显包含幸福的含义在内，但同时还包括溢出"幸福"范畴的其他有利于丰富生命内容的人的生活状态。——译注

的论目标（teleological aim）。另一方面，后一种进路从社会互动的角度来考虑道德主体的德性，并把德性建立在作为人类心理构成之要素的某种人类情感（emotion）或情操（sentiment）之上（Ivanhoe 2013，29-30）。这两种进路都以一种人性论为出发点，其区别可以被描述为关于人心的理想性构思与经验性构思之别。因此，后者（情感的美德伦理学）更具有经验基础。在情感的美德伦理学中，我们特别看到了规范伦理学与道德心理学的结合。不过，宋明理学的道德哲学应该被看作繁荣昌盛的美德伦理学（VEF）的一种形式，因为理学是以圣人境界为完美道德人格的理念基础，而且所有的理学家都致力于展现他们以圣人境界为道德修养目标的方法论。

术语简介

1. 理

"理（principle）"无疑是理学中最为重要的概念，这解释了在中国思想史上理学何以被称之为"理学（the Studies of Principle）"。首先，我们需要解释此概念的起源与意义。

虽然对"理"这一词汇的广泛使用成了理学家的一个特殊标记，不过华严宗早已用它来指称终极实在。就字源上说，这个词最初被用作动词，其意思是"治玉"（中文的"理"是"玉"字旁）。一位优秀的玉器工匠必须仔细研究未经切割的玉器的线条和凹槽，才能制作出精美的玉器。引申开来，"理"作为名词的意思是事物的纹理或精细的条理，"理"作为动词的意思是调理、管理或处理。在理学的话语中,"理"的含义包括模式(pattern)、顺序(sequence)、逻辑(logic)、秩序(order)和规范(norm)等。程朱学派建立了"理"这一概念的规范性维度,因为他们主张世界上的任何事物都应该符合其自身之理所设定的标准。

在理学的语境下,"理"字的英译包含 reason、law、organization、order、pattern、coherence 以及 principle。在这些翻译中,"principle"目前成为一种标准的用法。正如陈荣捷在解释他为何选择"principle"时所说的:"理不仅仅是组织的原理,也是存在、自然等的原理。'principle'似乎是它在英语中最好的对应词。"(陈荣捷 1967, 368)为了弄清楚为什么"principle"是中文的"理"概念的对应词,我们需要理解"principle"这个词在哲学语境中是如何被理解的。"principle"一词来源于拉丁文"principium",而"principium"是用来作为对希腊词"arché(始基)"的翻译,后者意思是起源或开端。在苏格拉底之前的古希腊哲学中,对 arché 的探寻是试图要定义万物的终极根本原理。因此,"principle"可以说是"first principle"的简称。亚里士多德(Aristotle)将"arché(principle)"一词运用到个殊事物之中。一个个殊事物的"principle"定义了这一事物的可能性条件:因为对任一事物而言,要存在必须有它的个殊"principle";如果没有个殊"principle",任何事物都将不会存在。这一意义上的"principle"与理学的"理"概念非常接近。因此,我们也将采纳这一翻译。

在理学的论述中,"理"是宇宙的统一原理,因此它可以被理解为宇宙的秩序、宇宙的模式,或是葛瑞汉(Graham)所说的"纹理网络(the network of veins)"(Graham 1992, 13),或者如理学家所言:天理。同时,每一个殊事物有其分殊之理(particular principle)。个殊事物之中的理可以理解为这个个殊事物的规范,它代表了这个事物的"典范状态(paradigmatic state)"——如果得到人类的帮助,个殊事物应该并且会朝着这一典范状态发展。理不仅是自然世界之理,也是人类世界之理。作为人类世界之理,理包含了人类的先天本质(性之理)、处理事务的方法(事之理)、人类关系的规范(人伦之理)等等①。尤其重要的是,自然界的共理和各种个殊事物中的殊理界定人类行为的规范:我们在与自然的互动中负有的道德义务就是应该按照个殊事物的本性来处理它们,使得世界在我们的关怀下繁荣,而各种事物也会在我们的照料下兴旺。这是理学家在追求终极原理时的共同信念。

按照英国爵士马丁·里斯(Martin Rees)的说法:"科学的进步存在于辨别自然界中的模式与规律,从而越来越多的现象可以被纳入一般性的范畴与法则之中。"(Rees 2000, 1)在理学家中,朱熹可能最接近于发展出一种关于自然世界的系统性知识,正如金永植有力地指出,朱熹自己"在许多科学和技术的主题上拥有相当程度的理解,并且对自然世界拥有异常丰富的知识"(金永植 2000, 6)。然而,即便如此,朱熹的"分殊之理"概念,与其说是一种自然科学概念,不如说是一种人类的道德规范。程朱学派的后学们并没有继承朱熹在自然

---

① 在第二部分,我们将回到运用于人类世界中的理的概念。

知识方面的兴趣。由陆象山和王阳明所领导的反对派更进一步将研究的兴趣转向内在：研究内在于人内心中的理，视为"心即理"。

在中国哲学史上，"道"和"理"这两个重要概念常常一起或交替使用。两者都指向世界的终极秩序。最初，这两个概念略有差别。道是普遍的，而理则是特殊的。按照《韩非子》的说法："道者，万物之所然也，万理之所稽也。理者，成物之文也；道者，万物之所以成也。……理之为物之制。万物各异理，万物各异理而道尽。"（韩非子 2007，106）这一区分有时在理学家们关于理的论述中得以保留，正如朱熹所言，"道是统名，理是细目"（朱熹 2002，236）。对王夫之而言，"道者，天地、万物之通理"（王夫之 1967，1）。然而，把"道"与"理"看作具有普遍（特殊）之分的说法在理学家的论述中并不常见，因为多数理学家也会把"道"区分为普遍之道与特殊之道，同时把"理"区分为普遍之理（"天理"）和特殊之理（"殊理"）。

"道"与"理"之间的另一个区分是，道象征自然界的过程性秩序（progressive order），而理则代表自然界的完成模式（finished pattern）。道具有动态的意义，而理则具有静态的意义。在张载的用法中，道指涉气化的持续过程，而理则指涉气化的模式。①王夫之也以道来代表阴阳的动态转换（dynamic interchange），以理来代表气的内在条理（internal logic）。换言

---

① 参见张岱年 1958/2005，72-73："气之变易历程为道，气之变化规律为理。"

之，道产生事物，而理则代表事物的秩序。另一个关于"道"与"理"之间的区别在于，"道"具有本源性、普遍性以及全面性等含义，而"理"则简单地表示特定事物的本质。道被认为是我们道德禀赋的贡献者，是人类道德规范的根源。它代表着自然界所展示出来的最高的道德戒律。而理只有在"天理"意义上才具有这一内涵。

"道"和"理"之间的另一个可成立的区分在于，"道"具有"应然（what should be the case）"的规范性内涵，而"理"除了程朱学派的用法之外，通常表示"实然（what is）"或"必然（what is necessarily so）"。万物都有其内在的理，气的一切发展都有其内在的条理。但只有人类拥有道，因为规范维度涉及的是人类能够做什么和应该做什么。

尽管我们可以做出上述这些初步的区分，但在大多数理学家的论述中，道和理并没有如此明确的划分。二程兄弟几乎把这两个词交互使用。根据现代学者张岱年的分析，由程颐所发展的关于理的理论，正是古代中国哲学中关于道的理论的延续，他的理可以看作是道的别名（张岱年 1958/2005，52）。程颐的"理一分殊"这一著名口号应该被认为是"道一分殊"（张岱年 1958/2005，73）。

理学家们对"理"的关注可以概括为以下几个问题：

（1）宇宙总是遵循同样的原理吗？世界的运行与这些原理之间的关系是怎样的？这些原理是先于世界而存在还是在世界存在之后形成的？

（2）普遍性原理是规范性的（prescriptive，即它们决定事物存在的方式）或者仅仅是描述性的（descriptive，即它们是事物存在方式的概括）？

（3）宇宙终极原理的本质是什么？这些原理是自然的还是道德的，还是二者皆是？

（4）天理的内容是什么？是不是所有的事物都遵循着同样的普遍性原理，还是不同的事物拥有各自的原理？

（5）我们凭借怎样的能力可以认识万物之理或普遍的天理？人类拥有能够当下认知普遍的宇宙原理的智性直观［intellectual intuition，即康德（Kant）所说的 intellektuelle Anschauung］吗？还是我们需要积累分殊之理的知识以便理解普遍的宇宙之理？

理学家们在理的特性方面有些共同的假设。第一，他们都相信只有一个普遍原理（"理一"），尽管它的展现形式不同（"分殊"）。程颐和朱熹经常把"理一"与"分殊"之间的关系比作"月印万川"。张载也强调了理一分殊。第二，理学家共同接受普遍之理存在于所有个殊事物之中的看法。张载的《西铭》将整个宇宙描绘为一个大家庭，在其中所有人物都像兄弟、姐妹或伙伴一样密切关联。程颐和朱熹把内存于每一事物的普遍之理看作事物的本质。陆象山和王阳明则认为普遍之理存于人心。第三，理学家们认为普遍之理与分殊之理本质上是一致的，尽管各种事物并不一定能完全展现其固有之理。他们对于理一何以万殊提出多种不同的解释，比如张载就将其归因于构成事物的气具有不同的质。最后，理学家共同认定理的最高形式就是天理或太极。在这一语境中，理具有道德的维度。正如朱熹所言,"太极只是个极好至善底道理"(陈荣捷 2018,536①)。这种至高之理是具有道德属性(如仁、义、礼、智)的理。由于整个宇宙只有一个无所不包之理,宇宙本身被赋予了道德属性。宇宙是一个道德化的宇宙(moralistic universe)。而宇宙具有道德属性这一观念也是周敦颐、二程兄弟、张载、朱熹和王夫之所共同接受的看法。

什么样的宇宙原理能够符合上述描述?什么东西能够为千差万别的事物所分有而又保持同一?什么东西能够既是自然对象所固有的,又是道德主体所固有的?理学家并没有对理的内容做明确的界定。在本书的第一部分,我们将分析理学家关于理的丰富多样的概念。

2. 关于个殊事物之理的共同假设

理学家都相信个殊事物具有个殊之理。如程颐指出,"有物必有则,一物须有一理"。②朱熹也说,"合天地万物而言,只

---

① 英文版的引文出自 Chan, Wing-tsit 陈荣捷 1963. *A Sourcebook in Chinese Philosophy*. Princeton University Press. 在本译本中,当涉及古籍原文,将标注陈荣捷《中国哲学文献选编》(杨儒宾、吴有能、朱荣贵、万先法译,北京联合出版公司,2018)一书的页码。后文中,凡出现"陈荣捷 2018,xxx"参见《中国哲学文献选编》的页码,凡出现"陈荣捷 1963,xxx"则表示出自 *A Sourcebook in Chinese Philosophy*。——译注

② 引自陈荣捷的中文论文《理的思想之进化》,见陈荣捷 1964,139。它的最初出处见《程氏全书》,11:52。

是一个理；及在人，则又各自有一个理"。①按照上述观点，不同的事物拥有不同的分殊之理，不过所有的分殊之理似乎都被整合为一个普遍之理。

对于事物之中的分殊之理，我们可以提供如下分析：

（1）事物之理是事物的应然存在方式（事物的规范、事物的最高标准和事物的理想状态）。

（2）事物之理是事物的自然存在方式（事物的本质）。

（3）事物之理是使得事物成其存在模式之因（蓝图、它们的存在基础）。

（4）事物之理是个殊事物的终极目的（the raison d'être）。

（5）事物之理是支配或规范事物的法则。

在本书的第一和第二部分，我们将看到宋明理学家关于事物中的分殊之理概念的诸多讨论。

3. 气——宇宙能量

理学的另一个基本概念是气的概念——通常被英译为 cosmic energy、material force、vital energy，甚至在早期的翻译中被译作 ether。按照当代思想史家张岱年的说法，"中国哲学中所谓的气，是未成形质之有，而为形质所有以成者，可以说是形质之'本始材朴（primary stuff）'（荀子的术语）。以今日名词说之，便可以说是一切有形之物之原始材料"（张岱年 1985/2005，66）。成中英对气进行了一个谜样的描述（enigmatic

---

① 见陈荣捷 1964，141。它的最初出处见《朱子全书》，49：1a。

description），抓住了这一概念的丰富性：

> [气]这个古老的术语所指的是产生和形成宇宙中所有事物的一种不固定的物质（indeterminate substance），无疑具有丰富的内涵。气是无形的（formless），但却又是一切形体的基础；它是万物之源，也是有形之物的最终归宿。气是不呆滞的（non-stationary），永远处于流变状态。我们可以将它理解为在自然事件和自然物体的实然存在中显现出来的关于生成（becoming）的流动状态。但是，它最好被理解为处于生成状态的**不确定的无限物质**（the indeterminate unlimited material-in-becoming），通过阴阳之间交替、渗透过程中的内在动力，产生五行，进一步通过五行的结合与互动，化生万物。（成中英 1979，262-263；黑体为作者所加）

虽然上述两种分析对阐明气究竟是什么没有帮助，但不可否认，气这一概念构成了中国人的世界观之基础。一般人与学者专家都在他们的日常生活中使用这一概念，尽管他们对气是什么的理解有所不同。中药学对各种植物和根茎的阴阳构成建立了一个非常复杂的系统；中医学是研究人体阴阳分布的学问。中国厨艺是一种在阳性食物和阴性食物之间创造一种和谐平衡（太极）的艺术。最后，中国武术则是展现个体内在的阴阳两种力量的形式。就哲学意义上的气概念而言，中国本体论从一开始就是建立在气概念之上的。气被认为是所有自然现象和具体事物的构成成分，气也关联着生存运势与世态兴衰。然而，虽然这一概念被经常地使用，但却没有关于气及其诸特征的系统性分析。我们将在本书第二章中解释气概念的历史发展，并看看张载是如何重构儒学的气一元论（qi-monism）的。

概言之，理学家在关于气的特性方面有如下共同预设：

（1）整个宇宙是由气构成的，而气具有阴与阳两种形式。这两种形式的气在它们的永恒运动中相互作用。

（2）万物都在不同程度上包含阴或阳。没有任何东西是纯阳或是纯阴的。

（3）气凝结而形成物质。另一方面，当物质对象分解时，它们的有形之气返回到一种稀薄的形态。

（4）气的性质可以是纯粹的，也可以是驳杂的——善与恶、贤与愚等差异正是以这一区分为根据的。

（5）特定之物带有气的不同品质（纯驳、清浊、薄厚等）以及阴阳的不同组合所形成的性质。个体事物间的广泛差异，不仅存在于理的彰显，也存在于气的分布上。

（6）在物理世界中，起实际因果作用的是气，而不是理。

当然，这些理学家对于理究竟是一个抽象的秩序，还是叠加在物理世界之上的模式，抑或只是气的运行的内在秩序，意见不一。在本书的第一部分，我们将看到这些不同的观点。

章节概要

本书分为三大部分。第一部分处理理学形而上学，第二部分考察理学家们的道德起源理论及其在客观道德实在中的基础，第三部分则阐释理学家们的道德方法论。

第一部分　理学形而上学：从宇宙论到本体论

理学家的形而上学主要的共同论题包括：（1）宇宙是如何开端的以及世界的原始状态可能是什么；（2）世界的本体层次结构（ontological hierarchy）是什么——是否有一个抽象的、支配一切之理主宰着气的运行；（3）理和气这两种宇宙的基本元素之间的关系是怎样的。这些是第一部分即关于理学家形而上学部分将要讨论的要点。

第一章重点论述周敦颐关于宇宙原初状态的富有争议的观点，即他所说的无极和太极。这一争论围绕着周敦颐是否主张宇宙的开端是"无"这一问题展开。本章第一部分将说明对于这一议题相关解释在历史上的争议。第二部分将介绍前周敦颐时代的有无之辩。最后部分将给予周敦颐的"无极"概念一个新的解读，并进一步发展他的宇宙论。

第二章介绍张载作为一种"气—自然主义（qi-naturalism）"的气论。张载基于传统的气概念建构了一个系统的哲学体系。他把气概念纳入他的形而上学和伦理学之中。在张载之前的道家传统中，已经存在着以元气为本源的宇宙演化论（cosmogony），以及将气作为万物的基本构成元素的本体论（ontology）。本章会先追溯气论的道家根源，考察气概念在道家的宇宙论解释和本体论分析中是如何运用的。然后会进一步介绍由张载所发展的气论，考察他是如何回到《易经》中的气论，并运用它来发展理学的气论的。

第三章阐述了由二程兄弟和朱熹所主张的形而上学观点。用现代的术语说，第三章主要关注的是自然法则的存在，亦即宇宙的存在是一个宇宙偶然事件（cosmic accident），还是由特定的、永恒的自然法则所驱动。理（或天理）概念已经在张载的气论中存在，但是二程兄弟，特别是程颐，扩展了这一概念。而他们的相关讨论，为理学家关于"天理"的讨论铺平了道路。本章首先阐述了理概念及其在英语中的各种解释。然后分析了二程兄弟以及后来的朱熹，如何发展出一种预设理的非还原论（nonreductionism）①的本体层次结构。本章也考察了普遍之理与分殊事物之间的关系。同时，本章把由程颐和朱熹所提出的形而上学世界观解析为一种"规范实在论（normative realism）"。

在第四章中，我们聚焦于由王夫之所详尽阐发的气的哲学之进一步发展。由于翻译的匮乏（陈荣捷的《中国哲学文献选编》仅仅包含了王夫之二十余卷著作的一小部分），王夫之是到目前为止英语世界中被最为严重地忽略的理学家，而他是关于气以及关于理的理论的集大成者：其基本观点是理内在于气。本章始于王夫之的形而上学，并延伸到他对人文世界的看法。对王夫之而言，天与人是统一的整体。在人类世界之外并没有一个超验领域（transcendent realm），弥漫于天之域与人之域间的正是同样的气以及同样的理。因此，他的天道观构成了其人道观——特别是他的人性论、道德哲学以及人类历史哲学的基

---

① 此处的"还原论（reductionism）"指"理"是否能还原为气的运作规则，亦即理是否为气的运作所决定。"非还原论（nonreductionism）"是指理在本体上不受气的运行所决定。

础。此章将王夫之的哲学描述为"理在气中"的哲学,因为对王夫之而言,正是理与气之间的关系解释了天下一切事物。

第二部分　人性、人心与人类道德的基础

人类道德的根基何在?人类社会的道德如何可能?人类本质上就是道德生物吗,还是社会与政治规范的制约使得我们成为道德主体的呢?我们拥有道德本能和天然的道德情操吗?以孔子和孟子为代表的古典儒学认为人类本质上是善的,道德是源于人类先天固有之善的自然发展。如果道德源于人类与生俱来的本性,那么,我们如何解释某些人类行为中的道德匮乏呢?我们如何解释并不是所有人都能成为道德主体这一事实呢?

中国佛教的基本教义之一是人类的情感和欲望是痛苦与恶的根源。中国佛教信奉者贬斥我们的情感与欲望;伴随这一谴责,他们也断绝了自然的人际关系,如家庭、婚姻和亲属关系。在中国佛教主导地位的冲击下,理学派的哲学家试图分析天理与人类情感(欲望)之间的关系。

本书第二部分的主要论题是由"性学派"和"心学派"的重要争论构成。前一个学派以程颐和朱熹为代表,他们主张人性是普遍的道德原理的具体体现。后一个学派以陆九渊和王阳明为代表,他们把人心看作是普遍的道德原理的真实实现。这场辩论关注的是道德的基础在根本上是形而上学的还是心理的。前一个学派建构了道德形而上学,认为道德属性是人类存在的内在属性;后一个学派聚焦于道德直觉和道德知识,将其作为培养道德主体的方法。本书会从当代道德心理学的新视角来解

析这一内容丰富而且为时长久的辩论。广义来说，道德心理学研究人类道德行为与心理构成之间的关系。理学家对人类道德何以可能的问题有着不同的回答，他们中的许多人发展了一种复杂的道德心理学，用来分析道德与心灵的诸多功能之间的关系。

第五章聚焦于朱熹的著名格言："性即理。"这一格言将朱熹的人性论置于其道德形而上学的语境之中。对朱熹而言，理的最高形式即是天理或太极。朱熹将太极看作至善之理。这一最高原理是具有道德属性（如仁、义、礼、智）之理。整个宇宙只有一个包罗万象之理，而且它内在于我们的存在之中。基于这一世界观，朱熹提倡道德本质（"性"）论。道德实体就存在于我们的道德本质之中，这就是朱熹的道德实在论（moral realism）。这一章将朱熹的理论解析为"内在道德实在论(internal moral realism)"。

第六章进一步考察人心之中存在的普遍道德原理，并转向由陆象山和王阳明所代表的（与程朱学派对立的）观点。陆九渊主张普遍之理内在于人心之中。王阳明则进一步声称"心即理"。这一章分析了陆九渊和王阳明的观点，展示了他们如何描画一种不同于程朱学派的心灵形而上学。本章进一步在王阳明的形而上学语境下阐发了他著名的"万物一体"论，并将他的形而上学与当代的实用主义形而上学(pragmatist metaphysics)加以比较。

第七章介绍了王夫之的革命性观点，即人性是发展的，而不是某种在出生时已完成了的、与生俱来的本质。王夫之的人性论以他的气的形而上学为基础：由于气总是处于变化之中，人性也不仅仅是与生俱来的,而是在人的一生中不断发展的。对王夫之而言,由于我们不断地与自然环境和人类社会互动,我们沉浸于气的不断蕴化之中。在我们一生中我们不断地做出决定、采取行动,而我们的本质是由这些生活经历所塑造的。因此,不仅我们的自然品质,还有我们的道德本质都会在每天的基础上日益发展和完善。换言之,我们没有一个固定的生命本质。这就是他那具有独创性的"日生日成"的人性论。王夫之发展了一种完备的道德心理学来分析道德与心灵之间的关系。本章分析了王夫之的道德心理学,并解释了他是如何在人类的道德情操、情感、欲望、意志以及反思之上为道德建立基础的。

第三部分 德性的培养、道德人格以及道德世界的建构

第三部分接续第二部分,在当代美德伦理学与发展心理学(developmental psychology)的语境中重建理学的道德哲学。相对于第二部分提供了道德属性的形而上学基础而言,第三部分处理的是理学道德方案的具体实现问题。我们将分析理学家们关于实现个人的和世界的道德理想的各种观点。在此背景下,我们还将考察这些理学家所提供的获取各种道德知识之方法。

在当代的儒学研究中出现了一种新的方向,即将参考经验科学作为重新定位与重新评估儒学伦理学说的新方法。例如,森舸澜(Edward Slingerland,2011b)引用了认知科学的经验证据来支持美德伦理学的伦理模型,他特别指出,孟子的道德理论预见了对人心的一些科学观察,可以成为"构建现代的、经验上负责任的道德模式"的有用资源(Slingerland,2011b,

97)。洛夫·雷伯（Rolf Reber）和森峒澜（2011）运用认知科学的经验考察来验证孔子的"通过集中的、终生的实践来内化社会规范"这一教学法。Bongrae Seok（2008）将孟子的"四端"说置于近代认知科学（他把人类的心灵能力作为道德的基础）发展的背景下。Flanagan 与 Williams（2010）比较和对比了孟子的"四端"说与乔纳森·海特（Jonathan Haidt）关于人类道德和文化的"五个心理模块（five psychological modules）"学说。通过比较古代儒家伦理理论与现代科学关于人心和人性的论断，我们能够赋予这些古老的理论以新的意义，从而也能够理解为什么儒家思想对亚洲文化有如此广泛、持久的影响。正如孟旦（Donald J. Munro）所指出的，"伦理原理必须与人性相一致，这样人们才会发现他们具有说服力和激发性"（Munro 2002，131）。本书的第三部分延续这一路向，将理学的相关议题与心理学和道德哲学的当代视角联系起来。

2000 多年以前，韩非子已经从经验的角度对孔子的道德理想进行了抨击："海内悦其仁，美其义，而为服役者七十人，盖贵仁者寡，能义者难也。"（《韩非子·五蠹第四十九》，见陈荣捷 2018，237）韩非子的要点是，大多数普通人不会像孔子那样行事，因此儒家的伦理教导没有任何经验验证。在当代的伦理学讨论中，也存在借助社会心理学和认知科学的经验研究对美德伦理学加以批判的。对美德伦理学提出一个巨大挑战的是情境主义（situationism）。John Doris 在《品格的匮乏》（*Lack of Character*，2002）一书中认为，人们行为的变化更多的是由情境因素而不是人格品质特征决定的。Doris 提倡情境主义，认为道德品质会依照情境而改变。

Doris 用"整合主义（globalism）"这一术语来描述美德伦理学的特征。整合主义的观点是，人格是"一种稳健（robust）品德的评估性综合体"，个人拥有这些稳健品格足以说明他们在面对情境压力时如何能保持稳健一致的行为模式（Doris 2002，23）。Doris 认为，人格心理学（personality psychology）或品格道德心理学（characterological psychology）以整合主义为前提，而美德伦理学家在强调德性的培养时，往往特别关注这种心理学。人格心理学和品格道德心理学在解释人类行为时，往往诉诸人们的品格或人格特征。Doris 认为，这类解释，无论在普通民众中多么流行，都是没有经验根据的。在事实上可以让经验科学家拿来作为解释人类道德行为基础的整合性人格特征（global character traits）并不存在。Doris 用社会心理学的案例研究表明，人们在不同情境中的行为通常是不一致的，情境的变数，即使在道德维度上无关紧要，还是影响人们行为的一个重要因素。

根据情境主义的观点，有些时候某些人缺乏良好的行为并不意味着他们品格的缺陷；同时，在某些情况下，某人做出有道德的行为也并不能证明其人有出众的道德人格。美德伦理学家把他们的赌注压在培养道德主体的稳健、持久的德性之上，可是最终没有证据证明道德德性具有一致性或稳健性；情境主义更进一步推论，道德主体之品格特征的整合并不存在。他们认为情境胜过性格，从而美德伦理学家去寻求培养道德品格或稳健的道德品质是个错误的方向。因此，Doris 建议我们在伦理学话语中放弃对培养德性或道德品格的无谓追求，把我们的注意力更多地转向情境因素。道德教化的目标应该是培养"可以诱导道德产生的情境（morality-inducing situations）",而伦理学的注意力焦点应该集中在如何去消除那些可能会引出道德上可争议行为的情境。由于理学的道德理论属于美德伦理学的范畴，Doris 的主张就构成了对理学的直接挑战。第三部分的许多章节都会处理这一挑战，并探讨各个宋明理学家有关培养道德德性的提议如何能够应对情境主义的挑战。

在第八章，我们将在认知科学和发展心理学的道德人格发展的语境下重建张载的道德心理学。本章将从道德人格发展的社会认知模式（sociocognitive model）的角度来阐释张载的道德规划，因为张载道德规划的关键要素与当代社会认知模式的关键特征相匹配。张载的道德哲学将道德发展描画为一种"渐进的、以认知为主导，并且根源于自主意志的（progressive, primarily cognitive, and originating in autonomous volition）"道德规划。个体必须自我规导（self-regulating）以选择正确的目标，他们必须通过阅读、与友人研习讨论并且效法圣人，以其作为最高的道德典范。他们的道德发展部分地是适当的社会影响的结果（比如学校教育和社会礼仪），部分的是自我管理（self-governance）和自我规训（self-regulation）的结果。本章将探讨张载的道德规划是否会受到 Doris 的情境主义的威胁。

第九章介绍二程兄弟的美德伦理学。相对于前一章用社会认知模式的术语分析张载的道德哲学，本章采取整合主义（globalism）的道德理论来解析二程兄弟的道德理论，这一理论宣称人们可以在不同的情境中保持一种"稳健的（robust）"道德品质。二程兄弟承认这些道德品质需要培养，他们的道德论述的主旨就在于界定那些能够为道德品格奠定稳健基础的德性。本章将探讨二程兄弟的整合主义美德伦理学能否应对道德怀疑论（moral skepticism）关于存在稳健的道德品格的挑战。这一章还将探讨在二程兄弟的德性认识论（virtue epistemology）形式中的"真知（true knowledge）"意味着什么，以及他们所确立的知识的目标和知识的满足条件是什么。

第十章专注于朱熹的美德伦理学，并将其理论解析为一种道德理性主义（ethical rationalism）。朱熹强调圣人境界作为所有道德主体的共同道德目标，为了达到圣人境界，他提倡人们必须用知性的方法去理解自己本性中的内在之理、外在事物与事务之中的理，以及以天理为代表的普遍道德原理。朱熹的道德认识论是我们在处理个殊事物中从考察分殊之理通向整体把握普遍道德原理的一条道路。对他而言，特定事物的自然状态已经包含了我们与个殊事物适当互动的规范性要求（normative imperative）。换言之，一个对个殊事物本性的描述性意义（descriptive sense），同时蕴含着我们涉及这类个殊事物时的行为的规范性意义（prescriptive sense）。这一章分析了朱熹如何在他的道德认识论中将描述的（descriptive）维度与规范的（normative）维度结合起来，亦即如何"从实然推出应然（deriving Ought from Is）"的。

第十一章聚焦于王阳明的良知——有时英译为"the innate faculty of pure knowing（先天的纯粹认知能力）"或"moral consciousness（道德意识）"——理论。本章把王阳明的良知论分析为当代的高阶感知（higher-order perception，HOP）意识论的一种形式。高阶感知是一种"内省意识"（introspective consciousness）或"对我们内心当下状态和活动的内在知觉"（Armstrong 2004)。王阳明的良知说强调的是人们在自己的思维中明辨是非的心灵直觉。明辨是非是一种道德直觉，在我们的道德修养之初它已经内在于我们。与此同时，它是一种自我监控（self-monitoring）和自我纠正（self-rectification）的形式，因为自我（the self）在监视着自己的每一个转瞬即逝的想法（意）。本章为王阳明的道德方法论确立了"道德反身主义（moral reflexivism）"这一术语。对王阳明而言，最重要的任务是让人们相信他们生来就是圣人，不需要从别处寻找道德启示。他主张每个人生来就具有这种纯粹的认知能力。只有读者接受了这一哲学，才能实现王阳明想要在他的读者中实现的道德（精神）上的转变。王阳明的道德规划建立在个人对其自我能力保持信念和乐观态度的基础之上。本章还分析了王阳明以"知行合一"论为代表的道德知识理论。

第十二章以王夫之所开发出的道德修养的社会伦理规划（socioethical program）来总结理学的道德理论。这个规划背后的主要思想是，若要构建一个道德世界，我们不能仅仅依靠道德主体孤立的道德良知或道德情操。道德良知或道德情操必须融入整个社会，以使得道德行为成为规范（norm）而不是特例（exception）。社会氛围和群体心态对个体的思维和行为具有感染力（affective power）。因此，要提高道德行为主体个人的道德决心（moral resolve），就必须建立一个道德世界。最后的这一章节，探讨了王夫之是如何以孟子的思想为基础引出建构道德世界的一个可行方案。另外，本章还超越了单纯的哲学阐释，而提出了一个能够从王夫之的思想中发展出来的社会伦理规划论。

这本书的第三部分是运用道德心理学和认知科学的不同理论模式，将其作为比较图式（comparative schemata），从而将理学的道德哲学重新定义为不同形式的美德伦理学。当理学美德伦理学被期望具有经验的可靠性时，它那个达到圣人境界的终极目标就被放置在了平常人的心理现实之中。但是这样的理念是不是太理想化了？它是否描绘了一个不反映人类心理现实，并超越了普通人在他们的有生之年能够完成的范围之外的乌托邦式的道德目标（utopian ethical goal）？伦理学家的目标应该是提出诸种理论，这些理论反映人们是什么样的（"实然"），还是提出一种规范性的目标，将人们从他们的现实转变成他们的理想层次（"应然"）？伦理学应该建立在伦理学家们关于人与世界关系的形而上学概念（metaphysical conception）之上吗？这种以形而上学为导向的理学伦理学，在我们当代的心理状态中是可行的，甚至是可信的吗？这些都是有待思考的问题。

理学家简介①

1. 周敦颐

根据多种资料来源，我们可以得出这一印象，就是周敦颐（1017—1073）在他的时代是非常受尊敬的。他创办了一所学

---

① 遗憾的是，本书对周敦颐同时代的理学早期学者邵雍（1011—1077）的讨论付之阙如。他复杂的哲学思想在任何一本理学著作中都值得深入探讨，但这超出了作者目前的研究范围。

校向年轻人传播儒家思想，而当地人总是自愿地提供钱财和劳动。他是一个真诚的人，对所有的生物都有强烈的同情心。有一次，一个严酷的上级想处死一个不应该被判处死刑的犯人，周敦颐为犯人的利益进行了激烈的争辩。由于争辩无效，周敦颐决定辞职。他的无私决定改变了上级的想法，最终，囚犯的生命得以挽救。周敦颐乐于帮助需要帮助的人，而当妻子无米下锅时，他也旷然不以为意[①]。另一则著名的故事是，周敦颐从来不剪除杂草，因为在他看来杂草与其他花草都是植物，在价值上是平等的（周敦颐 1975，352）。他甚至喜欢在书房的窗外看到又高又乱的杂草，因为这是生生之意（vitality）的象征（陈荣捷 1990）。周敦颐被认为是一个没有多少物质欲望的人。二程兄弟说，从周敦颐那里，他们学会了追求"孔颜之乐"[②]这一简单的快乐（周敦颐 1975，351）。周敦颐的哲学信条之一即是"无欲"。这一信条被看作与道教的"寡欲"说或佛教"灭欲"说有关。不管这一学说的灵感来自哪里，周敦颐显然无愧于自己的标准。

2. 张载

张载（1020—1077）年轻时学过佛教和道教，但在知性上对两者都不满意。后来，他回过头去学习儒家经典，才找到了自己作为学者和教师的真正使命。30 多岁时，他开始讲授《易

[①] 由朱熹所撰写的《周敦颐事状》记载了这一点（周 1975，400—402）。
[②] 颜回的故事见《论语》中的"一箪食，一瓢饮，在陋巷，人不堪其忧，回也不改其乐"这一记载。

经》,他的远房侄子程颢和程颐也随众听讲。此后,他们三人开始了终其一生的哲学思想上的学术交流。

张载在 36 岁时通过了科举考试,并担任了 12 年的各类地方公职。他在朝廷也有过短暂的政治生涯,但没有取得多大成功,因为他和他的弟弟都公开批评当时宰相的政策。他最终辞去了职务,回到家乡陕西眉县横渠镇,因此被称为横渠先生。这一时期是他哲学思想精进的时期,因为他过着隐居生活,把全部精力都用在了思考、阅读和写作上。据说他"终日危坐一室,左右简编,俯而读,仰而思。有得则识之,或中夜起坐,取烛以书"。他撰写了多篇关于经典的评论,最著名的是他的《横渠易说》。这一时期,他还创作了自己的哲学杰作《正蒙》,该书对三百年后的王夫之产生了重大影响。他 57 岁时死于疾病,"贫无以敛,门人共买棺奉其丧"(黄秀矶 1987)。

3. 程颢与程颐

程颢(1032—1085)和程颐(1033—1107)是年龄仅相隔一年的兄弟。他们的作品从一开始就被收集在一起,称为《程氏遗书》,他们的许多谈话或评论被归入《程氏语录》。虽然二人在哲学思想上是相似的,而且他们的论述也经常被记录下来而没有具体参考资料的来源,但我们仍然可以看出兄弟二人哲学兴趣上的细微差别,而这一差别业已产生了深远的影响。从二程兄弟那里产生了理学思潮的两种不同方向。程颢,世称明道先生,影响了陆九渊和王阳明的思想,他的哲学被称之为"心学";程颐,世称伊川先生,后来为朱熹(1130-1200)所推崇,成为"理学"或"性学"的创立者。二程兄弟在十几岁时共同跟随周敦颐学习了一年,同时他们也是张载的远房侄子。在两人的讨论中,他们经常提到张载的思想和他的作品,特别是他的《西铭》。他们二人都与张载通信讨论过哲学观点。两兄弟继承了周敦颐和张载复兴儒学的大业,并在许多论题和概念上进一步丰富了儒家哲学,这些论题和概念后来成为理学的标志性主题。因此,可以说我们现在所说的"宋明理学"实质上是从他们开始建立起来的。根据著名哲学史家冯友兰的说法,理学作为一个有组织的学派的真正确立正是从二程兄弟开始的(冯友兰 1983,498)。

在周敦颐的影响下,程颢自幼立志成为一名学者,潜心研究儒家经典。他在 26 岁时通过了科举考试,并且作为地方官员接受了各种职务。他被公认为仁慈公正的官员,赢得了其治下人民的爱戴和尊重。他的座位上写着"视民如伤"的格言,以用来提醒自己要勤政为民。程颢的著名成就之一就是对晋城人民的教育。他被派到晋城当县令,晋城当时落后,到处都是文盲。几百年来,该地没有人通过科举考试以获得一官半职。程颢召集了最聪明的年轻人,成立了一所书院来教育他们。他为他们提供食宿和学习用品,并对他们进行强化教育。十年间,数百人通过了科举考试,十多人获得了政府官职。程颢离任后,晋城人民仍然认为他是晋城文化风气转变的功臣。时至今日,那里仍有许多与程颢相关的历史遗迹。晋城市目前也正在重建程颢的明道书院。

程颢死于一场疾病,享年 54 岁,不过比他小一岁的弟弟程颐则活到了 70 多岁,而他成年后的大部分时间都在教书育人。因此,后者有更多的由其学生记录的语录。与哥哥程颢不同的是，程颐拒绝了朝廷的很多职位邀请，他甚至曾说"等我饿的走不出门时，再做打算吧"（李日章 1986，49）。后来，他唯一愿意接受的职位就是做年轻皇帝的侍讲。与程颢平易近人的性格形成鲜明对比的是，程颐为人极为严肃认真。即便是和年轻的皇帝在一起，他也不会放松他那严肃的举止。他的学生们也对他敬畏有加。有一次，两个新招的学生第一次去拜访他，他和他们交谈几句后瞑目而坐。在不知道接见是否结束的情况下，这两个人只好站在他身边，不敢惊动。过了很久，当他终于睁开眼睛时，发现他们还站在那里，就吩咐他们回家去吧。等他们出来后，发现门外的雪已经积了一尺深了。这两个学生后来成为程颐著名的追随者，并在他的指导下形成了他们自己的哲学观点。这一事件成为一个著名的故事，甚至"程门立雪"这一成语就是在这一事件之后创造的，用来描述一个学生对老师最大的尊重和认真的态度（李日章 1986，52）。

4. 朱熹

如果没有朱熹（1130—1200），或许就不会有理学。他对理学的贡献，不仅是对周敦颐、张载和二程兄弟哲学思想的发扬光大，还有他自己的系统性哲学思想的确立。由他参与编辑的早期理学家们著作与语录的选集《近思录》（*Reflections on Things at Hand*，英译本见陈荣捷 1967），是任何想学习理学的人必不可少的入门书。

朱熹自幼就是一个聪明的学生。4 岁时，他的父亲指着天空教他说"天"，他马上问道："天外有何物？"这给他父亲留下了很深的印象（陈荣捷 1990，1）。年轻时，朱熹对佛教和道教更感兴趣,但他逐渐认识到,社会上对寻求成佛或道教的长生不死的宗教狂热,导致了国家的衰败。30岁时,他去拜访他父亲的学友、儒学大师李侗,并在那里学习了几个月。李侗的教导使得朱熹相信儒学具有更为深刻的教育意义和更为健全的社会影响。他从此放弃了佛教,并致力于古典儒学的复兴。

朱熹在 19 岁时通过了科举考试,并开始了一系列的官方任职,然而,他的主要兴趣则是教学与写作。1178 年,在皇帝的支持下,他重建了一所被废弃已久的书院——白鹿洞书院,把它变成了一所学者云集的场所。他亲自主持书院,邀请学者前来讲学,丰富了书院的藏书,并建立了系统的教育体系。这所书院的结构成为七百年来中国其他书院的典范。它位于中国江西省,里面建有朱熹的祠堂碑,现在是全国重点文物保护单位。朱熹的另一个重要工作是从《礼记》中选取了《中庸》和《大学》两章,并将它们与《论语》《孟子》一起集合为"四书"。在接下来的几百年里,他对"四书"的注疏成为科举考试的标准文本,直到 1905 年科举制度被废除为止。他在中国思想史和政治史上的影响是不可逾越的。

然而,朱熹晚年却陷入了两名高官的政治斗争之中,他支持的前宰相被陷害和流放,继任的宰相为了报复,指责朱熹之学为"伪学",并对他和他的追随者发动了长达六年的政治迫害。他的一些学生被流放,另一些被监禁。1200 年,朱熹左眼失明,右眼也几近失明,但他更加努力地整理他以前的作品,以期在离世前完成它们。他在 71 岁时去世,即便官方禁止人们参加他的葬礼,仍然有一千多人到场。

5. 陆象山

陆象山（1139—1193），即陆九渊，不过后来更多地被称为象山先生，因为他一度在象山书院讲学，并对跟从他学习的学者产生了深远影响。与朱熹相似，他也是一位哲学思想上的神童。当他三四岁时，他问父亲："天地何所穷际？"其父笑而不答。他对这个问题深思不已，以致废寝忘食。十几岁时，一天他在一本古书中读到中文"宇宙"一词的注释，说"宇宙"意味着空间和时间，他突然醒悟并宣称："宇宙内事乃己分内事，己分内事乃宇宙内事。"从这一点出发，他发展了自己的哲学体系，走上了与程颐和朱熹的程朱学派不同的方向。三百年后，王阳明深受其思想的启发，于是一个与程朱学派抗衡的学派（陆王学派）形成了。前者主张理为人性所固有，而后者宣称整个宇宙和理都在我们的心之中。在中国思想史上，前者被称之为"性学"，后者被称之为"心学"。

34岁通过科举考试之后，陆象山除了在象山书院讲学四年外，还担任了多种官职。在他最后一个职位上，他的仁政和他在消除盗窃与抢劫方面的突出成就，使他受到了当地人民的爱戴和尊重。不幸的是，他一年后就因染病去世了。出殡时，成千上万的人充塞于大街小巷，只是为了向他致以最后的敬意。他没有写出多少哲学著作，也不喜欢对经典加以注释。他曾自豪地宣称："六经皆我注脚！"（劳思光1980，408）。

6. 王阳明

王阳明，即王守仁（1472—1529），由于他被流放并在贵州省的阳明洞居住了三年,人们通常称呼他为阳明先生。阳明洞现在是中国国家文物保护单位之一。

王阳明幼时直到 5 岁才开始会说话。但是,他一说话就背诵了他祖父曾经给他读过的一本书。他出身书香门第,10 岁前跟从祖父接受了良好的教育。他 11 岁时随父亲去了北京,并跟随其父去了中国边境以外的许多偏远地区。年轻时,他喜欢骑马和射箭,但在科举考试中表现不佳。1499 年,他在 28 岁时,终于通过了考试,获得了从政的资格。然而,他的政治生涯非常坎坷。当时的皇帝身边有一个非常宠信的宫廷宦官,他成功地操控了皇帝的权杖,并罢免了试图说服皇帝除掉他的许多高级官员。王阳明看出了这件事的不公正,给皇帝写了一封抗议信。皇帝和那位宦官都被他的大胆激怒了。结果,王阳明在朝堂之上被公开廷杖 40 下,然后流放到贵州,住在阳明洞里。阳明洞位于人烟稀少的边远山区,那里阴冷潮湿,不适合居住,王阳明的健康状况严重恶化。当地人很同情他,自告奋勇地在洞窟外为他建了一座简单的木屋。为了自娱自乐,也为了提升士气,王守仁自号"阳明",并将木屋命名为"何陋轩",取自《论语》"君子居之,何陋之有?"(《论语》9:14)。

三年后,由于另一场政治冲突,那个宦官被处死。王阳明再次被召回朝廷,并授予各种职位。他的军事才能很快得到一位高级官员的发现和赏识,他被派去镇压在南方发动起义的叛乱分子。王阳明活捉了叛乱头目,但皇帝身边的官员建议他放了这个头目,这样皇帝就可以亲自抓住他,从而赢得平息动乱的荣誉。王阳明认为这只会导致不必要的流血,他决定放弃自己的政治事业,称病还乡。

1521 年，下一任皇帝登基后，王阳明又被委任官职，但新皇帝觉得他傲慢无礼。1527 年，他被召去镇压其他几场失控的叛乱，尽管他取得了成功，却没有得到皇帝的赏识。长年的戎马生涯也损害了他的健康，所以他递交了辞呈，没等到皇帝的批准就还乡了。由于这一挑衅行为，他几乎被剥夺了所有的头衔。然而，当地人都很崇敬他。他在还乡的路上去世了。当他的灵柩运往家乡所在的省份时，士兵和民众都在路边排起了长队，泪流满面。据记载，在他临终前，陪同他的一名学生问他是否还有什么遗言，他回答道："此心光明，亦复何言？"（秦家懿 1987，2）。

　　在遵从朱熹求理于外的教导而危害了自己的健康后，王阳明对朱熹的学说大失所望。他曾经夜以继日地"格竹子"，但到第七天病倒了（陈荣捷 1963，249）。从这次经历中，他得出结论，我们不必求"天理"于心外。在受到陆象山思想的启发后，他创立了心学。他写了一首诗来描述其思想觉悟：

　　　　人人自有定盘针，万化根源总在心。
　　　　却笑从前颠倒见，枝枝叶叶外头寻。
　　　　　　　　　　　　　　（《咏良知四首示诸生》）

　　在理学传播到亚洲其他地区之后，如同朱子学在韩国一样，阳明学在日本也备受推崇。南乐山（Robert C. Neville）认为王阳明在东亚的影响与笛卡尔在西方的影响大致相当（Neville 1983，703）。

7. 王夫之

王夫之（1619—1692），别称"船山"，是中国历史上最多产的哲学家。《船山遗书全集》收录了 21 卷他的亲笔著作，而这还不是他的全部作品，因为有些作品在他人生的颠沛流离中损坏或丢失了。他对"四书"和"五经"做了大量的阐述，其中呈现出他高度复杂的形而上学、认识论和道德哲学。他对历史趋势和事件做了详尽分析，发展出了一套新颖的历史哲学。他在一本名为《黄书》的小书中阐述了自己对中国政治的看法和他的爱国情怀，激励了后世的很多中国知识分子。他还在几部对道家的两大著作（《道德经》和《庄子》）的完整注释中，发表了自己的观点。他的美学思想体现在他对古诗以及唐宋诗词的评论中。此外，他还是一位富有灵感的作者，创作了大量体现其美学观点的优秀诗词。

王夫之出生在明王朝（1368—1644）的末年，此时处于政治动荡之中，明朝王室再也无法维持其政治权力与国家安全。他的父亲是一位博学的学者，所以他在浓郁的知识氛围中长大。7 岁时，王夫之已经通读了"十三经"。在他 25 岁时，当地的一帮土匪绑架了他的父亲，并要求王夫之为他们服务以换取他父亲的生命。王夫之严重自残后让他人将自己抬到土匪处。土匪们无可奈何，只好放了他们父子。次年，满人入侵，建立了一个新的王朝（清朝，1644—1911）。明朝的皇族逃到南方，成立了一个新政府。由于他察觉到明朝理学（特别是专注于静坐冥思的王阳明心学）导致了帝国在文化和政治上的衰落，王夫之开始了他的写作生涯，以期重建他所理解的儒学的真正精神。

在接下来的几年里，明朝政府残余势力和新的强大的清朝政府之间不断发生斗争。王夫之最初与他的父亲、叔父和两个哥哥一起参加了抵抗运动，但其他人都死在战场上。随后，他与其他理想主义者组成了无数的抵抗部队，但在战争中屡战屡败，不断失去战友。当他在为南明朝廷服务时，他又因公然反对政治派系斗争而差点坐牢。这次经历使他悲愤不已而咯血。王夫之最后断定，恢复明朝的王权是徒劳的。1661年，南明王朝的最后一个皇帝被抓获，满人控制了整个中国。王夫之拒绝与清朝政府合作，为了躲避当地政府不断的征召，他逃到了偏远的山区，并在不同的地方躲来躲去。他最终在一座荒山脚下的小屋里安顿下来，他称此山为"船山"（字面意思是"像船一样的山"，得名于这座山上一块形状像船的巨石）。王夫之在这里度过了余生，因此有了"王船山"这一别名。他选择了这个地方，因为他羞于被异族统治，但却没有办法摆脱这种困境。在他的《船山记》中，他写道：

> 古之人，其游也有选，其居也有选。古之所就，夫亦人之所欲也。……而固为棘人，地不足以括其不欢之隐，则虽欲选之而不能。……仰而无憾者则俯而无愁，是宜得林峦之美荫以庥之；而一抔之土，不足以荣吾所生，五石之炼，不足以崇吾所事，梏以丛棘，履以繁霜，犹溢吾分也，则虽欲选之而不忍。……春之晨，秋之夕，以户牖为丸泥而自封也，则虽欲选之而又奚以为。夫如是，船山者即吾山也，奚为而不可也！无可名之于四远，无可名之于末世，偶然谓之，歘然忘之，老且死，而船山者仍还其顽

石。……吾终于此而已矣。①

王夫之去世时享年 74 岁。他献身写作 40 余年,完成了 100 多本书,这些书稿在他去世 14 年后由他的儿子收集整理。直到 1842 年他的全集才得以付印,而其中一些作品已经永远地佚失了。

我们可以毫不夸张地说,在所有理学家中,王夫之拥有最复杂的哲学体系。他对儒学的贡献是回归古典儒学,以复兴其真精神。他的哲学融合了《易经》等经书以及《论语》和《孟子》学说的精华。他的个人信条是"六经责我开生面",他把自己生命成熟时期的大部分时间都奉献给了重建这些经典的工作。通过他的重建工作,儒学的话语达到了一个新的高度。用当代学者陈赟的话说:"王船山把人自身的发展引入到改造世界的实践之中,自然、文化的主题才真正进入了儒家的存在论。儒学真正从内在心性之学中解放出来,面向整全的生活世界与广义的文化创造,在这里,才真正获得了存在论上的合法性。"(陈赟 2002,199)

本书这篇导论将以王夫之的一首词结束,因为它很好地描述了理学家们在动荡生命历程中的心灵世界:

---

① 这篇优美的散文出自《船山全书》。它曾被选入中国台湾高中生的国文教科书。作者本人年仅 15 岁(高二学生)时,正是这篇短文激发了其追求哲学的热情。这篇散文的完整版见如下网址:http://www.zhchsh.net/a/chuanshanguli/chuanshanzhuanti/2012/0905/8114.html。

生缘何在,被无情造化推移万态。纵尽力、难与分疏,更有何闲心,为之僦睐。百计思量,且交付天风吹籁。到鸿沟割后,楚汉局终,谁为疆界。

长空一丝烟霭,任翩翩蝶翅,泠泠花外。笑万岁、顷刻成虚,将鸠莺鲲鹏随机支配。回首江南,看烂漫,春光如海。向人间到处逍遥,沧桑不改。

(《玉连环·述蒙庄大旨答问者二首》其一)

Part I

Neo-Confucian Metaphysics:
From Cosmology to Ontology

第一部分

理学形而上学:
从宇宙论到本体论

第一章
从无到无限：周敦颐宇宙论的本源

引 言

周敦颐（1017—1073）一直被公认是理学的先驱，尽管也有部分学者认为他的学说不是纯粹的儒学。周敦颐本人在某种程度上吸收了一些道家和佛教的学说，而且与其他理学家不同的是，他并没有严厉地批评过这两个学派。他的一些哲学思想的根源可以追溯到道家或佛教。然而，周敦颐作品中最主要的哲学遗产来自《易经》和《中庸》——它们都是儒家思想的核心组成部分。进一步而言，周敦颐所提出的宇宙论解释随后也成为程朱学派的主导观点（参见第三章）。二程兄弟（程颢和程颐）十几岁时跟随他学习了一年左右，尽管师徒关系很短，但这对兄弟俩的思想产生了不可磨灭的影响，他们由此决定追求学术而不是政治。作为二程兄弟哲学继承人的朱熹，后来成为周敦颐哲学最热忱的捍卫者，他认为周敦颐的思想是儒学的真正代表。我们可以说，周敦颐在理学中的地位，很大程度上是通过朱熹的阐释与深化而获得的。

周敦颐只有两部简短的哲学作品:《太极图说》[①]和《通书》[②]。在前书中,周敦颐阐述了宇宙的本源、秩序与构成。他把宇宙的本源称之为"无极"(关于这个概念的相关争议将在后文中解释)。宇宙的秩序则是从**太极**[③]到宇宙能量的阴和阳,再到五行(水、火、木、金、土),最终到世间万物之形成的这一生成过程。宇宙的构成可以归结为两个原理:男性的原理(the principle of male)和女性的原理(the principle of female),分别以阳和阴两种宇宙能量为代表。周敦颐在他的全部作品中只提供了这一简要的宇宙论叙事,但它却成为理学的核心论题。由于这种宇宙论的叙述是用简洁的短语给出的,没有太多的阐发,从而激起了广泛的不同解释。这里的关键术语"无极"并没有出现在任何古代儒家文本中。它首见于《道德经》:"常德不忒,复归于**无极**。"(《道德经·第 28 章》;陈荣捷 2018, 151)。

---

① 陈荣捷(见《中国哲学文献选编》)将《太极图说》翻译为 *An Explanation of the Diagram of the Great Ultimate*;Derek Bodde(见冯友兰《中国哲学史》)将其翻译为 *Diagram of the Supreme Ultimate Explained*;Joseph. Adler(见 de Bary and Bloom 1999)将其翻译为 *Explanation of the Diagram of the Supreme Polarity*。这里我选择保留"Taiji"这个术语,因为所有的翻译都会有附加的含义。

② 陈荣捷将其翻译为 *Penetrating the Book of Changes*,Derek Bodde 翻译为 *The Explanatory Text*,Joseph A. Adler 翻译为 *Penetrating the Classics of Changes*。这里我遵从陈荣捷和 Adler 的翻译。

③ 按照传统用法,当"太极"一词描述终极宇宙状态时,它在这本书中被大写;当它用作形容词或指这个词本身时,它仍然是小写。其他特殊术语,如无极、道、理等亦然。(由于中文没有字母大写、小写的区分,因此本译本以黑体字表示大写。——译注)

中国思想史上的许多学者都以历史学上的福尔摩斯的身份，对周敦颐《太极图》的起源进行了考证，而其中的焦点则是周敦颐是否从道教那里获得《太极图》的灵感。许多哲学家对"无极"这一概念的内涵也进行了辩论——讨论它是否与老子的"无"这一概念有关。理学家们对道家关于"无"的论述有着强烈的反感。理学的基本信条是实在论：我们所知道的世界是真实的，它独立于我们的概念和感知而存在。令理学家不安的是，周敦颐对"无极"的论述是否导致像道家一样拒绝现象世界的强大的独立实在性。

关于这一概念的意义的争论甚至在当代英文译本中得以保留。"无极"被译为"the Ultimateless"（冯友兰 1983；Derk Bodde 的翻译），"the Ultimate of Nonbeing"（陈荣捷 1963；Neville 1980）以及"Non-polar"（R. 王 2005）。所有这些不同的翻译都反映出解读周敦颐"无极"思想的困难。然而，如果不理解这个术语的含义，我们就不可能理解周敦颐的宇宙论。本章第一部分将阐述关于这一概念解释的历史性争议。第二部分将介绍前周敦颐时代关于"有"与"无"的哲学论争，看看他的"无极"概念是否与"无"这一概念有关。最后一部分将对周敦颐的"无极"概念进行不同的解读，以进一步发展周的宇宙论。作为进入理学的预备性工作，本章将追溯周敦颐奠基性思想的历史脉络。

关于"无极"的历史争议

《太极图说》首句"**无极**而**太极**"[①]受到了后世学者最具批判性的审视。它的解释和哲学意蕴可以看作是理学最主要的议题之一。朱熹和陆象山曾经就"无极"一词在这一文本中的含义,以及周敦颐是否因为使用了"无极"一词而最终偏离了真正的儒家教义展开了激烈的争论。这场辩论最初起始于朱熹和陆象山的哥哥陆梭山之间的书信往来。陆梭山认为"无极"一词源于老子,并且没有在任何儒家经典文本中出现过。[②]他进一步指出,周敦颐只在《太极图说》中提到了"无极"一词,而在其后来的更为成熟的作品《通书》中,这个概念从未被讨论过。这表明《太极图说》的首句不是周敦颐自己写的,而是他人篡改的;或者周敦颐后来抛弃了《太极图说》首句所描述的宇宙起源理论。陆象山从他哥哥中断的地方继续跟朱熹争论下去,他认为"极"字意为"中",而"太极"这一术语的本意只是"大中";另一方面,"无极"这一术语意为"无中"或"没有太极"。然而,太极是宇宙万物

[①] 过渡词"而"在这里也有不同的解释:"和""而后""而且""然而"等。如何准确地翻译这个词,取决于译者对"无极"和"太极"两个概念之间联系的理解。

[②] 这是一个错误的观点,因为荀子在多种语境中使用过"无极"一词。在荀子的使用中,"无极"是"无穷"的同义词,意思是"无限的""没有边界"的。因此,在荀子的使用中,这一术语似乎没有太多的哲学内涵。

的总称,"没有太极"则指的是虚无的宇宙状态。①陆象山还认为,"无极"与"太极"之间的连接词"而"字不能仅仅被理解为一种连接关系:"而且",它还应该被视为一种逻辑上,甚至时间上的顺序:"而后"。他认为《图说》首句应该被理解为"无极而后太极"。陆象山认为,这一观点显然是从《道德经》第40章衍生而来的:"天下万物生于有,有生于无。"②(陈荣捷2018,154)陆象山因此认为周敦颐的宇宙论最终是借鉴了老子的宇宙演化论(cosmogony):无是宇宙的开端,而有来自无。而另一方面,朱熹认为"无极"一词只是简单地描述了宇宙整体(太极)的本质是一种无限的存在,因此,它并不意味着一个独立的"无"或"非存在(nonbeing)"的宇宙状态。朱熹指出,在儒学的发展过程中,有许多概念是后世儒学家引入的。甚至"太极"这个词本身也没有出现在《易经》一书最早的文本中,而是由孔子引入《易经》的。③按照朱熹的看法,周敦颐运用一个新的、相异的"无极"概念发展了儒家的宇宙论哲学。在哲学上,没有证据表明他通过引入这一概念而违反了真正的儒家思想。此外,中文的"极"字的基本含义是"至极",而不是陆氏兄弟所说的"中"。在这一文本中,"无"字不能被理解为一个指向某个特定对象的

---

①陆象山的《与朱元晦书一》,见黄宗羲1975,卷4:111-112。
②陈荣捷译"无"为"nonbeing",而在这里我们用"nothingness"来指代"无"。
③这是朱熹的观点。当代学者普遍认为《易传》的编撰时间比孔子晚得多。

名词。"无极"一词的结构与其他的词汇,如"无穷"(意为"用之不竭")类似。①所有这些术语都表明语言的有限性,它们指向我们无法用语言描述的东西。在这类术语结构中,"无"并不代表"虚无"。因此,朱熹认为,周敦颐的"无极"应该被理解为对某种事物"究竟至极"以致我们无法形容的一种描述。这种状态就是**太极**的状态,它是如此的至极,如此的根本。总之,在朱熹看来,"无极"和"太极"只不过是同一个状态的两个名字,它们代表了一枚硬币的两面。②

朱熹与陆氏兄弟之间的辩论在 1175 年的鹅湖之会上达到高潮。它演变成两派之间关于如何实现圣人境界的方法论的辩论——朱子学派注重经验研究和对圣人著作的学习,而陆氏学派则注重内省和自我修养。前者指责后者缺乏理论根据,而后者批评前者过于支离,过于注重细节。这场公开辩论持续了三天,并随后以通信的方式继续进行。鹅湖之会是理学历史上的一个重大事件,而引发整个争论的导火索是对周敦颐"无极"思想的阐释和定位。这就不难理解,为什么有必要进一步分析这一概念在周敦颐的哲学中应该如何理解。

《太极图说》是对《太极图》(见图 1.1)的解说。历史学家们也质疑过这张图的来源。第一个争议是由儒家学者朱震(约 1072—1138,生于周敦颐去世前后)引发的。朱震是《易

---

①虽然朱熹本人并没有列出其他的例子,但我们可以将它们列举如下:无量、无尽、无比、无止、无上、无数等。

②这些论点呈现在朱熹写给陆象山的多封书信中。见黄宗羲 1975,卷 4:112—119。

经》专家，深入研究了程颐的《易传》。在他的《汉上易传》的前言中，他将周敦颐《太极图》的来源追溯到陈抟（871—989）——比周敦颐早两百年的一位神秘隐士。据称，陈抟有一幅名为《无极图》（见图1.2）的图，而这幅图又出自一幅更早的、保存在《道藏》中的图。① 根据清代历史学家黄宗炎（1616—1686）的说法，周敦颐的《太极图》与陈抟的《无极图》几乎一模一样，只不过前者的流程图是从上到下，而后者的流程图是从下到上。黄宗炎认为，陈抟的《无极图》是道教炼丹术② 的图解，它指导人们如何提炼自己的能量和精神来培养一种内在的力量，并最终达到"炼神还虚"的状态。黄宗炎声称陈抟将这幅图刻在华山岩壁上。他也赞同朱震对这幅图传承谱系的解释，并声称周敦颐是从穆修（979—1032）那里得到了这幅图，而穆修的学术渊源也可以追溯到陈抟。他认为周敦颐所做的是将《无极图》"颠倒其序"，以便用它来解释《易经》。在黄宗炎看来，周敦颐的理论是道家的内丹学、老子的学说与《易经》术语的混合体。通过使用这张图，周敦颐严重地扭曲了《易经》的原意（黄宗炎 1995，1187—1192）。黄宗炎的严厉批评后来得到了其侄子黄百家（1643—1709）的共鸣和进一步维护。毛奇龄（1623—1716）认为，不仅周敦颐的《太极图》

---

① 冯友兰指出，《道藏》中这幅早期道家的图，其作者无从知晓，但该图可以追溯到712—755年（冯友兰 1983，438）。

② 在道教传统中，有两种丹术：外丹术和内丹术。前者的目标是提炼草药，以找到长生不老之药；后者的目的是培养人们的内在能量，以达到力场的集中与平衡。陈抟的方法应该是属于内丹术。

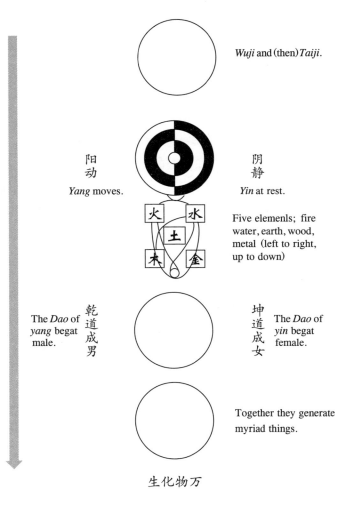

图1.1 周敦颐《太极图》

第一部分　理学形而上学：从宇宙论到本体论　53

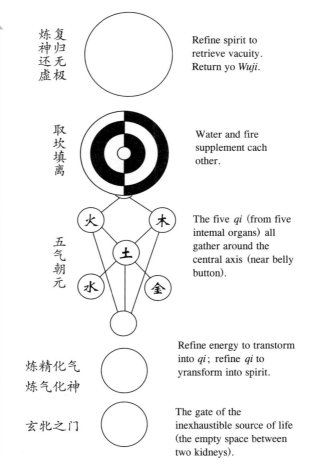

图 1.2　陈抟《无极图》

来自道教，而且他的哲学思想也是来自佛教的。朱彝尊（1629—1709）认为，《无极图》的起源甚至能够超出陈抟，上溯到道教的早期人物河上公。[①]所有这些历史学家都质疑周敦颐的儒家精神。纵观史评，周敦颐深受道家哲学的影响，以及他的"无极"概念主要是一个道家观念，如今已经成为一个被广泛接受的观点（王焌 2005，陈郁夫 1990，劳思光 1980，陈荣捷 1963，等等）。

然而，一些当代学者开始挑战上述观点。最全面的分析和最令人信服的观点来自李申（2001）。李申指出，从来没有关于陈抟在华山岩壁上刻《无极图》的历史记载，历史上也没有人声称见过这个图。第一次提到这一事件的实际上正是黄宗炎本人，而这距周敦颐的时代已经有600年之久了。因此，这是一个相当可疑的说法（李申 2001，37）。他认为《无极图》实际上出自周敦颐的《太极图》，是后来的道士根据《太极图》改造的（李申 2001，54—64）。李申进一步指出，即便周敦颐确实从陈抟学派接受了学术训练（李认为这也是一个问题，因为穆修去世时，周敦颐只有15岁），但这并不意味着周敦颐的哲学一定只是他老师的哲学（李申 2001，16）。郭彧（2003，2001，2000）也持相同的观点。这两位学者的细致分析，为拒绝将周敦颐《太极图》来源的历史归属于陈抟，提供了令人信服的理

[①]出自朱彝尊的《太极图授受考》。河上公并不是一个真名，而是一篇对《道德经》所作评论的作者的托名。我们不知道作者的真实姓名或背景，他可能活在战国时期，写了《道德经》的第一篇评论，并以隐士和道家炼金术士身份传闻于世。

由。因此，我们不应仅仅因为周敦颐使用了"无极"一词以及他的《太极图》，就想当然地认为他的哲学具有道家精神。

在本章接下来的两节中，我们将追溯"无"和"无极"这两个概念的历史渊源，分析其可能的内涵。我们将得出这样的结论：这两个概念虽然有联系，但并不是用来表达同一哲学思想的。这种哲学分析将使我们对周敦颐的哲学兴趣以及他对理学新话语的贡献有一个深刻的认识。

有与无

儒家和道家之间的一个标志性差异在于，前者主张"有"，而后者宣称"无"是一切事物的基础。如何翻译"有"和"无"这两个词，学者们一直没有达成共识。葛瑞汉将其翻译为"something"和"nothing"（葛瑞汉 1959/1990），陈荣捷将其翻译为"being"和"non-being"（陈荣捷 1963，160），而安乐哲（Ames）和郝大维（Hall）将其翻译为"determinate"（有）和"indeterminate"（无）（《老子》2003，139）。"有"在中文中是"拥有"的意思，但在形而上学的语境中，它指的是存在（existence），存有（Being），或者存有的万物。在"有无之辩"中，"有"这个词本身并不是争论的焦点，它的对应词"无"才是。

"无"在中文中有三种书写形式，每种形式都有其自身的词源。"无"是"有"的对立面，经常被翻译为"非存在（nonbeing）"。然而，这个词更好的解释是"有的否定（the negation of something）"，因此，它应该被翻译为"没有（nothing）"

或"虚无（nothingness）"。根据一位中国历史上德高望重的词典编纂者许慎（约58—约147）的说法，中文词"无"有三个词源，因此这个词也有三种可能的意思：（1）亾，即消失；（2）無，意思是某物看起来没有（nothing），但实际上有（something）；（3）无，原初的虚空（original void）。他的分析表明，早在汉代，"无"这个词就已经引起歧义了。当代学者庞朴认为，中文中"无"的三种书写形式（亾、無，无），代表了"没有"（nothing）的三种可能状态（庞朴1995，271）。

第一种形式，"亾"代表"往有而现无（what used to be, no longer is）"：在这一意义上，"亾"可以表现为失去或死亡等状态。这种状态是存在的中止，因此与特定的存在相关。"亾"在逻辑上后于"有"。可以翻译为"gone""without"或者作为词干的"-less"。

第二种形式，"無"代表"似无而实有（what seems to be nothing but is actually something）"：在这一意义上，"無"描述了某物是无形、无状、不可见或无法感知的，然而它不是"不存在"（nothing）。庞朴认为"無"与跳舞的"舞"拥有共同的词源，在历史语境中也紧密相连：初民在宗教仪式上跳舞，是为了向看不见的、不可知的领域以及任何可能给他们带来好运的神灵致敬。因此，"舞"是一种与不可见的"無"沟通的方式。因此，"無"仍然是某种事物，但它是一种超越人类感知、挑战人类概念的超验事物。它可以被进一步看作是一种包罗万象、掌控一切的事物。从这个意义上来看，"無"代表"有"，因而也是前面"亾"（"有的否定"）之反义词（庞朴1995，277—278）。

第一种形式，"无"代表"无而绝无（there never has been, nor ever will be）"：按照庞朴的分析，"无"①意味着绝对的空无。它不是与存在（being）状态有关，也不是独立于存在状态，相反，它就是世界的原初状态（primordial state）。在许慎的《说文解字》中，"无"与"元"②是可以互换的，而"元"意味着本源、原初、根本。许慎进一步解释道：虚空与原初即是道。段玉裁的《说文解字注》指出，在"六经"③中，只有《易经》使用了这个词。庞朴认为"无"的这一写法可能晚于战国时期（约公元前475年—公元前221年）才被特别创造出来，用以表示作为绝对空无（absolute nothingness）这一独立概念（庞朴1995，65）。

作为一个哲学概念的"无"最早是在老子的《道德经》④中被使用的。在《道德经》中，"无"字出现了上百次。虽然目前的文本使用相同的写法，但却有不同的内涵。根据当代思想史家张岱年的说法："将有与无提为哲学概念，始于老子。《老子》书中将有无问题提为一个哲学问题。《老子》书中所谓有

---

①在简体中文中，"無"和"无"无法区分，因为"无"被用作"無"的简化形式。

②注意这两个字写法的相似性。

③"六经"包括《易经》《书经》《诗经》《礼经》《春秋》《乐经》。不幸的是在秦始皇焚书之后，《乐经》就丢失了。因此，"六经"从汉代开始就被《五经》所取代了。

④在历史上，《道德经》一直被认为是老子的作品，而老子的身份却并不明确。从现在开始，我们将遵循中国的传统，把老子作为《道德经》（中国传统上也叫《老子》）的作者。

指天地万物等具体存在。《老子》书中所谓无，含有不同层次的意义。《老子》所谓**无**，可以析别为三项不同的含义：第一指个体物中的空虚部分；第二指个体物未有之前与既终之后的情况；第三指超越一切个体的最高本原。"（张岱年 2002，151）"无"这一概念第一次出现在《道德经》第 11 章："三十幅共一毂，当其无，有车之用。埏埴以为器，当其无，有器之用。凿户牖以为室，当其无，有室之用。故有之以为利，无之以为用。"（陈荣捷 2018，145）在这个语境中，"无"可以被理解为空的地方，或者简单地说，无就是空。它是一个实用的（pragmatic）概念，而不是一个形而上学概念。

"无"的第二种用法，是作为某一特定事物状态的否定形式，可在老子所使用的如下词组中看到：无名、无为、无私、无知、无身、无状、无物、无欲、无所归、无功等。《道德经》中"无"字的使用绝大部分都属于这一类型。它否定了在这一用法中与它相关的任何关联项（名、为、功，等等）。在本章后文中，我们将看到，周敦颐那个引起争议的、被认为是源于老子的"无极"一词，应该被理解为"无-极"，即"没有界限（without boundary①）"。

"无"的第三种用法，先于一切存在的"无"的状态，可以看作是描述宇宙原初状态的宇宙演化论概念（cosmogonic notion）。在对《道德经》的阐释中，我们可以看到，这一宇宙论概念与庞朴所分析的"无"的第二个意义相对应：它意味着一

---

①对"the Ultimate of Nonbeing"作为"无极"的标准翻译的完全拒斥将在下一节中进行详尽的阐释。

种模糊不清、难以捉摸、无形、无状、听不见、看不到,以及当然是无名的东西。这种存在于天地之先的"混成"之物,就是老子所说的"道"或"大"。

> 有物混成,先天地生。寂兮寥兮,独立不改,周行而不殆,可以为天下母。吾不知其名,强字之曰道,强为之名曰大。大曰逝,逝曰远,远曰反。(《道德经》第25章)
> 视之不见名曰夷。听之不闻名曰希。抟之不得名曰微。此三者不可致诘,故混而为一。……绳绳不可名,复归于**无物**。①是谓无状之状,无物之象,是谓惚恍。迎之不见其首,随之不见其后。……能知古始,是谓道纪。(《道德经》第14章)
> 道之为物,惟恍惟惚。惚兮恍兮,其中有象。恍兮惚兮,其中有物。窈兮冥兮,其中有精。其精甚真,其中有信。自古及今,其名不去,以阅众甫。吾何以知众甫之状哉!以此。(《道德经》第21章)

如果《道德经》中的宇宙原初状态是被描述为一种"混成之**物**",那么《道德经》中最恶名昭著的虚无主义(nihilistic)篇章"天地万物生于有,有生于无"(第40章)中的"无"不应该被理解为"绝对的虚空"或"虚无"。换言之,它不应该被理解为庞朴所分析的用"无"字所标示的第三种意义。庞

---

①陈荣捷将这句话翻译为"It reverts to nothingness"(陈荣捷1963,146)。然而,此处的"无物"并非第三义的"无",而是第二义的"无"。

朴本人认为，老子对"无"字的使用不可能包含这一内涵，因为第三种内涵的"无"的概念直到中国历史的后期才发展起来（庞朴 1995，282）。在第 34 章，老子把道的本性描述为"泛兮，其可左右"，因此道似乎是可以扩展移动的东西。换言之，老子的道不是"非存在"或"绝对空无"；我们毋宁说，它是一种无法定义、分类、感知或描述的事物。这就是《道德经》所称的"天下母"（第 52 章）。

"无"这一哲学概念成为魏晋时期（220—420）哲学发展的主题。当时的两大哲学家何晏（约 193—249）和王弼（226—249），进一步发展了老子的"无"，将"无"确立为所有存在事物的存有基础。按照著名思想史家汤用彤（1893—1964）的说法，魏晋哲学的重心不再是宇宙演化论或宇宙论，而是本体论（对存有本然状态或是存有基础的研究，或称为存有论）。当时哲学的追求已经超越了对宇宙起源的推测，而开始探索一切事物的本体或本质（汤用彤 2001，43—44）。①何晏的《道论》②说："有之为有，恃无以生……玄以之黑，素以之白；矩以之方，规以之圆。③圆方得形而此无形，白黑得名而此无名。"（见陈荣捷 2018，300）虽然"有"与"无"之间的"生成"关系是晦涩的，但它显然不再是《道德经》所预设的宇宙生成关系。何晏的《无为论》也指出："天地万物皆以无为本。……阴阳恃以化生，

---

①汤用彤对魏晋哲学的分析已成为当代学者的公认观点。
②何晏的《道论》原文已佚，现在仅有的段落见张湛的《列子注》。
③陈荣捷在英译中使用了"because of"，因此他可能把"以之"这一关系理解为一种逻辑关系而不是因果关系。

万物恃以成形……故无之为用，无爵而贵矣。"①他的《无名论》②则可能给我们一个线索，让我们知道"无"是如何成为存在的基础的：

> 同类无远而相应，异类无近而相违，譬如阴中之阳，阳中之阴，各以物类自相求从。（陈荣捷 2018，301）

在这里，他看起来是在发展老子的互补性原理（principle of complementarities）：对立互补，互相完善。换言之，没有非存在，就不会有存在；就像没有空间（"无"），就不会有"室""车""器"等等。在何晏的用法中，"无"这一概念看起来像一种作为存在的对应物的概念性语构（conceptual construct）——它必须被设定以使存在成为可能。这里的"无"，作为存在的反义词，可以被理解为"非存在（nonbeing）"。

何晏身后没有留下多少作品，与他不同的是，王弼在其短暂的一生（他死时才年仅 24 岁）中留下了大量的著作。他的《老子道德经注》和《老子指略》把老子的"无"的概念提升到了一个新的维度。王弼写道："凡有皆始于无，故未形无名之时，则为万物之始。"（《道德经注》第 1 章；陈荣捷 2018，294）对这句话既可以进行宇宙论的解读，也可以进行本体论的解读：他是在讨论整个宇宙的原初状态（primordial state），

---

①这一简短的"论文"的部分内容在《晋书》卷 43 有记录。
②与《道论》一样，这篇《无名论》载于张湛的《列子注》中，见《天瑞》篇。

还是在讨论个别事物的起源形态（original state）？在《道德经》中，"无"的概念是被用来描述万物形成和命名之前的宇宙原初状态。然而，在王弼的评注中，他似乎在处理每一个别事物存在（有）之前的非存在（无）之本然状态。在同一章节，王弼进一步指出："万物始于微而后成，始于无而后生"（王弼 1981，1）。他从认识论的角度解释了老子的"有物混成"（第 25 章）："混然不可得而**知**，而万物由之以成，故曰混成也。不**知**其谁之子，故先天地生。"（王弼 1980，63；黑体是本书作者所加）在这一注释里，《道德经》中先于存在的"无"的宇宙论内涵被大大地削弱了。汤用彤将王弼的**道**解读为一种非时间性的状态（a-temporal state）：老子将**道**描述为"先天地"的，而在王弼的注释中，**道**既不在天地之先，也不在天地之后（汤用彤 2001，137）。

关于老子对"德"的论述（第 38 章），王弼加上了如下的注释："万物虽贵，以无为用，不能舍无以为体也。"（陈荣捷 2018，295）按照陈荣捷的说法，这是中国哲学史上，首次体、用并用。①这一对范畴"后来演变成中国佛家和理学的主要概念"（陈荣捷 1963，323）。从王弼对体用关系的介绍中，我们也可以看到他对事物终极本性的兴趣。他将"无"作为万物的终极本质或是其"本体"。"无"如何作为存在的存有基础（ontological foundation）呢？从"器""室""车"等例子（"无"字在《道德经》中首次使用时的例子）我们可以看到，这些事

---

① 这两个概念将在本书的第四章中进行更详细的讨论。

物的存在实质上取决于它们内部领域中的"无"（内部空间），同时我们也可以看到，如果没有每个事物边界之外的"无"（外部空间），这个事物就不可能是那个东西了。在空间上，"无"定义了特定事物存在的边界；在时间流转历程中，每一个事物都有其存在之前的状态和存在之后的状态。这两种状态都是这个事物的"无"。因此，如果没有每个存在之外的空间上或时间上的"无"，任何特定的事物都不可能如其所然，或者根本不会存在。因此，"无"是每个特定事物的存有基础。然而，这个"无"并不必然是绝对的虚无，因为它并不必然是宇宙与万物之"无"。王弼所运用的"无"是相对意义上的"无"——"无"相对于"有"，同时又是使特定之"有"（存在的事物）成为可能的东西。

从对个体事物存在至关重要的个殊之"无"出发，王弼进一步提出了一种作为万物根基的、包含万有的"无"（庞朴所分析的第三种意义的"无"）："万物万形，其归一也。何由致一？由于无也"（《老子注》第42章；陈荣捷2018，298）如果我们把这里的"无"理解为"万形之否定"，那么我们就能看到万物是如何融合为"一"的，而这个"一"似乎就是气的总体："虽有万形，冲气一焉"（陈荣捷2018，298）。"无"是无形、无状、无名的。正如王弼所说的："无形无名者，万物之宗也。"（第14章；王弼1980，32）这一意义上的"无"与黑格尔（Hegel）所描述的"非存在（nonbeing）"非常相近：它就是所有确定性的否定。任何的确定性都会限制存在物，并且使其只是部分地完整。在《老子指略》中，王弼给出了一个更为全面的解释：

温也则不能凉矣,宫也则不能商矣。形必有所分,声必有所属……名必有所分,称必有所由。有分则有不兼,有由则有不尽。(王弼 1980,195—196)

"名"是用来"定彼"的(王弼 1980,197)。如果我们给道一个名字,那么它就有了一个外在于它、与它相对的他者。因此,道必须是无名的。"称"是用来把事物按照层级结构(hierarchical structure)加以排列的,因此它需要判断依据的基础。道已经是万物的基础,它不需要进一步的基础。因此,它也是无称的。从而,那个无名、无称的道就是万物的存有基础。王弼的道是无名的、无状的、无形的——完全没有确定性(determination),它就是无——绝对的无。这个无并非像《道德经》的道一样,只是一种"混成"之物。相反,它是绝对意义上的无,因为它是对所有存在以及所有事物本体的否定。正如汤用彤所解释的:"此无对之本体,号曰无,而非谓有无之无。"(汤用彤 2001,45)王弼的"无"论已经发展成为某种版本的"绝无论"(meontology)[①]——对无或绝对虚无(nothingness)的哲学性研究。

将"无"作为本体到底意味着什么?本体意味着事物的本

[①] "meontology"源于希腊词"me(non)"和"on(non)"。根据 BretW. Davis 的说法:"西方传统中的'第一哲学'是本体论,它追问的是'存在之为存在'。……在东方哲学中,第一哲学通常不是存有论(ontology),而是'绝无论(meontology)':关于无或虚无的哲学。"参见他在《斯坦福哲学百科全书》(*Stanford Encyclopedia of Philosophy*)中关于京都学派的介绍(http://plato.stanford.edu/entries/kyoto-school/#WesBeiVsEasNotOntVsMeo)。

性。根据汤用彤的分析,王弼那里作为本体的"无"与佛教所声称的作为事物真正本性的"空"是相近的(汤用彤 2001,47)。对王弼而言,本体不是一件东西;它不存在于时空之中,而是超越时空的。汤用彤认为,王弼的研究不涉及事物的构成,因此与科学研究无关(汤用彤 2001,136),而是一种形而上学的论述。

自从汤用彤关于"无"是一种本体的存有基础而非宇宙演化状态的分析被广泛接受后,学界的共识是魏晋哲学本质上是一种以"无"为本体的哲学(汤用彤 2001,康中乾 2003,洪景潭 2008)。王弼对"无"这个概念的发展所做出的贡献是无可争辩的。他和何晏被看作是"**贵无派**"的代表。然而,贵无的学说开始于一种思辨的形而上学,最后却变成一种生命哲学。王弼所做的不仅是把《道德经》对"无"的状态的宇宙论思辨转化为对万物终极本性(或本体)的本体论分析,而且还大量阐述了他对"无差别性(non-discrimination)""非确定性(non-determination)"概念,即他的"无"的概念的伦理学应用。按照王弼的说法,整本《道德经》可以概括为一句话——"崇本息末而已矣"(王弼 1980,198)。真正根本的东西开始于朴素和诚的心理状态:

> 闲邪在乎存诚,不在善察;息淫在乎去华,不在滋章;绝盗在乎去欲,不在严刑;……谋之于未兆,为之于未始,如斯而已矣。……故见素朴以绝圣智,寡私欲以弃巧利,皆崇本以息末之谓也。[①](王弼 1980,198)

[①] 这一长段的主要思想来自老子《道德经》的第 19 章和第 57 章。参见陈荣捷 1963,149,166—167。

王弼清楚地表明,他的思辨哲学目的在于治愈社会的弊病。然而,从对"无"的状态的本体论肯定,发展到在伦理学上否定明辨是非的主张,这一转变产生了严重的社会后果。生活于残酷的政治动乱和迫害的时代,魏晋的知识分子试图找到一条摆脱困境的出路。"无"与否定价值区分的学说为他们提供了一个放弃社会约束和传统价值的借口。他们的一个著名口号就是"越名教而任自然"(康中乾 2003,209)。相传魏晋的"竹林七贤"①经常整夜聚在竹林里喝酒吟诗。尽管这些知识分子具有深刻的哲学见解,而且他们的目标是在政治危机中追求精神上的升华,但其他许多人只是模仿他们的行为而没有任何哲学理解。以至"贵无"说导致了当时社会风俗的败坏。为了回应这样的趋向,一些哲学家开始提倡"有(being)"的价值,他们被称为"**崇有派**"。

"崇有"学派的两位领导人物是裴𬱟(267—300)和郭象(252—312)。虽然据说裴𬱟写了两篇关于这一主题的论文②,

---

① "竹林七贤"指的是阮籍、嵇康、山涛、刘伶、阮咸、向秀、王戎。竹林所在的位置存在争议,但正统的观点认为它靠近嵇康的住所。嵇康后来被政敌陷害,于 263 年被处死,年仅 40 岁。

② 多种历史记载表明裴𬱟曾经有两篇关于这一主题的论文,其一是《崇有论》,而另一篇是《贵无论》。裴𬱟是否真的写有《贵无论》,在当代学者中是有争议的(参考康中乾 2003,212)。不过,在《崇有论》中,裴𬱟也展现了"无"应该被重视的方面:无可以用来保存有,例如,欲望的减少有益于健康,停止奢侈能使人恢复节制(见顾骏 1980,376)。因此,裴𬱟很可能确实写过一篇关于如何"贵无"的文章。

但今天我们只能见到他的一篇题为《崇有论》的短文。裴頠关注到与他同时代的知识分子对社会规范和道德底线的背离，认为贵无说是导致社会败坏和道德沦丧的罪魁祸首。他认为，那些沉湎于讨论"无"的人，是在以它为借口，蔑弃礼法、无视长幼之序和贵贱之等。他批评他们堕落到了极点："甚者至于裸裎，言笑忘宜。"（引自顾骏1980，376）因此，他主张回归儒家的"崇有"之说。而第一步就是要驳斥"贵无"之论。裴頠写道：

夫至无者无以能生，故始生者自生也。自生而必体有，则有遗而生亏矣。生以有为己分，则虚无是有之所谓遗者也。（引自顾骏1980，377）

由于这段文字意义模糊，我们可以重新表述裴頠的论点如下：

（1）假设存在着绝对的**非存在**（"至无"），则它要产生某种存在时将没有任何其他存在可以作为凭借；

假设（1）成立，则最初的存在都必须是自我生成的；

自我生成必须凭借作为本体的存在（"有"）；

从而，任何存在的东西必须先行拥有自己的存在（"有"）；

从而，绝对的非存在（"至无"）是不可能存在的。

裴頠进一步指出，只有存在之物才能为存在的事物所凭借；因此，"无"与存在的事物之产生没有任何关系。借用现代的术语，我们可以说，裴頠反对在整个生成的因果链条（causal chain）中有任何空隙。只有存在的事物才能影响或产生其他事物。正如他所说的,"济有者皆有也"(顾骏 1980, 387)。没有任何存在能够从"无"中产生。"有"是主要的,"无"是次要的,没有任何事物能够独立于现象世界的存在而存在。

在这篇论文中,裴頠的本体论思辨主要是出于他对人们的本体论信念之伦理意蕴的实用关怀(pragmatic concern)。对他而言,"崇有"是至关重要的:

> 贱有则必外形,外形则必遗制,遗制则必忽防,忽防则必忘礼。礼制弗存,则无以为政矣。……是以君人必慎所教。(顾骏 1980, 375)

换言之,裴頠之所以主张"崇有"论,主要是为了扭转忽视社会规则和伦理规范的社会倾向。

郭象的哲学思想仅仅保存在他的《庄子注》[①]中。与裴頠关于"有"的本体论主要是来自他对"贵无"论之社会后果的实用关怀有所不同的是,郭象对关于"有"的思辨宇宙演化论具

[①] 据《晋书》记载,向秀(约 227—272,"竹林七贤"之一)先完成《庄子注》,并成为郭象《庄子注》的基础。但郭象的贡献,有两种不同的说法:一种说法是郭象对向秀的注释进行了详细的阐述,并扩充了更多的章节;另一种说法是,郭象剽窃了向秀的观点,并声称是他自己的。当代学者对郭象是否剽窃或他的贡献有多大没有达成共识。对这一争论的详细描述,参见康中乾 2003, 226—235。这里,我们将"郭象"简单地看作是《庄子注》一书的作者,但认为它可能包含向秀和郭象两人。

有更强烈的兴趣。他认为"有"不能来自"无",一方面因为"无"本身不能生成任何东西,另一方面也因为"有"本身必须是自我生成的。在他看来,"无既无矣,则不能生有。有之未生,又不能为生,然则生生者谁哉?块然而自生耳"(陈荣捷 2018,304)。郭象将这种物之自我生成的现象称之为"独化"。所谓"独",对他而言意味着,"没有外部因素或外力"。世界就其自身而言就是自足的(self-sufficient)、完满的(complete),它不依赖于任何外部力量。换句话说,没有**造物主**,也没有"无中生有(creation ex nihilo)"的可能。正如郭象坚定地指出的那样:

请问:夫造物者,有耶无耶?无也?则胡能造物哉?有也?则不足以物众形。故明众形之自物而后始可与言造物耳。是以涉有物之域……未有不独化于玄冥者也。故造物者无主,而物各自造,物各自造而无所待焉,此天地之正也。(陈荣捷 2018,305)

这种独化(自生自成)的观点意味着,世界(或者任何存在物,并不一定是我们所拥有的这个世界)永恒存在。为了理解这一复杂的段落,我们可以将郭象的论证概括如下:

如果存在("有")不能够从非存在("无")中产生,则它必然从存在("有")中产生;

如果存在("有")是从存在("有")中产生的,则存在("有")是自我产生的;

如果存在("有")是自我产生的,那么它必然是从永恒以来即存在。

因此,存在("有")是存在的,而且一直存在。

郭象进一步论证,"有"将存在至永远:"非唯无不得化而为有也,有亦不得化而为无矣。是以夫有之为物,虽千变万化,而不得一为无也。"(陈荣捷2018,308)。他没有对这个一直存在、包罗万象的"有"究竟是什么做任何解释。然而,他却曾明确指出,它既不是气,也不是道:

> 谁得先物者乎哉?吾以阴阳为先物,而阴阳者即所谓物耳。谁又先阴阳者乎?吾以自然为先之,而自然即物之自尔耳。吾以至道为先之矣,而至道者乃至无也。既以无矣,又莫为先?然则先物者谁乎哉?而犹有物,无已,明物之自然,非有使然也。

因此,他的结论是,事物的自我生成(独化)是对事物如何产生的唯一合理解释。

对郭象而言,"崇有论"的伦理应用是获得心灵的宁静和生命的祥和,而这种宁静和祥和是人们遵循事物之理的结果。他宣称:"至人之不婴乎祸难,非避之也,推理直前而自然与吉会。"(陈荣捷2018,304)郭象完全接受庄子所倡导的人生哲学,不过他也不反对儒家。反之,他展示了庄子的观点是如何与儒家伦理相容的。如他所言,"今玄通合变之士,无时而不安,无顺而不处"(陈荣捷2018,306)。郭象这里所描述的安乐与和谐,与周敦颐经常提到的"孔颜之乐"非常接近。我们应该看到,虽然贵无论源于道家对"无"的论述,但《道德经》

和《庄子》所阐述的道家学说，并不一定就是魏晋时期贵无派所发展的贵无论。正如我们将看到的，周敦颐在发展自己的宇宙论的同时，也在《道德经》中找到了有价值的哲学思想。

崇有派所肯定的是现象世界的实在性。"有"概念不是指涉某种抽象的、绝对的、与一切特殊存在相分离的**存在本身**（"有"），而是指所有事物的存在——"群有"。"有"不过是万物存在的总体。在当代哲学的分划中，崇有论可以看作是一种客观实在论（objective realism）———种肯定日常事物与自然现象实有的理论。裴頠和郭象都相信现象世界的存在秩序。裴頠致力于一种类似当代自然种类理论（natural kind theory）的雏形。他认为事物的分类遵循着一些固有的个体化原理（principle of individuation）——不同种类的事物具有不同的特征："方以族异，庶类之品也。"（引自顾骏 1980，374）而郭象的理论，则可以归属于**无妄论**（no error theory）：自然界没有差错，自然界的事物都遵循着自然法则，每一个事物都恰当其位。如他所言："其理固当，不可逃也。故人之生也非误生也，生之所有非妄有也。"（陈荣捷 2018，306）[①]由于崇有论肯定了我们的日常世界，它也进一步维护了人类社会习俗、制度和活动的价值。人类在这个世界上所取得的成就是真实的，是有意义的，因此，人们不应该否定这个世界，去追求某些超验的理念。这

[①]陈荣捷认为，这显然是一种决定论（determinism）和命定论（fatalism）。"命运不是仅仅是超乎人类控制和理解的东西，它更有必然的真理性。"（陈荣捷 1963，332—333）。不过，这一理解是有问题的。

一哲学与以此岸世界取向（this-worldly orientation）的儒学①非常契合，而与道教和佛教对彼岸世界的追求（other-worldly pursuit）形成了鲜明的对比。

总而言之，魏晋哲学中的"有无之辩"主要是在以下两个维度进行的争论：现象世界的本体论基础以及这种本体论的伦理应用。它不像《道德经》所表现的那样，是对现象世界的宇宙演化根源或宇宙论基础的追求。我们之所以经过如此长的迂回来介绍围绕"有"与"无"这两个概念相关问题的哲学背景，是为了解释为什么周敦颐的**无极**概念会在他那个时代的哲学家以及思想史家当中引起如此大的骚动。如果他的**无极**思想确实来自道家传统，特别是，如果是与贵无派有关的话，那么他的整个哲学对于他同时代的理学家来说会是完全令人反感的，因为这些理学家的目标就是要把社会道德从贵无派的败坏中恢复过来。

作为理学的开创者，周敦颐的成就正是重新回到对现象世界的宇宙论根源的思考上来，并在他的形而上学观点的基础上重建一种新形式的伦理学。以下我们将看到，周敦颐的伦理倾向与贵无派的精神是截然相反的。周敦颐并没有把重点放在"无"（无论是"虚无"意义上的，还是"非存在"意义上的）这一概念上，而是借用了"无极"这一范畴——它应该被理解为"无-极"，即"没有界限"。因此，我们可以将其翻译为"没有边界的（boundless）"或"无限（infinity）"。周敦颐对**无极**状态的强调，与贵无派的**无**概念有着完全不同的关怀。

---

①儒学致力于单一实在世界（one reality）——我们的世界。它没有提出一个超验的领域或一个隐藏于经验的世界背后的本体界。

无极（The Boundless）与太极（the Supreme Ultimate）

前面我们已经解释过，《道德经》中的"**无极**"一词应该理解为对**极**的否定。按照许慎《说文解字》的说法，"**极**"字系指建筑物的主支撑梁。段《注》解释说，凡是非常高、非常远的东西，都叫作**极**。这个词如今被用作"极限""极端"或"终极"。因此，**无极**这一范畴应该被翻译为"without the ultimate boundaries""infinite"或"boundless"。目前常用的英译"the ultimate nonbeing"（陈荣捷 1963；Neville 1980）或"Ultimate of Nonbeing"（张岱年 2002）实际上颠倒了中文的顺序，把它变成了**极无**——终极的**无**。然而，即便在道家传统中，王弼也只是将老子的**无极**（第 28 章）解释为"无穷"（王弼 1980，74），这清楚地表明，他并没有将**无极**与**无**等同起来。我们现在将讨论周敦颐的**无极**概念是如何在一个不同于道家和魏晋哲学中的**无**的概念的背景下发展起来的。

当代学者江怡已经正确地将**无限**这一概念与**无极**联系起来。他说："在中国古代哲学中，哲学家们主要是用'无极''无穷'等概念来表达'无限'的意义。"（江怡 2008，568）。他对周敦颐《太极图说》首句的解释是，"无极"引至"界限的极致"。他说："在中国传统哲学家心目中，'有限'与'无限'原本就不是两个概念，或指向两个不同的东西，相反，它们如同一张纸的两面，无法完全把它们区分开来。"因此，"有限"即"无限"，"无限"即"有限"。进一步地说，中国哲学家是通过"无限"而谈论和认识"有限"的（江怡 2008，568）。这一解释支持了朱熹的观点:"非太极之外复有无极也。"(《太极图说解》)朱熹把**无极**和**太极**看作是同一枚硬币的两面。无极并不是另外一个东西;相反,无极就是**太极**,界限的极致。现在我们如何用当代的术语来理解这种关系呢?

有限的事物是受定的(determined),因此是有局限的(limited):它们必须在空间和时间上都有其存在之界限。反过来说,**太极**是不确定、没有限度的,因此是**无极**。从周敦颐自身的文本来看,"无极"一词究竟是描述**太极**存在的方式,还是指涉一种存在于**太极**状态之先的状态,是不明确的。《图说》首言"**无极**而**太极**",而后又宣称"**太极本无极**"。对这一文本,我们可以有两种同样可信的宇宙演化论的解释:

(1)最初存在着无限的状态(**无极**),它变成了一种无比广大的状态(**太极**)。**太极**原本无极。

(2)**太极**的状态本身既是无比广大(太)的,亦是无限的(无极)。

要想在两者中找到一个正确的解释,我们需要审视**太极**自身的本质,看它是否可以同时是无限的。

首先,如果某物存在于时间之流中,那么在它存在之前一定有时间,而且在它存在之后也很可能有时间。在该事物存在前和存在后的状态都是它的"非存在"。我们可以称这种个别的非存在为局部性的非存在(local non-existence)。局部的非存在可能会在存在的世界中处处都有。但是从另一方面来说,要有宇宙的生成,则在整个宇宙出现并存在之前,必须先有一种万事万物都不存在的虚无,也就是说,宇宙之先必须有一种全部性的非存在(global non-existence),或者我们可以称之为绝对的无（absolute nothingness）。如果我们根据上面的解释（1），则曾经有一段时间**太极**是不存在的，这就意味着宇宙并不是永远存在的。在这种情况下，说宇宙最初的状态是无极的，就等于说它是绝对的无。从这里我们就可以理解，为什么历史上有那么多的学者把周敦颐的宇宙演化论看作是将非存在或无的状态当作了宇宙的原初状态了。

然而，如果我们仔细考察周敦颐的描述，就可以看到，即使他对个别事物的出现给了一个明确的阶段描述，但他从来没有给出一个对**太极**自身之产生的描述。"二气交感，化生万物。"（周敦颐 1975，14）特定的生命形式是由气的运行与转化产生的，但**太极**不是由气产生的。恰恰相反，**太极**通过运动和静止产生**阴阳**，**阴阳**更进一步产生构成具体事物的**五行**（水、火、土、木、金）。天地有始，而万物更是在天地形成之后的某个时间阶段开始形成的。如果我们称具体的事物为"某物""受定者（the determinate）""存有"，那么就有某个时间阶段无物存在，于其时，世界是不受定的（indefinite），而不是确定了的（determined）。然而，这并不意味着也有某个先于太极，连**太极**也不曾存在的时间阶段。周敦颐的整个《图说》是关于**太极**是如何通过**阴阳**的各自功能而生成万物的。它从一开始就没有描述**太极本身**是如何产生的。在《易经》中，**太极**被认为是原始状态——它恒久存在，无始无终。我们可以肯定的是，周敦颐的**太极**观念与作为他的哲学思想源头的《易经》应该是一致的。

如果**太极**自身没有像万物一样由无生有，从非存在变成存在，那么太极就可以分为两个阶段：万物生成之前（pre-myriadthings）的**太极**；和包容万物，存在其中（with myriad things）的**太极**。在万物出现之前的**太极**会是什么样子呢？这可能就是周敦颐引入无极概念的原因。**太极**原初是无极无限的，因为它的存在是超越时空的。时空框架（space-time framework）是在万物形成和分化之后产生的——万物之间的空间性（spatiality）标志着空间，因为空间是靠物与物之距离来界定的；万物的变化标志着时间，因为时间是靠事物生成、经历变化，然后消灭来成立的。没有距离便没有空间，没有变化便没有时间。至于在万物存在之先的**太极**自身，则无法在空间－时间架构中加以界定，这样的太极状态也不是时空本身，因为空间或时间本身尚且不存在。这个太极其大无外、其小无内（语出关尹子），因为不管是在其外还是其内，都无物存在。所以这个太极是没有界限的，称之为"**无极**（the Boundless）"是恰如其分的。①

我们该如何理解周敦颐的**太极**概念——**太极**是先于万物出现之前的状态，还是充盈万物之状态？**太极**的本性是什么？依照朱熹的看法，**太极**纯粹是宇宙的秩序，是**理**，但这真的是周敦颐的观点吗？从周敦颐对宇宙演化过程的解释中，我们可以看到他心目中的**太极**并不是一种抽象的秩序，也不是气的模式（pattern），因为他所描述的**太极**具有运动和静止——"动而生

---

① 从西方哲学的"虚无（Nothingness）"概念中，也可以发展出一种类似的"无限"概念。正如 Roy Sorensen 所解释的："一个具体的实体在空间或时间上有一个位置……因为它有位置，它就与其周围的环境之间有界限。（唯一的例外是，一个实体占据了所有空间和时间。）"（见《斯坦福哲学百科全书》，Nothingness 条，括号为原文所加。）

阳,静而生阴。"当代研究理学的杰出学者陈来认为周敦颐的宇宙观是一种气一元论（qi-monism）（陈来 2005，40）。郭彧（2003，2001）也认为周敦颐的太极最初只是一气,然后通过运动和静止分化为**阳**和**阴**。郭彧引用了与周敦颐同时代的刘牧（1011—1064）和邵雍（1011—1077）的评论,以表明将**太极**看作是**阴阳**未分之前的一气是北宋理学家们的共识。根据刘牧的说法,"**易**有**太极**,是生两仪。**太极**者,一气也。天地未分之前,元气混而为一,一气所判,是曰两仪"（刘牧 1995，1）。而根据邵雍的说法,"**太极**既分,两仪立矣"。他还说:"一气分而阴阳判。"（郭彧 2001，3）从这两处引文来看,显然对周敦颐而言,**太极**完全可以被看作是一种未分化的气。既然在周敦颐的时代,这似乎是一种被广泛接受的观点①,那么他的"**无极而太极**"的说法,也可能是在表达从无极到太极这一气的演化过程。

如果把"**无极而太极**"理解为对宇宙演化过程的陈述,那么我们如何解读周敦颐的宇宙观呢？陈来给出了一个很好的分析:"太极指未分化的混沌的原始物质,无极是指浑沌的无限。太极作为原始物质本身是无形的、无限的,这就是所谓'无极而太极'。"（陈来 2005，39）这里所说的"原始物质"就是在阴阳未分之前的太极元气。周敦颐的宇宙论只是在解释气的发展过程——一个气从混元同一之状态到阴阳两种模式之确立,再到最终的万物生成的分化过程。

---

①这一观点并非起源于北宋理学家。在魏晋哲学将兴趣从宇宙论转向本体论之前,这一观点在汉代已经十分流行。

在我们当代的阐释中，气有可能与已过时的以太（ether）概念相关联，而一个更有启发的诠释法是将太极与时－空架构相联系。按照 Roy Sorensen 的说法："科学史学家们怀疑曾经被大张旗鼓地从物理学的大门推出去的'以太'，是否正假以'空间'的旗号，又悄悄地从后门返回物理界。量子场论（quantum field theory）为这种推测提供了特别肥沃的土壤。粒子（particle）是在能量的帮助下于真空（vacuum）中产生的。如果说真空有能量，而能量又可以转化为质量（mass），那就否定了真空是空的。许多物理学家很兴奋能发现真空远非是真正空的。"（Sorensen 2009，第 10 节）从这个角度来看，周敦颐的太极概念就更加具有可理解性和合理性了。

我们现在可以给予周敦颐的**太极**观另外一种当代的重新解读。我们也可以理解为什么他把**无极**这个概念引入到他对宇宙的宇宙论解释中。中文的"宇宙"一词的字面意思就是空间和时间："四方上下谓之宇，往古来今谓之宙。"①在天地未分、具体事物形成之前，时－空架构本身可以无限膨胀，同时又可以无限微小——"其大无外，其小无内"。②时－空架构自身"取决于它架构的内容"③，因此，当空间和时间中没有具体

---

①这一说法最初来自文子，据说他是与孔子同时代的一位老子的信徒。载于段玉裁的《说文解字注》，现在已经成为对"宇宙"一词的标准解释。

②"其大无外，其小无内"首见于《关尹子》（约编著于公元前 475 年至公元前 221 年间），是对"道"的一种描述。

③这是 Roy Sorensen 对爱因斯坦的空间概念的描述，见 Sorensen 2009。

之物时，它是没有限制和界限的。换言之，在任何具体之物出现之前，时－空是没有边界的，因为那时也没有任何事物在时间或空间的外部存在。因此，它应该被称之为"**无极**"。在天地既分、宇宙形成之后，出现了一个无限大的时－空架构，周敦颐称之为"**太极**"。我们由此可以理解为何会说"**无极而太极，太极本无极**"。**太极**的宇宙演化是在一个极其巨大的时－空架构内之物质（matter）的膨胀。同时，由于**太极**本身与气是同一的，它不是一个仅仅作为具体之物的容器的静态的时－空架构；正相反，物质和能量与这一架构是融合在一起的。按照周敦颐的描述，**太极**具有运动和静止两种状态；因此，它不是一个真空，或者至少不是一个空的真空，因为它充满了能量。周敦颐的观点或许不同于牛顿的空间概念，把空间视为"一个外部的、同质的（homogenous）、无限延伸的三维容器"，但它似乎与牛顿关于在具体万物出现之前，何物存在的猜想相一致："在创世之前的无限长时间里，世界是空无一物的。"（参见 Sorensen 2009，第 4 章）

现在我们应该回到那个困扰学者们几百年的问题了：周敦颐的"**无极**而**太极**"说是否使他陷入了一种"无中生有（creation ex nihilo）"的看法呢？即便我们已经将**无极**概念与无的概念区分开来，然而，原初的混沌（primordial chaos）状态是否最终仍是一种无的状态呢？劳思光认为，由于**无极**是独立于**太极**的状态，周敦颐的观点是把**无极**作为万物的本体，因此，它确实意味着"无中生有"（劳思光 1980，114）。而李申尽管是拒绝了将周氏《太极图》的来源追溯到道教的《无极图》，但他还是认为，"只要承认天地、阴阳有个开始，继续上溯，就只能上溯到无。'无中生有'可说是必然的结论"(李申 2001，49)。不过，即使当代学者仍然接受把周敦颐宇宙观解释为"无中生有"，他们也不都把宇宙的原初状态看成是后世道家的"无"或"绝对虚无"概念。例如，南乐山认为周敦颐的观点是一种"无中生有"说，但他把这个过程解释为一个受定的世界（determinate world）从不确定性的状态（the state of indeterminacy）中出现的过程。因此，创造是一个"消除其他可能性的决定过程（decisive process eliminating alternatives）"（Neville 1980，22）。白彤东也认为，存在着这样一种意义的"无"，它意味着"终极的潜能（potentiality）是不确定的，可以导致无数种现实（actuality）的出现"（白彤东 2008，347）。[①]如果我们接受这种对"无"的理解，那么产生万物的"虚无（nihilo）"就既不是绝对无，也不是虚空（void）。毋宁说，它只是一种不确定的状态，充满了潜能和可能。这将是理解周敦颐的无垠无形之气的合理途径：作为原初物质（primary matter），它充满了能量。能量的存在可以让我们解释为什么万物最终会从这个原初之气中出现。"有"是如何从"无"中产生的呢？——这是因为在"无"中总存在"有"。按照这一理解，周敦颐的**无极**并不是绝对的虚无或完全的虚空。同时，由于**太极**是气之总体，所以即便在气未分化为阴阳之前，**太极**也不是虚空。它无形、无状、无界限、无确定性，但它不是空的。这种对**无极**与**太极**之间关系的

---

① 白彤东的论文是关于老子的。他认为，当老子说"道生一"时，老子的"道"就是这个"无"的意思。

分析，也支持了对周敦颐宇宙论的第一种解读：气最初的无垠状态转化为无比宏广的**太极**状态。**太极**原本是**无极**。

对周敦颐的**太极**本体论地位的另一个更有力，但也同样可信的解释，是把它与**存在**（Being）本身等同起来。如果**太极**是统一无分别的气，而气是万物的构成性原理（constitutive principle），那么**太极**就是构成万物的原理。**太极**因此可以被解释为**存在**，因为存在也同样是永恒的、无限的。根据鲜纪明（Giming Shien）对存在本质的分析：

> 存在本身超越时间和空间，因为它是永恒的，是万物之源。我们甚至不能想象存在或太一（the One）有开始或结束。……存在也超越空间，在数量上是无限的。它不为任何事物所限制，是没有边界的。在这一意义上，它是无限的。这两种属性，永恒与无限，代表着最高的存在，是绝对完美的顶点。因此，存在可以是万物之源。（鲜纪明 1951，22）

虽然鲜纪明这里分析的是抽象的**存在**概念，但这一分析与周敦颐的**太极**概念非常契合。周敦颐的**太极**也是超越时空的，通过将它与**无极**概念联结起来，周敦颐将太极描绘为无限的、没有边界的。纯粹的存在"就其本性而言是不受限制的"，按照鲜纪明的说法，"就它不受限制这一点而言，它是完全独立的，是绝对的。'绝对'意味着它不是相对于任何事物，是自足的"（鲜纪明 1951，23）。按照周敦颐的描述，**太极**是绝对自足、自含（self-contained）、完满的。正因为它不是相对于任何事物而存在,因此等同于无极。正因为它与任何事物无关,故它与**无极**是相同的。周敦颐的**太极**就是**存在**本身;所以,它既庞大无比,又无边无际,即**无极**。

无论我们采取"**太极**之前是**无极**的状态",还是"**太极**与**无极**同时存在"的诠释,没有任何线索可以证明周敦颐的宇宙观与道家的"存在来自绝对虚无"这一诠释有关。

从无极无形之元气到太极的时-空架构,宇宙必须经过进一步的变化才能产生具体万物。第一个变化就是这种无形之气的运动和静止状态。**太极**通过动而产生**阳**,通过静而产生**阴**。①气的两种模式由此而分化开来。这是儒学宇宙论思想的革命性发展。正如王蓉蓉(Robin. Wang)所解释的:"虽然还没有人能解决宇宙是如何从太极生成这一问题,周敦颐的贡献在于他直接而清晰地将阴阳与……运动和静止联系起来,并把动静看作对宇宙的生成至关重要。"(Wang 2005,316)周敦颐对《易经》的宇宙演化图式做了进一步的阐述,并将汉代(公元前206年—公元220年)儒学广泛讨论的五行(水、火、土、木、金)说引入其中。我们将把这一阶段看作是质变(qualitative change)而非量变(quantitative change)②。**气**作为一种纯粹形态的能量,

---

① "产生(Generate)"是对《太极图说》文本的字面解释。然而,我们有理由认为,气的运动本身就是阳,气的静止状态就是阴。周敦颐将动与阳、静与阴等同起来,王蓉蓉(2005)认为这正是他的贡献所在。

② 郭彧(2003)解释说,中国古代宇宙论思维涉及的正是质变而不是量变。

构成了物质的五行这五种基本元素。宇宙再下一个变化阶段是乾("乾道成男")和坤("坤道成女")的分化,而雄雌二性之分是近乎所有有机生命形式的基础。①五行与乾坤原理结合就产生(或构成)了林林总总的具体之物("万物化生")。

我们可以给周敦颐的宇宙演化观画一个流程图:

原初"无极"之混沌(未分化的、无限之气)
↓↓
太极(时-空架构)
↓↓
阴与阳(动与静)
↓↓
五行(水、火、土、木、金)
↓↓
乾坤(男与女)
↓↓
万物

正是在这种宇宙观的基础上,周敦颐发展了他的伦理观,它直接关系到对现象世界实在性的肯定。他的《通书》开篇就宣称,乾道和圣人的基本属性是"诚":"大哉乾元!万物资始,诚

---

① 一些有机实体进行无性繁殖,例如阿米巴原虫(amoeba)。然而,在大多数情况下,似乎只有雄性和雌性元素结合才可能繁殖。

之源也。乾道变化，各正性命。诚，斯立焉，纯粹至善者也。"（周敦颐 1975，116）在这里，他不仅肯定了万物的真实性，而且承认了它们存在的"正当性（integrity）"①——它们的本性和发展是确定无妄的。天道之诚进一步成为人类道德的基础："圣，诚而已矣。诚，五常（仁、义、礼、智、信）之本，百行之源也。"（周敦颐 1975，123）由此我们可以清楚地看到，周敦颐的宇宙观并没有导向对我们所处世界之实在性的否定（虚无论），也没有导向对我们人类在社会中所确立的伦理价值观之否定（怀疑论）。

小　结

周敦颐的"**无极**而**太极**"是一种宇宙演化论叙述，而不是一种本体论的叙述。它与魏晋哲学中的"贵无"论与"崇有"论之间的争辩无关，它也没有导致对社会规范与道德标准的抛弃。由于围绕他的《太极图说》的争议，在宋明理学中引发了一场关于宇宙起源的激烈辩论。他有可能受到了道士陈抟炼丹

---

①　"现存事物的正当性"（integrity of existing things）是借自南乐山的一个短语。不过，南乐山是在创世论的语境中使用这个短语的。参见 Neville 1980，24。对周敦颐而言，现存事物的正当性来自气自身的创生力（creative force）。张载认为，这一规范性原理（regulative principle）是气自身所固有的。而朱熹后来则认为现存事物的正当性是来自理。

术的启发①，但没有证据证明他是陈抟学派的继承者，也没有证据证明他的《太极图》是模仿陈抟的《无极图》。他对宇宙起源的推测与《道德经》的宇宙观是一致的，但与魏晋哲学所发展的"无"的本体论却有很大的不同。理学家们对**贵无**论的激烈排斥，是出自他们对这一本体论的伦理后果的厌恶。虽然《道德经》的理论本身鼓励对社会规范和道德标准的谴责，但周敦颐的宇宙论思辨并没有导致这样的结论。要恢复周敦颐哲学的真正精神，必须将其与魏晋哲学中的**贵无**论撇清关系。在这样的理解下，我们可以看到周敦颐的哲学思想的确为理学的发展开辟了一条新的道路。正如冯友兰在他对周敦颐的历史评价中所言："早期的理学家主要是对宇宙论感兴趣，而第一位宇宙论哲学家就是周敦颐"（冯友兰 1996，269）。这一宇宙论转向（cosmological turn）可能是周敦颐对理学的最大贡献。在下一章中，我们将看到张载（1020—1077）是如何更完整地阐述气的原初形态及其发展的理论的。

原始文献

周敦颐，1975. 周子全书 [M]. 台北：广学社.

---

①在周敦颐的全集中有一处提到希夷先生，是道士陈抟的号："始观丹诀信希夷，盖得阴阳造化机。"（周敦颐 1975，345）这首诗是周敦颐参观丰都（在今天的中国重庆）道观后所写的三首诗之一，而题目提到这座道观中的"石刻"。所以是有可能周敦颐确实看到过后世道士们放在《无极图》旁边的陈抟的丹诀，只不过《无极图》本身是后来的道士们自己编造的。

英文选译[1]

Chan, 1963, W. A Sourcebook in Chinese Philosophy [M]. Princeton, NJ: Princeton University Press. (陈荣捷, 1963. 中国哲学文献选编 [M]. 普林斯顿: 普林斯顿大学出版社.)

---

[1] 原始文献是中文的,而选译是英文的。

第二章

万物的基本构成：张载的气一元论

引 言

张载（1020—1077）基于传统的**气**的概念建构了一个系统的哲学体系。他把气的概念既纳入他的形而上学，也纳入他的伦理学之中。在张载之前，根源于**元气**（primordial qi）的宇宙演化论和以气为万物基本构成的本体论主要出现在道家传统中。①气或元气的概念早在先秦哲学中就已被广泛使用，但并没有任何统一的气论，而不同的哲学家用元气的概念来描述宇宙发展的不同阶段。②张载对《易经》传统中的气哲学进行了更新和系统化，使之成为理学不可分割的一部分。他被称为"气论的集

---

① 一些儒家学者也接受了元气的世界观，如汉代（公元前206年—公元220年）的董仲舒（公元前179年—公元前104年），和唐代（618—907）的柳宗元（773—819）。然而，他们的兴趣主要不在宇宙演化论。

② 例如，《淮南子》认为元气是天地形成之前的气的状态（详见下文），而柳宗元认为元气是那种弥漫于天地之间的存在（柳宗元1979，442）。

大成者（epitomizer）"（程宜山 1986；张岱年 1958/2005），这是名副其实的。在他的气论中，我们可以看到他如何对与气有关的各种概念进行分类，以及他如何解决一些先前的气论学者未能解决的难题。

在宇宙演化论方面，气的概念最初主要是由道家发展起来的。老子和庄子在他们的宇宙论解释中都诉诸气的转化。后来的道家学者，以及一些儒家学者如董仲舒（公元前 179 年—公元前 104 年）使用"元气"这一术语来指涉宇宙形成之前的阶段。道家形而上学主要建立在气的概念之上。本章将追溯气论的道家根源，并看看气的概念是如何应用于他们的宇宙论解释和本体论分析之中的。然后将介绍由张载所发展的气论，考察他是如何回到《易经》中的气论，并在理学中彻底改造气论的。

元气概念①

"元气"这一术语最早出现在先秦道家文本《鹖冠子》②："天地成于元气，万物成于天地。"（《鹖冠子》第十一章，2004，255）"元"这个字有很多内涵，但在与"气"结合的词组"元气"中，它意味着原初的（primordial）、基本的（elemental）、起源的（originating）和单一的（single）。③在《易经》中，**元**

---

①本节的部分内容来自作者 2015 年的文章。
②参见易德生 2003，58 和程宜山 1986，6。《鹖冠子》的作者不详，而年代（战国时期）则是没有争议的。
③在许慎的《说文解字》中，"元"仅仅被视为"始"。

被列入到阴阳的最理想状态的四德之中：元、亨、利、贞。汉代哲学家董仲舒将"元"定义为万物之本。①在古代文献中，"元气"通常指的是天地形成之前的气的状态。这种状态通常被称为"混沌"，是一种先于有序的宇宙存在，无形之气充盈无限空间的云雾状态。因为那时没有天与地的分离，没有对象与事物的区别，所以它是统合的、单一的太一（singular One）。这一宇宙之太一被称为元气。

元气理论提供了一种关于宇宙初始状态的宇宙演化描述。例如，《鹖冠子》第五章描述到："有一而有气，有气而有意。"（《鹖冠子》，2004，71）一位注释者陆佃（1042—1102）解释说："一者，元气之始。"（《鹖冠子》，2004，71）《鹖冠子》第十章对这一状态进行了其他的描述，如："泰鸿"或"泰一"。按照《鹖冠子》的说法，气在这一阶段还存在着同质的常态，称之"大同"（《鹖冠子》，2004，222）。因此，《鹖冠子》中所描述的宇宙形成前的原初状态是一个庞大的同质之气，但它不是一个完全的混沌状态。

《庄子》是另一部接受元气论的先秦哲学著作。在《庄子》中，宇宙的原初状态被描述为"混沌"②状态。这一原初的混沌是无形无相的、处在不可分辨之状态的气，它充盈于整个空间，并且是与空间本身等同，因为没有任何事物外在于它。在《庄

---

①引自张岱年 1958/2005，57。张岱年认为董仲舒所说的"元"就是**太极**。

②"混沌"一词在宇宙演化论上指的是在有序的宇宙形成之前的宇宙的最早情况。

子》中，这一原初状态被称之为"太一"或"大一"，之所以称之为大，是因为它如此宏伟，没有任何东西可以在它之外。在这一原初的混沌状态中，没有天地分界，也没有具体的物体。从这个意义上说，它是一种"虚空（void）"——无物存在。然而，随着时间的推移，气聚集起来形成具体之物。从而，宇宙分化为林林总总之物，而失去了它的"单一性（oneness）"。整个宇宙只是气的转化的结果，而始于混沌："杂乎芒芴之间，变而有气，气变而有形，形变而有生。"（《庄子》1961，第十八篇，612）在《庄子》的宇宙演化论中，不需要超验的造物者，因为这个转化的过程就是气本身的自然流动。

在《淮南子》（一本撰写于公元前2世纪左右、主题庞杂的以道家思想为主的文献）一书中①，以元气概念为基础的道家宇宙演化论第一次得到了最全面的阐述。《淮南子》的**道**的概念似乎是对元气的一种描述："夫道者，覆天载地，廓四方，柝八极，高不可际，深不可测。"（卷一；陈荣捷 2018，276）《淮南子》的**无**的概念描述了一种"视之不见其形""听之不闻其声""扣之不可得""望之不可极"的事物（卷二），并把它看作是"物之大祖"（卷一）。在《淮南子》的分析中，当气最初出现时，它是未分化的、同一的；然后，元气才分化为**阴**与**阳**。此时天和地开始形成；最后，生命开始出现，事物发展成不同的类别。按照这一叙事，由具体之物构成的世界最初产生于元气，而不是绝对的无。

---

① 《淮南子》据称是淮南王刘安（公元前179年—公元前122年）门客们的集体著作。刘安对整个撰写过程进行了监督指导，并可能有所贡献。

不过，在《淮南子》中也出现了一种自相矛盾的世界观，认为元气不是原初状态。《淮南子》是这样说的：

> 天坠未形，冯冯翼翼，洞洞灟灟，故曰太昭。道始于虚霩，虚霩生宇宙，宇宙生气。气有涯垠，清阳者薄靡而为天，重浊者凝滞而为地。（卷三；陈荣捷 2018，278）

按照这一描述，在宇宙开始之前，在有时间或空间之前，只有一个无形无相的虚空。在这幅宇宙演化图景中，虚空似乎是先于元气的。《淮南子》既没有解释宇宙是如何从这个虚空中形成的，也没有解释宇宙是如何产生气的。

在另一章中，《淮南子》通过对《庄子》中首先引入的"七阶段"论的解释提供了一种对宇宙发展的描述。①《庄子》的描述如下："有始也者，有未始有始也者，有未始有夫未始有始也者。有有也者，有无也者，有未始有无也者，有未始有夫未始有无也者。"（《庄子》1961，第二篇，79）根据《淮南子》，这七个宇宙演化阶段可以解释如下②：

（1）"有始者"：繁愤未发，萌兆牙蘖，未有形埒垠

---

①在《庄子》中，这段话可能具有反讽性。然而，在《淮南子》中，这段文字被认为是一种严肃的宇宙演化推测。

②下面这段引文是大致根据《淮南子》卷二翻译的，参考了陈荣捷的 *A Source Book in Chinese Philosophy* 以及 John S. Major 等人翻译的 The Huainanzi（2010）一书。（在将本段翻译为中文时，《淮南子》的原文引自陈荣捷 2018，277。——译注）

垮，无无蠕蠕。将欲生兴而未成物类。

（2）"有未始有有始者"：天气始下，地气始上。阴阳错合，相与优游竞畅于宇宙之间，被德含和。缤纷茏苁，欲与物接而未成兆朕。

（3）"有未始有夫未始有有始者"：天含和而未降，地怀气而未扬。虚无寂寞，萧条霄霏，无有仿佛。气遂而大通冥冥者也。

（4）"有有者"：万物掺落，根茎枝叶，青葱苓茏，萑麓炫煌，蠕飞蠕动，蚑行哙息。可切循把握而有数量。

（5）"有无者"：视之不见其形，听之不闻其声。扪之不可得也，望之不可极也。储与扈冶，浩浩瀚瀚，不可隐仪揆度而通光耀者。①

（6）"有未始有有无者"：包裹天地，陶冶万物，大通混冥。深闳广大，不可为外，析豪剖芒，不可为内。无环堵之宇而生有无之根。

（7）"有未始有夫未始有有无者"：天地未剖，阴阳未判，四时未分，万物未生。汪然平静，寂然清澄，莫见其形。

我们可以把上述七阶段分析为两种"回溯性"的叙事（retro-

---

① （《淮南子》的）原文中使用的是"光耀"一词，其字面意思就是"才华（brilliance）"。然而，在《淮南子》的同一段落中，使用"光耀"来指代《庄子》第二十二篇中的一个虚构人物。在那个寓言中，"光耀"是另一个虚构人物"无有"的对话者。《庄子》的注疏者说，这一人物代表智慧（intelligence），而智慧的功能是阐释（illuminate）与审视（inspect），因此得名"光耀"。

spective narratives）：从（3）回归至（1）描述了宇宙本身的形成，而从（7）回溯至（4）描述的则是具体万物之生成别类过程。阶段（1）是我们所知的世界的开端，阶段（2）是表现为阴、阳两种模式的气的状态，阶段（3）描述了虚空、荒凉的深渊，阶段（7）至阶段（4）似乎是在描述以具体之物的生成为内容的同一个宇宙演化过程。上述两种叙事有两种可能的解读方式。我们可以把阶段（7）看作是等同于阶段（3），也可视其些微地先于阶段（3）；阶段（6）可以看作与阶段（2）相对应，也可视其先于阶段（2）。阶段（5）与（4）可以看作是在描述阶段（1）中的"由无到有"的转化过程，也可视其为指涉有与无的共存状态。目前还没有对上述七阶段的顺序的公认诠释。在这里，我们将把两种可能的解读都保留下来，并将它们排列成下面的简化图表①：

第一序发展：宇宙的开端，天地未分

（7） 有未始有夫未始有有无者 ↓	天地未剖，阴阳未判，四时未分，万物未生。汪然平静，寂然清澄，莫见其形。（宇宙原初天地未分，阴阳未判，四季无别。一切宁静、和平、无声、纯净。）
（3） 有未始有夫未始有有始者	天含和而未降，地怀气而未扬。虚无寂寞，萧条霄霓，无有仿佛。气遂而大通冥冥者也。（天、地尚未分开，大气弥漫，一片虚无与荒凉。）

---

①这种排列与胡适略有不同，胡适的顺序是（7）、（3）、（6）、（2）、（1）、（4）、（5）。参见胡适 1931，26—28。

第二序发展：天地已别，万物未生

（6） 有未始有有无者 ↓	包裹天地，陶冶万物，大通混冥。深闳广大，不可为外，析豪剖芒，不可为内。（天地已经分离，而气仍是无差别、同一同质。气充盈于整个宇宙。其大无外，其小无内。）
（2） 有未始有有始者	天气始下，地气始上。阴阳错合，相与优游竞畅于宇宙之间，被德含和。缤纷茏苁，欲与物接而未成兆朕。（气已经分判为阴、阳，宇宙中只有气的运行，而具体之物尚无征兆。）

第三序发展：万物之生成，物类之分别

（5） 有无者 ↓	视之不见其形，听之不闻其声。扪之不可得也，望之不可极也。（无物可见、可听、可触、可接近或是可想象。）
（1） 有始者 ↓	繁愤未发，萌兆牙蘖，未有形埒垠堮，无无蠕蠕。将欲生兴而未成物类。（生命的出现：物开始萌兆牙蘖，但尚未形成形状和类别。）
（4） 有有者	万物掺落，根茎枝叶，青葱苓茏，萑薆炫煌，蠉飞蠕动，蚑行哙息。可切循把握而有数量。（具体之物已经形成：出现了可触的、可测量的、可数的具体之物。）

这种宇宙演化叙事并不是一个成熟的理论，许多问题仍然

没有得到解决：混元同一之气如何分化为阴和阳的？气最初静止的状态是如何发展出上升和下降运动的？天与地是怎样分开的？"有"（something）是如何从虚空或虚无中突然出现的？具体之物是如何分类的？生命又是如何产生的？这些问题要等到张载发展出他的气论才会有答案。

汉朝著名天文学家张衡（78—139）将元气的理论融入对宇宙起源的科学解释中。[①]他在天文学方面的代表作《灵宪》（*Spiritual Constitution of the Universe*，李约瑟的翻译）被认为是中国天文学史上的最高成就之一。张衡显然受到了《淮南子》的影响，他把"有"的出现描述为"气"的发展。他把原初物质称之为**太素**，在太素出现之前，有一个广阔、黑暗、无形的深渊叫**溟涬**。溟涬可能从远古时代就存在了。溟涬之内是虚（emptiness），之外是无（nothingness）。这是一个深邃黑暗的深渊———一个完全无光的虚空。在第二阶段，有开始从无中产生，原初物质，太素开始生芽。在这一阶段，气融合为一，气的品质没有差别。一切都是混杂的、同一的。张衡认为这个阶段就是老子所说的"有物混成，先天地生"（《道德经》第25章）。他把这一阶段称之为**庞鸿**，并声称它也持续无限长的一段时间。最后，未分化的元气分化了，气的能量与纯度等品质发生了变化。天与地分开了，在天、地之间，万物开始成形，形成不同的类别。张衡把这一阶段称之为**太元**。

[①]李约瑟（Joseph Needham）认为，张衡"不仅是任何文明中第一台地动仪的发明者，而且是第一个将动力用于天文仪器旋转的人"（Needham 1994, 22）。

在张衡的宇宙演化论中,宇宙的发展经历了三个阶段。他似乎把这三个阶段看作道的自然发展,并分别将其称为"道之根""道之干"和"道之实"。

> 溟涬:幽清玄静,寂漠冥默,不可为象,厥中惟虚,厥外惟无。
> 庞鸿:太素始萌,萌而未兆,并气同色,浑沌不分。
> 太元:元气剖判,刚柔始分,清浊异位。天成于外,地定于内。天体于阳,故圆以动;地体于阴,故平以静。动以行施,静以合化,埋郁构精,时育庶类。

张衡的宇宙演化论是一个简化的版本,它将《淮南子》中的七个阶段简化为三个阶段。两种理论都把天、地的出现看成是后来的发展,也都把原初的宇宙状态理解为荒凉、寂静、黑暗的深渊。在这两幅图景中,我们都不清楚元气是何时以及如何起源的。对《淮南子》而言,原初的、无形的、未分化的状态可能就是所谓的"元气"。对张衡而言,在开端阶段只有黑暗的深渊。彼时不仅无形、无光,也没有元气。元气从这种纯粹之无中出现,而且最初是同质的、未分化的气。

无论元气是否被认为是原初阶段,在上述两种描述中,它都为万物的生成负责。首先,元气分化为具有不同属性的阴与阳。**阴**因其重浊之性而形成地,**阳**因其轻盈之性而形成天。万物是由阴与阳构成的,从而具有不同程度的阴、阳的不同属性。这是一个从无中出现有的清晰画面,而这个最初之"有"即是同一之元气。在这里,没有如西方那种创世论(creation theory),

也没有神的介入（divine intervention）。宇宙自然而然地从无中演化而来，而这种演化是由世界的存在方式决定的——我们可以称之为道。这一描述成为道家宇宙演化论的核心。

在道家的宇宙演化论中，有两个主要问题尚未解决：

（1）关于生成（generation）的问题：元气如何从总体的深渊、完全的虚空中产生？从根本上说，这是一个有如何从无中产生的问题。

（2）关于分化（division）的问题：统一的未分化的元气如何发展成阴和阳两种模式呢？如果在气的原初状态存在同质性（homogeneity），那么多样性和分化是如何产生的呢？

这两个问题都很难回答，道家哲学家们也没有试图解释，如果原初的状态是一个黑暗、虚空的深渊，那么生成与分化是如何产生的。在本章我们将看到张载在重建气－宇宙论（qi-cosmology）时，如何抛弃了道家关于绝对虚空和同质元气的假设。

道家气哲学的另一个重要发展是诉诸气的概念以提供万物构成的本体论解释：万物皆由气构成。例如，《庄子》说："自其同者视之，万物皆一也。"（第五篇，190）《庄子》将万物的生命产生看作是气的转化。生命不过是"气之聚"，死亡不过是"气之散"。因此，"通天下一气耳"（第二十二篇，733）。

《淮南子》也诉诸阴与阳的不同属性来解释事物之间的差异。阳的属性是轻清，它的运动以上升的形式出现；阴的属性是重浊，它向下运动。轻清而上升之气聚而形成天，重浊而下降之气凝而形成地。按照《淮南子》的说法："毛羽者，飞行之类也，故属于阳；介鳞者，蛰伏之类也，故属于阴。"（《淮南子》1990，第 3 章，108）当然，这种分类至多是阴属生物

（yin creatures）和阳属生物（yang creatures）之间的一种粗略分类，不能被视为科学分类。然而，把所有事物的属性分成阴性或阳性后来成为中药的主导分类。

　　汉末哲学家王充（27—97）致力于为人类世界中的事件与自然现象之间的关系提供一个理性的、自然主义的（naturalistic）解释。他的《论衡》（*Disquisitions*①）对汉代儒者如董仲舒所持有的天人感应理论以及民间关于超自然现象的迷信提出了质疑。他认为，天和地是自然的一部分，它们没有任何惩罚或奖励人类行为的意愿。他将元气理论追溯至《易经》，认为元气是气分化为阴、阳之前的状态。由于天和地是由阳和阴发展而来的，所以在天、地形成之前就一定存在着元气（王充 1990，661—662）。然而，王充也认为婴儿出生时体内就有元气。因此，对他来说，元气就不仅是关于宇宙之存在的宇宙论意义上（cosmologically）的先验状态，而且是关于特殊事物之存在的本体论意义上（ontologically）的先验状态。王充将元气理论发展为一种自然化（naturalized）世界观，按照这一世界观，元气是万物的构成部分。这一世界观为张载所继承并进一步发展。

　　现在我们将转向张载，看看他是如何延续气论的谱系，同时在主要的论点上进行重大修改，从而将气论的道家观点还原为儒家观点的。

---

　　①这个翻译来自《大英百科全书》（*Encyclopedia Britannica*）。

原初的宇宙状态：太虚

张载接受气一元论，但他没有采用"元气"这一术语，也没有继承道家传统中的元气理论。反过来说，张载对理学的主要贡献，正是他以儒学精神重建了"气一元论"。道家宇宙论和儒家宇宙论的主要区别，正如我们在前一章所看到的，就是世界究竟是起源于无还是有。张载的气论可以追溯到《易经》。《易经》将**太极**看作是宇宙的根源，同时用阴与阳的相互作用来解释万物的生成。按照当代学者程宜山（1986）的说法，《易经》宇宙演化论与道家的宇宙演化论自先秦以来一直就是对立的观点，二者之间存在着明显的对应（correspondence）和对立（opposition）关系。一个主要的区别是，对于《易经》来说，**道**不像《道德经》中那样是先于宇宙之实体（pre-cosmos substance），而是"阴阳迭运变化的规律"（程宜山 1986, 27）。我们现在来看张载是如何依托《易经》传统而非道家传统重建气一元论的。

在张载看来，从来不存在一个只有绝对的无或未分化的元气的时间或宇宙状态。他既否定了《淮南子》中关于原初的未分化的元气之宇宙演化假说，也拒斥了张衡关于**有**最初来自黑暗虚空的猜想。他的气论与先前的道家宇宙论在三个主要方面有所不同：

（1）气从宇宙之初就存在。既然气是有（something），就没有绝对的无（nothingness）或虚空（void）。

（2）气是亘古以来不断运动和变化的，因此，从来没有静止或寂静的静态状态（static state）。

（3）气是内在的、有序的，宇宙之理（cosmic principle）内在于气中。先于宇宙的混沌状态根本不存在。

张载把最初的宇宙状态称为"太虚"（the supreme vacuity[①]）。"太虚"一词最初源于《庄子》，在《庄子》的语境下，它的意思要么是不可测知的领域，要么是广阔的天空。它后来成为道教文献中的一个常见术语。《淮南子》解释说，气是由"虚廓（a vast void）"产生的；因此，虚空是气产生之前的状态。道家普遍认为气的出现是远离最初的虚空（vacuity）的一个步骤。然而，张载认为太虚与气的存在从一开始即是同时共在的。[②]

尽管张载认为太虚与气的存在相一致是一个不争的事实，但当代的张载研究者对太虚与气是否是同一状态仍然存在分歧。太虚与气之间的关系可以说是当代张载研究的中心问题。一种观点认为，太虚只是气的无形无相状态（张岱年 1996；陈来 2005；杨立华 2005，2008；王海成 2009）；另一种观点认为，太虚是气之本体，因此与气本身是不同的（牟宗三 1999；丁为

---

①这是陈荣捷的翻译。

②张载的观点可能受到了另一个来源的启发。据程宜山介绍（1986），汉代下半叶，有两种对立的观点：一种是道家"虚空生气"的标准观；另一种观点认为气是虚空所固有的。例如，古代中医百科全书《黄帝内经》给出了气广泛遍布于太虚的描述。另一本失传但新挖掘出来的道家文本《道原》也表达了这一观点，主张太虚作为一个宇宙的原初状态，已经包含着精气。参见程宜山 1986，30—33。

祥2002,2000)。①如果我们仔细研究张载的用法,可以看到这两种解释都得到了文本证据的有力支持。张载使用了一个类比来解释气与太虚之间的关系:"气之聚散于太虚,犹冰凝释于水。"(张载2006,8)从这一类比中我们可以看到,在张载的用法中,"太虚"与气不是不同的事物,尽管它们是同一事物的不同状态。②张载把太虚称之为"气之本体"③,如同水是冰之本体。本体凭借其多样的转化而保持不变,而且各种转化后的不同状态都具有相同的本体。无论是无形状之气,还是凝聚之气,都是同一种物质(本体)。④太虚描绘了气的一种特殊状态——那时气还没有凝聚成固定的形式。也就是说,作为存在,太虚与气是一而非二;作为状态,太虚与气是二而非一。

综上所述,在张载的宇宙论中,宇宙发端于太虚状态,但太虚无非是没有任何具体的形状和形式的气的状态。在这种观点下,整个宇宙只是气的转化。张载的形而上学可以名副其实地称为气一元论(qi-monism)。

---

①王夫之也认为,张载倡导将"太虚"这一术语的体(substance)义与用(function)义区分开来。我们将在第四章看到他对张载观点的修正。

②王海成(2009)认为,这一类比也表明,在张载的观点中,太虚与气是同一性质的,而非异质的(第89页)。

③"体"这个词除了被翻译为"substance"外,还被翻译为"original state""fundamental state"或者"essence"。

④"物质(本体)"英文原文为"the same stuff(substance)",因涉及括号,在正文中未标注英文,故移至脚注。——译注

虚与空

在张载的用法中,"虚(vacuity)"字并不意味着虚空(void)或空无(emptiness);相反,它被赋予了不同的含义,即"非固态的(not solid)"或"未填充的(unfilled)"。张载认为,太虚包含着气,由于气是实存的(real),所以太虚不是绝对的空。根据张载的说法,"至虚之实,实而不固……实而不固,则一而散"(张载 2006,64)。带着对"虚"字的这一新解释,张载使用"太虚"来指涉具体形式出现之前的气的状态。他声称太虚是气的本源状态:"太虚无形,气之本体①,其聚其散,变化之客形尔。"(张载 2006,7)太虚也是气的最终形态,一切暂时凝固的具体事物最终都会分解并回归到这种形态。有形之物是暂时的存在;无形状之气才是永恒的。根据张载的说法,"金铁有时而腐,山岳有时而摧。凡有形之物即易坏,惟太虚无动摇,故为至实"(张载 2006,325)。气弥漫于整个宇宙,或者说,空间就是气的膨胀。在具体事物形成之前,宇宙可以被称之为"太虚"。随着气的运动,气凝结成具体之物,而随着时间的推移,它又会消散回太虚。换句话说,具体之物存在于虚之中。当没有具体之物时,虚的状态就会变得太虚。

我们之前已经看到,在道家宇宙演化论中,有一个尚未解

---

①这个词经常被翻译为"substance"。我们将在第四章对这一术语做详细的说明。

决的问题，那就是元气是如何从完全的虚空中出现的。张载拒斥了原初状态可能是绝对虚空或无的假设。他说："知太虚即气，则无无。"（张载 2006，8）鉴于周敦颐哲学中"无极"与"太极"之间的区分的模糊性，张载对道家宇宙论中的无论（nothingness thesis）和佛教世界观中的空论（emptiness thesis）都进行了明确的驳斥：

> 若谓虚能生气，则虚无穷，气有限，体用殊绝，入老氏"有生于无"自然之论，不识所谓有无混一之常；若谓万象为太虚中所见之物，则物与虚不相资……陷于浮屠以山河大地为见病之说。（张载 2006，8）

根据张载的说法，《易经》所教的与上述道佛两种观点不同，因为在《易经》的世界观中没有有与无之分。张载认为，有总是与无相混合，有、无之分不过是气的聚与散："方其聚也，安得不谓之客？方其散也，安得遽谓之无？"（张载 2006，182）在这一引文中，他拒绝将"有"与"无"之间的区分应用于气中的具体之物的在场（presence）与不在场（absence）。换句话说，气即便在不构成具体之物时，它仍然是**有**。按照当代学者陈来的解释，"太虚"本来是指空间，但在张载的空间概念中，"没有绝对的空间……因为空间中充满了一种无法感知的极稀薄的气"（陈来 2005，47）。张载宣称，从来不存在纯粹的真空（vacuum），因为他认为，在原初状态，"气块然太虚，升降飞扬，未尝止息"（张载 2006，8）。从这里的描述可以明显看出，张载把气看作是真实的物理存在（因为它有运动）。气

73 是"有",自古以来就一直存在;因此,从来就没有一个一切皆"无"的状态。原初状态之所以是虚的(vacuous),仅仅因为没有具体之物。在张载的概念中,虚不过是无形状。气是带有能量的;因此,即便在气聚而为具体之物之前,气的状态(太虚)仍然是充满能量的沸腾,而不是完全的空无。

张载的虚或空概念有可能来源于刘禹锡(772—842),一位与唐代的柳宗元(773—819)同时代的人。柳宗元写了一篇短文《天说》(Discourse on Heaven),在其中他提倡一种自然化的天地观。按照柳宗元的观点,天和地不能赏善罚恶,因为它们只是自然的一部分。它们不能给予惩罚或奖励,就像水果和植物不能行赏罚一样(柳宗元1979,443)。作为回应,刘禹锡完成了三篇《天论》(Treatises on Heaven)。在第二篇中,刘禹锡对"空"的含义做了如下解释:

若所谓无形者,非空乎?空者,形之希微者也。为体也不妨乎物,而为用也恒资乎有。必依于物而后形焉。……吾固曰:以目而视,得形之粗者也;以智而视,得形之微者也。乌有天地之内有无形者耶?古所谓无形,盖无常形耳,必因物而后见耳。(《天论(中)》,收于刘禹锡1979,448)

《淮南子》将无形的状态视之为"虚空(**虚霩**)",而张载以及刘禹锡将虚的状态称之为"无形"。从表面上看,他们似乎在说同样的东西。为了了解这两种观点的不同之处,我们需要将"虚空"与"无形"这两个概念加以比较。当然,绝对真空会是无形的，但无形并不必然是真空。以空气为例，空气是无形的，但它并不是无，充满空气的空间也不是绝对的空。道家把原初的无形性状态看成是空，并把这个空等同于无。而张载继承儒家传统，把原初的无形性状态理解为膨胀的、流动的气，以阴阳两股对立的能量构成了气的运动。由于气是一种物理实体（physical entity），太虚的气也就不是真空。说它是无形的，只是因为没有任何具有确定的形状与形相的具体事物。道家无法解释元气是如何从荒凉寂寥的虚空中出现的，而张载的学说却没有这个问题。他可以把无［nothing, no-thing（无-物），即没有具体之物］中生有（something）解释为气的自然发展。气从稀薄、太虚的状态转变为充满具体之物的状态；具体之物最终将分解为无，然后气又重新回到了太虚的状态。换言之，张载的宇宙演化论可以被看作是一种气的循环发展。在这种观点下，世界总是存在的——不管它是虚的还是充满了具体之物。绝对的无从来没有存在过，也永远不会存在。

太和与太极

张载对气的哲学发展的第二个贡献是试图通过阴和阳的运动来解释万物的生成。两极（polarity）概念是他的解释的核心。我们已经看到，道家哲学家无论是《庄子》《淮南子》的作者，还是张衡，都认为气的本源状态是同质的、未分化的元气。进一步而言，即是一（One）这一概念在他们的哲学中占有突出的地位。道家宇宙演化论的一个问题即是分化（division）问题：一气如何分化成阴与阳两种模式？一（One）如何增殖为多（the many）？张载对气的本质则有不同的看法："气有阴阳。"（张载 2006，219）他驳斥了气最初是无差别，然后分裂为二这一观点。①在张载的理解中，阴与阳是"一物两体（one thing but two aspects）"；换言之，气是两个对立面的统一。这种统一最终处于一种平衡的状态，张载称之为"太和（supreme equilibrium②）"。即使在阴阳两极对立的情况下，整体的气也总是处于阴和阳融合的平衡状态。

太和以及太虚这两个概念是张载对终极宇宙状态的最高指称。太虚描绘的是宇宙的质料——无形之气，而太和描绘的是宇宙的恒定状态——阴阳之间的和谐互动。张载认为宇宙是充满了"前定和谐（pre-established harmony）"（跟莱布尼茨所讲的前定和谐意义不同），太和支配着宇宙的持续发展。张载说，"太和所谓**道**"（张载 2006，7），因此，"太和""太虚"和"道"不过是气的存在的三个指称：原初之气以一种无形的、和谐的状态存在，它包含着阴、阳两种对立力量的相互作用和转化。所有的生成与变化都是阴、阳相互冲击的结果。因为这样的冲击互动始终处于一种和谐的平衡之中，无论是阴还是阳都永远不会被耗尽；因此，世界永远不会消亡。

张载进一步将**太极**定义为"一物而两体者"（张载 2006，235）；也就是说，太极是气之整体和阴、阳的统一。太极既是

---

① 阴与阳是两个独立的气还是一个气的两种模式还没有解决。

② 在张载的作品中，这个词通常被翻译成"the supreme harmony"。在这里选择"equilibrium"来表达阴和阳在分布和相互作用上总是很平衡的这一观念。

一也是二——这一理解不同于《道德经》的主张:"**道生一,一生二,二生三,三生万物。**"(第42章)在《道德经》的理解中,对立的二端摧毁了一。《道德经》给予"**一**"极高的价值①,而张载则认为"**一**"和"**二**"同等重要。因为,没有"**一**"则没有"**二**";而没有"**二**","**一**"也无法显现。运动之所以可能,正是因为存在着对立。他以虚实、动静、聚散、清浊等作为"两立"的例子(张载2006,233)。从这些例子中我们可以看出,张载概念中的对立并不像《道德经》中那样仅仅是概念区分的结果:美与丑、善与恶、难与易、长与短,等等。张载在讨论"一物两体"时,他心中想着的是气的运动和状态——作为一种流动的物理实体,气必然地具有对立的运动方向和多样的聚合状态。

我们可以看到,对张载来说,对立是生成的必要条件。他认为气的运动是由阴、阳之间的对立性质引起的。他说:"太虚之气,阴阳一物也。然而有两体,健顺而已。……阳之意健……阴之性常顺。"(张载2006,231)由于它们的本性,阴与阳必须不断地相互作用和相互转化。张载以阴阳的运动来解释自然现象和万物的产生:

气坱然太虚,升降飞扬,未尝止息……浮而上者阳之清,降而下者阴之浊。其感通聚结,为风雨,为雪霜,万

---

①例如,《道德经》第39章说道:"昔之得一者:天得一以清,地得一以宁,神得一以灵,谷得一以盈,万物得一以生,侯王得一以为天下贞。其致之一也。"(陈荣捷2018,154)

品之流形，山川之融结，糟粕煨烬，无非教也。（张载 2006，8，224）

换言之，对立产生了变化，变化产生了多样性。我们现在已经有了一个以气为万物基本构成成分的本体论的粗略图景。我们现在就转向这一话题。

作为物质的和非物质的事物之构成成分的气

在张载看来，气是实在的，而且是具体的有形之物的本质（essence）。气的聚散是生与死现象的基础。[①]气凝结而成具体之物，具体之物分解而复归虚空之气。张载将太虚称之为"气之体"，将具体之物称之为"气之用"。[②]有形之物与无形之虚只不过是气的转化的不同阶段。

张载之前的气哲学家都认同"具体之物的产生是气的聚集"这一观点，但他们从未对气的生成万物进行充分的发展或辩护。为了更好地理解"气化论（qi-generation thesis）"，我们可以将其与星云假说（the nebular hypothesis）这一当代天文学观点进行对比。星云假说最初由伊曼努尔·康德（Immanuel Kant）提出，后来由皮埃尔－西蒙·拉普拉斯（Pierre-Simon Laplace）加以修正。这个假说的基本观点是，太阳系中的行星是由炽热的

[①]根据当代学者陈荣灼（Wing-cheuk Chan）的说法，张载将元气作为整个宇宙的"本体论基础"（陈荣灼 2011，95）。
[②]我们将在第四章中对体用论进行更详细的讨论。

气态星云凝结而成的。在康德的理解中，气体（gas）中包含相互间有引力作用的粒子（particle）。引力带来了快速的运动，最终星云凝结成行星。他所说的气体（gas）是一种"不同于固体或液体的，具有分子流动性和无限膨胀性的"物质。①张载的"气化论"可以与星云假说相比较，因为气（qi）和气体（gas）具有一些共同的性质：高流动性、无限膨胀性和一种雾状性质（vaporous nature）。气化假说与星云假说共享着同一个叙事：固态的有形之物是一种非固实的（insubstantial）、雾状的（vapor-like）物质的流动以及随之发生的凝结的结果。这种对比有助于我们更好地理解气一元论中的气化论。

张载也阐述了光（明）与具体的有形之物的生成之间的关系："气聚则离明得施而有形，气不聚则离明不得施而无形。"（张载 2006，8/182）这一解释似乎指出是光定义了形。在当代的理解中，我们知道光使视觉成为可能。张载也许并没有考虑到光和知觉（perception）之间的联系，但他确实使用可知觉性（perceptibility）来作为具体的有形之物的标准。张载用可见（明）与不可见（幽）的区分，取代了有与无的二分。他声称这种区分正是《易经》的本意："（在《易经》中）圣人仰观俯察，但云'知幽明之故'，不云'知有无之故'。"（张载 2006，8/182）有了这一区分，张载将对终极实在的本体论追求，如道教徒对无的专注和佛教徒对涅槃（nirvana）的迷恋，重新定位

---

①这个定义来自 dictionary.com。在韦氏词典（*Merriam-Webster*）中，"gas"一词被定义为"一种流体（如空气），它既没有独立的形状，也没有体积，但趋向于无限地膨胀"。

为一种认识论的追求。人类能够感知和理解的实在是什么,就成为理学的一个核心议题。

张载的气一元论不能归入唯物论(materialist)阵营,因为气不是纯粹的物质。中国哲学传统不赞成心(spirit)、物(matter)之截然二分或是物质性(material)与非物质性(immaterial)之间的二分法。气既是物质性事物的构成成分,又是非物质性事物的本质。在张载的发展之下,气的领域涵盖了存在的机械性、有机性和精神性的多重维度。张载用气来解释一切事物的生成:动物是由气的聚、散而产生的,植物是由气的升、降而产生的(张载 2006,19)。张载认为,鬼、神只是气的不同功能:当气凝聚而为具体之物时,它被称之为天之"神化";当一个气所构成的生命体分解、融合于太虚之气时,它被称之为回归鬼神之幽隐。生命体的生与死并没有被区分为不同的领域;反之,它们只是表现了气所构成的不同形态。这就是张载为什么说,"鬼神,往来、屈伸之义"(张载 2006,16)。一个个体的存在可能是短暂的,但构成这个个体的东西(气)却是坚不可摧的。因此,虽然世界有可能从繁荣生气走向空虚萧条,但气本身却永远存在,永远不会消失。

一种理在气中的必然论(Necessitarian Theory)

张载对理学论述的另一重要贡献是他引入了宇宙必然性(cosmic necessity)或宇宙之理(cosmic principle)的观念。他认为气是一种有序的气,具有内在的宇宙之理。"天地之气,虽聚散、攻取百涂,然其为理也顺而不妄。"(张载 2006,7)

在他看来，宇宙和林林总总的现象的出现是由一个宇宙之理所决定的："太虚不能无气，气不能不聚而为万物，万物不能不散而为太虚。循是出入，是皆不得已而然也。"（张载 2006，7）在这种宣称中，我们看到张载坚决相信某种形式的宇宙演化决定论（cosmogonic determinism）。这里的"不得不"应该被解释为一种物理必然性（physical necessity）：不断地聚集，然后又分散，这就是气的规律。物理的必然性构成了自然法则。张载把宇宙的一切变化都归因于阴阳的运行。由于阴阳永恒地相互作用，气就会必然地聚在一起形成物质对象，而万物又必然地分解成太虚之气本身。气的这种必然趋向就是宇宙之"理"。张载解释道："天地之气，虽聚散、攻取百涂，然其为理也顺而不妄。……太虚不能无气，气不能不聚而为万物，万物不能不散而为太虚。循是出入，是皆不得已而然也。"（张载 2006，7）

在当代哲学术语中，我们可以说张载的观点属于关于自然法则的必然论（the Necessitarian Theory of Laws of Nature）的阵营。根据 Norman Swartz 的说法：

> 在形而上学领域，有两种对立的自然法则理论。一种是规则论（Regularity Theory），主张自然法则是对世界的统一性或规律性的陈述；它们仅仅描述世界的存在方式。另一种是必然论（Necessitarian Theory），主张自然法则是支配世界的自然现象的"原理"——也就是说，自然界

"服从（obey）"自然法则。（Swartz 2009）①

根据必然论者的说法，自然法则"支配（govern）"世界，而按照规则论者的说法，"自然法则只不过是正确地描述这个世界"（Swartz 2009）。张载的观点属于必然论者的阵营，因为他认为理支配（govern）气的发展，也规范（regulate）气的运动，而气的运动又造成一切事物状态的发展和一切个殊之物的发展。

自然法则的必然论可以进一步分为两大阵营：第一派相信自然世界必然地服从某种外在法则，第二派相信物理必然性"内在于宇宙的每一根经线与纬线（质料与结构）之间"（Swartz 2009，括号为原文所有）。为了更好地理解二者的区别，我们将把前一种观点称为律则必然性（nomological necessity）的"外在论者（the externalist）"的观点，把后者称为律则必然性的"内在论者（the internalist）"的观点。这种区分在理学的争论中得到了很好的印证。张载的理体现了关于世界的律则必然性的内在论者概念。因为对他来说，律则必然性是源于宇宙的物质（stuff），即气；也源于宇宙的结构，即**太极**。在下一章中，我们将分析朱熹理论所代表的是律则必然性的外在论观点。

我们可以把张载对律则必然性内在于气的观点总结如下：

---

① Swartz, Norman 2009, "自然法则"（"Laws of Nature"），见《互联网哲学百科全书》（*Internet Encyclopedia of Philosophy*）。（http://www.iep.utm.edu/lawofnat/）

（1）气必然遵循"一阴一阳"的秩序，换句话说，阴与阳的循环（rotation）和交替（exchange）是不可避免的。这种阴与阳永恒交换的模式就是《易经》所描述的**道**。

（2）气必然是不断运动的。气的运动包括升降、浮沉、屈伸、聚散。气的运动状态从不停滞，因此，宇宙的发展是永恒的。

（3）气的聚与散具有必然性。气聚在一起就形成了具体之物。具体之物不会永远存在，最终它们会再次分解成无形之气。个殊事物之出现是一种宇宙的必然性，然而它们最终的消亡也是如此。

（4）气必然包含阴与阳两极。没有阴，就没有阳；没有阳，就没有阴。阴与阳在一切特定之物中的共存（coexistence）和共在（compresence），是个体事物存在的一种律则必然性。

在张载看来，无论是以上所列述的气之特性，还是由于这些特性而引发的具体之物的构成，都不是一个偶发的真理（accidental truth）。世界被一种广涵的秩序所支配；它既不是起源于混沌，也不是无序运行的。如果要回答这个问题：**为什么**世界是有序的而不是混乱的，张载可以诉诸气的物理本性。宇宙的秩序并不是一种"宇宙的巧合"（cosmic coincidence①），因为一切都是由构成世界的物质（气）所固有之理加以规范的。万物之所以如此，是因为宇宙中存在着可以简称为"气之理"的自然法则。如果气就是如此，那么就没有必要问为什么，前面那个"**为什么**"的问题就变得多余。是以对宇宙秩序的形而上学

---

① Swartz 的短语。参看 Swartz 2009。

思考在理学中被进一步发展为关于理的问题。我们将在下一章讨论这个问题。

最后，我们对张载的气的概念可以做如下总结：

（1）气是连续的、无间隙的（gapless）；它填满了整个空间（虚）。

（2）气是自给自足的。

（3）气是永恒的，取之不尽、用之不竭的（inexhaustible）。

（4）气是自行运动（self-moving）、自行推动的（self-propelling）。[1]

（5）气具有内在的秩序，因此它是自我规范的（self-regulating）。

小结：气论未来的发展

气的概念是中国哲学和中国文化其他许多方面（如中医和武术）的基础。然而，它一直被视为一个神秘的、包罗万象的概念，它抗拒分析，阻挠理解。在关于张载气论这一章节的最后，我们可以考虑如何将气的概念与现代物理学联系起来。

气的概念在中国哲学中的重要性，相当于原子（atom）概

---

[1] 当代张载研究学者杨立华认为，张载哲学中的"气"不能被视为某种被动的"质料因"，因为"气"本身就包含着一种本质的动力性（杨立华 2005）。

念在西方传统中的地位。然而，气是一种不同于原子的物质。作为物的构成成分，气不同于原子，它是一种"连续的、流动的、无碍的物质"，其中没有任何空间或间隙（易德生 2003，59）。在程宜山对中国古代元气理论的研究中，他总结了西方朴素唯物论（naïve materialism）与作为一种自然化唯物论（naturalized materialism）形式的元气理论的主要区别："西方朴素唯物论从一开始就试图从'某种具有固定形式'的物质中寻找自然现象的无限多样性的统一性。其结论是把万物视为某种不可分割的粒子性物质单位的聚结；元气论则从一开始就试图从某种未成形质的物质中寻找自然现象无限多样性的统一，其结论是认为有形的万物由某种连续性物质转化而来。"（程宜山 1986，1）由于原子是非连续的，所以在具体之物的内部和外部都有空间。相比之下，在气的哲学中，物质（气本身）不离于空间；气是连续的、无间隙的，它充满了整个空间——空间本身的范围正是气的蔓延之范围。在张载的影响下，这一观点被后来的气哲学家所认同。例如，张载的继承者王夫之（1619—1692）说："阴阳二气充满太虚，此外更无他物，亦无间隙。"（王夫之 1967，10）王夫之同时代的挚友方以智（1621—1671）也说，"气无间隙，互相转应也"（《物理小识》，转引自程宜山 1986，22）。气被看作是一个连续的物质；因此，基于气-本体论（qi-ontology）的世界观与基于原子-本体论（atom-ontology）的唯物论世界观是不同的。

如今人们相信正常物质（具体之物）只占宇宙的不到5%，宇宙的其余部分由"暗物质（dark matter）"和"暗能量（dark energy）"组成——而暗能量占到宇宙的 70%。[①]暗物质和暗能量的概念都和气一样神秘莫测。目前，宇宙学家对宇宙的形成及其构成还没有任何确定的理论。正常物质只占宇宙的不到 5%，这一事实告诉我们，唯物论假设（materialistic postulates）——无论是原子（atoms）、粒子（particles）还是弦（strings）——都不能完全捕捉到宇宙的存在。气的理论可能可以在未来的科学中找到一席之地。

当代部分学者（易德生 2003；何祚庥 1997）将气与量子场（quantum field）进行了比较，认为气从连续的（continuous）太虚状态向离散的（discrete）具体之物的转变，可以重新解释为当代物理学中量子场向粒子的转变。为了支持他的观点，何祚庥进一步指出，元气理论是当代量子场论的起源。他将量子场论追溯到爱因斯坦，从爱因斯坦追溯到莱布尼茨，再从莱布尼茨追溯到元气理论（何祚庥 1997）。研究元气概念与量子场概念之间的历史联系超出了本书的范围。不过，莱布尼茨确实对中国哲学非常感兴趣，对中国的气论尤其欣赏。莱布尼茨把气比作以太（ether）[②]，而在莱布尼茨的时代，以太被认为是一种充满空间的连续性实体。莱布尼茨把物质分为两类：一类是固态的（或不可入的）、坚硬的和不可分割的（如原子），另一

[①]关于暗能量的信息来自 NASA 的天体物理学页面（http://science.nasa.gov/astrophysics/focus-areas/what-is-dark-energy/）。

[②]气有时也被翻译为以太，如唐君毅 1956，McMorran 1975，以及葛瑞汉 1958。

类是可穿透的、流体的和无限可分割的（如以太）。①他认为流动性（fluidity）是更基本的条件，它只属于"原初物质（prime matter）"。②在莱布尼茨的描述中，原初物质是一种"弥漫世界的连续性质量（continuous mass）"，"所有事物都通过运动而从其中产生，经由静止而分解、回归于其中"。"在原初物质中，没有多样性（diversity），只有同质性（homogeneity）。"（莱布尼茨 1896，637）如果世界中真的存在两种物质，那么气可能可以被看作是另一种具有流动性和连续性的物质。

陈荣灼也将张载的气论与莱布尼茨进行了比较。他认为元

---

①戈特弗里德·威廉·莱布尼茨（Gottfried Wilhelm Leibniz）1896，《人类理智新论》（*New Essays on Human Understanding*），纽约：麦克米伦出版社（Macmillan Books），第 2 卷，第 4 章（《论坚实性》），第 3 节。

②莱布尼茨："我认为完美的流动性，只适用于原初物质（即抽象中的物质），并被认为是像静止一样的原始性质。但它不适合于次级物质（secondary matter）——即实际上已经生成、带有派生特征的物质——因为我相信没有物质最终是稀薄的（rarefied），而某种程度的黏合（bonding）无所不在。"（莱布尼茨 1896，233）戈特弗里德·威廉·莱布尼茨（Gottfried Wilhelm Leibniz），1896 年，《人类理智新论》（*New Essays on Human Understanding*），纽约：麦克米伦出版社（Macmillan Books），第 2 卷，第 23 章（《论我们的复杂实体观念》），第 23 节。（陈修斋将莱布尼茨的这段话翻译为："我认为完全的流动性只适合于那初级物质，也就是那抽象的物质，并作为一种原始的性质，就像静止那样；但不适合于次级物质，将像我们实际看到的那样，披着它的那些派生性质的；因为我认为没有一种团块是细到无可再细的；并且到处都有或多或少的联系。"见 ［德］莱布尼茨：《人类理智新论》，陈修斋译，北京：商务印书馆，1982，第 225 页。——译注）

气概念应该与莱布尼茨的原初动力（primitive force）概念加以比较；进一步而言，阳对应莱布尼茨的主动的（active）原初动力，阴对应莱布尼茨的被动的（passive）原初动力（陈荣灼 2011，96）。原初动力既包括主动力也包括被动力，正如气是阴与阳的统一。无二则无一，正如张载在上述引文中指出的，太极是"一物两体"（张载 2006，48）。陈荣灼还指出了张载的太和概念与莱布尼茨的"普遍和谐（harmonica universalis）"概念之间的相似性（陈荣灼 2000，220）。这两个概念都把宇宙描述为具有恒定的、自然的和谐状态，即"只有差别中的同一"或"没有相互毁灭（destruction）的综合"（陈荣灼 2000，220）。然而，我们也应该注意到这两种哲学之间的差异：对于莱布尼茨来说，世界上的前定和谐是上帝所保证的；而对张载来说，前定和谐只是一种气的状态，一种自然本身的状态。

张载的太虚概念也被何祚庥（1997）拿来与笛卡尔（Descartes）的空间概念加以比较。进行这种比较是有充分理由的。笛卡尔否定了绝对真空的概念："关于真空，这一术语在哲学意义上，即没有实体的空间，显然不存在这样的空间，……因为它有广延（extension），所以必然也有实体"（笛卡尔 1644/2004，47）。笛卡尔的真空概念与张载所说的太虚概念是相似的："事实上，我们通常所说的真空，并不是指一个绝对没有任何东西的地方或空间，而是指一个没有任何我们认为应该存在的东西的地方……在同样的意义上，当空间不包含任何可被察觉的东西时，我们说它是空的，尽管这个空间仍然包含有被造的以及独立自存的物质。"（笛卡尔 1644/2004，47）换言之，笛卡尔所说的真空，指的不过是没有可感知对象的空间。由此我们可以看出，它与张载的"虚"一词是相似的——"虚"是指没有具体的有形之物，而不是绝对的虚空。

张载对理学的贡献在于他对气论的系统化。他的气哲学后来被王夫之所阐释并充分发展，气学派也成为宋明理学的三个主流学派（程朱学派、陆王学派和气学派）之一。不仅如此，张载对理概念的引入，以及他的自然法则必然论观点由他的学生程颐以及南宋伟大的理学集大成者朱熹进一步发展。我们将在下一章讨论这个问题。

原始文献

张载，2006. 张载集［M］. 北京：中华书局.

英文选译

Chan, W, 2006.1963. A Sourcebook in Chinese Philosophy［M］. Princeton, NJ: Princeton University Press.（陈荣捷，1963年. 中国哲学文献选编［M］. 普林斯顿：普林斯顿大学出版社.）

第三章

程朱学派的规范实在论：宇宙之理

引 言

本章的关键问题是关于自然法则的存在，即宇宙仅仅是一个"宇宙偶发事件（cosmic accident）"，还是"由特定的、永恒的自然法则所驱动"[①]。这一探索反映了人类共有的困惑："科学一直是基于这样一种信念：法则（law）与秩序（order）统治着宇宙。"但随着新的混沌理论（chaos theory）的出现，宇宙法则与秩序的存在问题受到了质疑："混沌引发了一些关于宇宙的基本问题：既然秩序（order）可以同时产生混沌（chaos）也产生定律（pattern），那么自然法则的作用是什么呢？究竟是混沌还是秩序统治着宇宙？自然的复杂模式如果不是从简单的

---

① Norman Swartz，"自然法则"，见《互联网哲学百科全书》(*Internet Encyclopedia of Philosophy*)。(http：//www.iep.utm.edu/lawofnat/)

法则中产生,那么又是从何产生的呢?"①在第二章中,我们已经看到关于自然法则的规范性有两个阵营:规则论者和必然论者。规则论者认为自然法则只不过是总结在自然中观察到的规律。而世界之所以是这个样子,只是一个非必然性的现实。另一方面,必然论者认为,世界有一个应然的存在方式。张载属于必然论者阵营,他的理的概念描绘了世界的物理必然性。在这一章中我们将看到,理的必然论概念在被认定为程朱学派的二程兄弟(特别是程颐)与朱熹的哲学中,有了更进一步的发展。

按照当代学者黄勇的说法,正是由于二程兄弟——程颢(1032—1085)和程颐(1033—1107)——我们才能在理学中看到"一种缜密的儒家道德形而上学的发展",因此,他们可以真正地被看作"理学的创立者"(黄勇 2014,14)。在黄勇的理解中,二程兄弟的道德形而上学"以理这一最基础的概念为中心"(黄勇 2014,14)。在张载的气论中,已经出现关于理的理学形而上学之雏形,但真正铺陈理之作用和重要性的是二程兄弟,尤其是程颐。他们对理的讨论更是为理学关于"天理"的讨论铺平了道路。在这一章中,我们将对他们的理的概念进行详细的分析。

根据唐纳德·拉赫(Donald Lach)的适当描述,朱熹(1130—1200)"对中国哲学的主要贡献,是他在道德议题上

---

① Ian Stewart,《是混沌统治着宇宙吗?》,见《发现杂志》(*Discover Magazine*),1992 年 11 月。(http://discovermagazine.com/1992/nov/doeschaosrulethe147)

有更清晰的区分,他对前辈之道德教诲的融合,以及他更胜于任何先哲,为道德哲学的形上基础(部分形而上学、部分宇宙论)收集资料"(Lach 1945,449)。这一"部分形而上学的、部分宇宙论的基础"即是理。在朱熹的形而上学中,理也是最重要的概念,朱熹将它与终极实在——太极联系起来。

本章首先对二程兄弟所理解的理的概念进行阐释。然后分析二程兄弟,以及后来的朱熹如何发展出预设了理的非还原论(nonreductionism)的存有层次结构。本章也会考察普遍之理与特殊之物之间的关系。本章将二程兄弟和朱熹所提出的形而上学世界观解释为一种规范实在论(normative realism)——即某些规范性原理(normative principles)是基于事实的,某些规范性真理(normative truths)是关于世界的客观真理,而不仅仅是人类的建构(constructions)或投射(projections)。在规范实在论下,关于这些规范性真理的陈述具有独立于人类意见的事实条件,不受人类的可验证性(verifiability)的限制。虽然二程兄弟和朱熹并没有使用上述术语来思考理的地位,但他们对理的真实性(realness)和客观性(objectivity)的肯定确实可以支持本章这种新的诠释。

程颢的理的概念:天理

二程兄弟在理的概念上有许多共同的观点;不过,这一概念从程颢到程颐得到了更进一步的发展。程颢对理的使用既包括普遍性维度,也包括特殊性维度——他认定有一个统一一切事物之理，也有无数关于每一类特殊事物的分殊之理。普遍之理即是**道**或天理。分殊之理被确定为每一类事物的范例（paradigm）或原型（archetype），程颢称之为事物的"本性（nature）"或"本质（essence）"。

程颢将天理的概念引入理学语境中，可谓功不可没。按照程颢自己的说法，他的天理概念是他自己"体贴"出来的，而不是来自他之前的任何人。①通过把理的概念和天概念结合起来，程颢赋予理的概念一种道德维度，使之与**道**概念具有相较性。程颢和程颐都把天理与**道**两词交替使用。按照程颢的说法，"有道、有理，天、人一也，更不分别"（二程 1981，20）。程颐也说"理便是天**道**也"（二程 1981，290）。从这时起，理学的天理概念便与传统儒学中的**道**的概念等同起来了。

程颢的理的概念的另一个重要特征是，它将事物是什么这一描述维度（descriptive dimension）和人们应如何根据事物的本质来对待事物这一规范性维度（prescriptive dimension）统一起来。对程颢而言，理的首要意义不在于如张载所说的对气的运行的调节功能（regulative function），而在于为人类事务——不仅是人与人之间的关系，也包括人类与世界的互动——增加一个规范性维度。事物的本质既不是由人类的约定（stipulation）所决定，也不是由人为分类（artificial taxonomy）所决定，更不会随着科学范式（scientific paradigm）的转变而改变。它是关于世界自身的基本事实，是关于事物本质的真理，无论人类

---

①程颢说："吾学虽有所受，天理二字却是自家体贴出来。"（二程 1981，424）

是否了解这些真理，都是成立的。一个特定事物的本质被称之为它的"理"，意即它的完满原型（epitome）、它的规范（norm），或简单地说，在理想条件下它的应然存在方式。每一类事物都有其理，因此，有多少类具体的事物，就有多少种分殊之理。人类是天理的助因（facilitator），因此，人也有确保分殊之理实现于分殊之物的职责。正如程颢所言："以物待物，不以己待物。"（二程 1981，125）

对程颢来说，规范性是一个自然界的事实：关于事物存在方式的规则（rules）或规范（regulations）确实存在，而同样的规范也制约人类在处理事务时必须遵循的规则。不过这个规范性的决定力不是基于如果我们不遵循规范会发生什么后果的后果论（consequentialist）思考。反之，规范性对人类行为的决定性是基于我们在这个世界上的存在[①]：作为人，我们就应当按照特定事物之理来对待它们。分殊之理的存在是客观真实的：每一类事物的分殊之理或规范是有待发现的，而不是被人所创造或规定（stipulated）的。它们是世界构造（fabric）的一部分。在人类的研究和科学分类之前，世界已经存在众多分殊之理的组织、构造和规范了。规范的存在是真实的、独立于人的。

[①] 理学家继承了先秦儒家的传统教义，把人的本性看作人的神圣属性。这一教导特别体现在《中庸》的如下引文中："天命之谓性，率性之谓道。"（陈荣捷 2018，107）"天命"这一描述没有任何宗教内涵；它仅仅强调了关于我们拥有这些道德属性的普遍性（universality）和不容置疑性（indubitability）。我们将在本书的第二部分再深入探讨这一人性论题。

这就是为什么我们称这种观点为"规范实在论"。程颢对中文**"理"**字的运用确立了事实性和规范性维度的统一——因为在中文中，**理**字就包含上述双重内涵。朱熹后来更全面发展了这一规范实在论。

我们可以依据程颢的如下论述总结对他而言"理"的内涵：

（1）理存在于对立（polarity）之中——"天地万物之理，无独必有对，皆自然而然，非有安排也"（二程 1981，121）。

（2）个殊事物之理即是每一类事物的规范——"有物必有则……万物皆有理"（二程 1981，123）。

（3）个殊之理即存在于每一类事物本性中——"夫天之生物也，有长有短，有大有小。君子得其大矣，安可使小者亦大乎？天理如此，岂可逆哉？"（二程 1981，125）。

程颐的理的概念：理一万殊

程颐接受了他哥哥的规范实在论，并通过许多有意思的论述进一步丰富了理的概念。他提出的最重要的命题是"理一万殊"[①]。这句口号后来成为理学的一个重要主题。这一观点之所以重要，是因为它展现出一个拥有条理性（organization）、一致性（cohesiveness），尤其是统合性（unification）的世界观。

[①] 这一术语不同于程颐的另一句常与之混淆的术语"理一分殊（Principle is one, but each one's due is different）"，见下文。

我们所感知的世界在表面上是由无数不同的事物组成的，在性质上也千差万别；然而，多中有一，万物皆由一理所支配。这个理是什么？这个一理如何成为所有现象的基础和法则呢？想必是，如果我们能掌握这个一理，那么我们就能解开世界之谜。但是我们从何开始理解这个理呢？关于理的认识论由此成为理学论述的焦点。

对"理一万殊"这一命题，目前已经有多种解释，并且这些解释在程颐的语录中都可以找到文本支持：

（1）理一万殊意味着气在万物中有多种不同的分布，而它们都规制于阴、阳之间的交替互换这一共同模式。

按照程颐的说法，"散之在理，则有万殊；统之在道，则无二致。所以'易有**太极**，是生两仪'。**太极**者，**道**也；两仪者，**阴阳**也。**阴阳**，一**道**也。**太极**，无极也"（二程 1981，667）。在这段引文中，程颐把**太极**与**道**本身等同起来，并把万殊之理与道的关系解释为"多对一（many to one）"。**道**规范着构成万物的气之运行。由于气分散于万殊事物之中，阴与阳在万物上的分配也是各不相同的。然而，归根结底，万物都必须遵循气的运行模式——**道**，也被称之为"天秩"（二程 1981，274）或"天理"（二程 1981，30）。程颐进一步对这种"一理"做了更确切的阐述：它是气的屈与伸、往与来（二程 1981，167）和气的聚与散（二程 1981，931）。这一意义上的理与张载的理的概念是一致的。这一用法中的"理"可以被看作是"模式"，或者更具体地说，是气的运行的模式。这是历史上和当代学者中最常采纳的解释。

（2）理一万殊意味着世界整体机制（holistic organization）

中的部分／整体关系。

按照程颐的说法，"一物之理即万物之理，一日之运即一岁之运"（二程 1981，13）。江文思（James Behuniak Jr.）认为东亚佛教中的理应该被解释为"整体（wholeness）"，而这一整体"是某种发生的事物（一种历程），它能够在多个层面上发展而不受阻碍"（Behuniak 2009，36）。这一分析与上述程颐语录中所说的日与岁的类比相吻合。①按照这一分析，一切事物都是宇宙整体进程的一部分，宇宙本身具有内在的秩序和理。既然一切事物都符合整体之理，那么每个事物的发展也一定有其自己的理。在这一用法中，中文的"**理**"字可以被理解为"一致性（coherence）""法则（law）"或"秩序（order）"。自然界事物的发展遵循一定的法则，例如，"且如海上忽露出一沙岛，便有草木生。有土而生草木，不足怪。既有草木，自然禽兽生焉"（二程 1981，199）。这一评论非常接近自然进化的主张。遵循一种自然的秩序，事物就会产生，这就是为什么每一事物之理都与自然界的整体之理相一致。在这一语境下，我们就可以理解为什么裴德生（Willard Peterson）认为在程颐的学说中，理这个词应该被翻译为"coherence（一致性）"，通过"coherence"一词，他表达的是"粘接在一起的品质或特征"（Peterson 1986，14）。他认为程颐"理一万殊"是关于万物统一的（unitary）一致性的命题。这一意义上的理后来为朱熹所进一步发展。

---

① 一个有趣的相似之处是，江文思在对"理"的概念的阐释中，借用了柏拉图《巴门尼德》（*Parmenides*）中的"日"的类比，而程颐也用"日"和"岁"作为类比。

(3) 理一万殊代表**道**的生命生成过程中的许多阶段。

在一些文本中,程颐明确地将理等同于**道**,即天地的生命生成运作过程(life-generating operation)(二程 1981,4/290/1225/1253)。聚焦于这一用法,黄勇认为,二程兄弟的理的概念不是一物,而是一种活动,是种"给予生命的活动"(life-giving activity),即"生"(黄勇 2007,195—196);更进一步而言,它是"气之生"(黄勇 2007,199)。由于气的这种生命生成的活动造成万物的生成,因此,理是任何一个特定事物所固有的。黄勇解释,"按照这一理解,我们很容易看到为何万物中的每一物都完全地拥有理:每一物都有它的生命生成活动,而在万物的生命生成活动之外或之上不再有生命生成活动,因为在万物之外或之上无物存在"(黄勇 2007,199)。通过研究每一个别事物,我们可以明白整个宇宙过程不过是气的生命生成活动推动万物前进的过程。在这一语境中,理这个字可以看作是**天理**的简写,因此可以与**道**互换使用。

(4) 理一万殊指的是世界整体存在中的每一事物的**存在理由**(raison d'être)。

有些时候,程颐特别地将分殊之理定义为一个特定之物的"所以然"。我们可以说,个殊之物的理即是它的"存在理由"——每一特定之物存在的原因或"存在的条件(conditions of being)"——这也可以说是每一事物存在的基本条件(essential conditions)。葛瑞汉在分析二程兄弟使用理的概念时,着重分析了这一用法。他引用了程颐的如下论述:"物理须是要穷。若言天地之所以高深，鬼神之所以幽显。"①（原文见二程 1981，157；英译见葛瑞汉 1992，8；黑体是原有的）葛瑞汉认为，在二程兄弟的概念中，每一事物存在的理由（reason）是规范性的而非描述性的。他说："值得注意的是，在这些引文中，'理'并不是指某物的性质，而是指这事物要在自然秩序中占有一席之地而**必须**（must）完成的任务。"（葛瑞汉 1992，18；黑体为作者所加）万殊事物之殊理被包含在一个包罗万象的理之下，因为殊理所界定的是每一事物应当如何运作才能符合宇宙万物的整体构图。每一事物都有其实然及其应然的存在方式，而我们应该按照事物自身之理来处理事物。因此，关于每一事物本性的描述性之理同时蕴含着（entail）关于人类行为的规范性之理。这就引出了理的下一层内涵。

（5）理一万殊描述了在我们一般对事物的处理时应尽的各种职分（due）。

程颐将这一道德戒律表达为"理一分殊"。这一短语经常被误解，并与"理一万殊"混为一谈。这两个短语背后的想法是一致的。不过，在伦理学语境中，程颐是在回答一个学生涉及张载《西铭》所表达的道德理念的问题：《西铭》的目标是

---

①葛瑞汉对这句话的英译为 "To exhaust the principles of things is to study exhaustively why they are as they are (suoyiran). The height of heaven and thickness of earth, the appearance and disappearance of the spirits, must have reasons (suoyiran)"，可以翻译为"穷尽事物之理，就是彻底地研究事物为何是这个样子（所以然）。天之高与地之厚，鬼神的出现与消失，一定有其理由（所以然）"。在字面意思上与程颐的原文有所差别，放在这里供读者参考。——译注

否与墨家的"兼爱"这一规范一致？程颐的解释是，每个人的分（due①）是不同的，因此我们不能对所有人都一视同仁（二程 1981，1201—1203）。在这一语境中，"理"应该被理解为"道德规范"或"规范性原理"。陈荣捷非常重视程颐哲学中理的概念的这一面向。他认为程颐的兴趣主要是道德方面的，其目标是"将'理'理解为一种自我修养的方式"（陈荣捷 1978，107）。他还指出传统上将"分"翻译为"distinction"是错误的，并解释说，这个词的意思是"责任（duty）、份额（share）、禀赋（endowment）"（陈荣捷 1978，106）。

以上分析表明，程颐理的概念的内涵是多方面的，而不必然是一个单一的概念。然而，理的这些内涵并不相互矛盾，因为它们在二程兄弟的整体世界观中是相互关联的。他们的世界观在一个主要方面与他们的表叔张载有所不同：对他们来说，理不仅仅是属于（of）气的；反之，理是规范（for）气的。换言之，对二程兄弟而言，规范性事实不可化约（reducible）为自然事实或气的事实。规范性之理构成了规范性领域，它是构成整体世界的不可或缺的一部分。二程兄弟的世界观建构了一个理与气之间的"本体论层次结构"，而朱熹后来煞费苦心地

---

①其中文词是"分"，第四声。"分"这个词也读第一声，在这种情况下，它的意思是"分开"或"分离"。这就是"理一分殊"与"理一万殊"如此广泛地混淆的原因。一旦我们在这一语境中考察这一短语，它的意思就变得清楚了。一个支持我们的这一解读的证据是程颐的另一条语录："万物之理皆自足，而人于君臣、父子之间不能尽其分者，多矣。"（二程 1981，1267）在这一引文中，"分"这个词显然是用作"职分（due）"或"义务（obligation）"。

对此进行了解释与辩护。

二程兄弟的本体论层次结构：
理的非还原论（Non-Reductionism）

虽然二程兄弟对张载及其《西铭》所倡导的伦理范式推崇不已，但他们并没有完全接受张载的形而上学。他们与张载哲学的一个主要的分道扬镳之处，在于他们区分了形上层级（metaphysical layer）之**理**与物理层级（physical layer）之**气**。在这方面，二程兄弟有着相同的看法。程颢和程颐都反对张载把太虚作为终极实体来对待。按照程颐的说法，张载"以清虚一大名天道，是以器言，非形而上者"（二程 1981，1174）。程颢也提出了同样的批评（二程 1981，118）。他们都认为气属于由具体的有形之物（器）所构成的较低层级的世界，而**理**或**道**则属于更高的、永恒的、持久的领域，它也必然是"超越形气（transcendforms）"。因此，**理**与**道**不能等同于**阴阳**的运行或**气**的秩序。换句话说，二程兄弟拒绝接受张载的气一元论。

二程兄弟提出了一种不同的世界观，根据这种世界观，我们所称之为**道**或**理**的天秩（heavenly order），不是仅仅为气的运行，也非源于气的领域。他们预设了一个处于气的层级之外和之上的**道**或**理**的本体论层级。按照程颐的说法，"'一阴一阳之谓道'，**道**非**阴阳**也，所以一阴一阳者，**道**也"（二程 1981，67）。通过指出道是阴阳交替的所以然者，程颐将道与构成物理世界的气区分开来。他将**道**的领域称之为"形而上者"——

字面意思即为超越了形。阴与阳是气的不同模式,而气处于形而下的物质领域(二程 1981,162)。**道**与物质世界就这样被分开了。对程颐来说,理世界与气世界的分离不是时间性的(temporal),而是本体论的(ontological)。理的世界是空旷的,因为没有具体的事物存在;然而,具体事物之理已经以潜在的形式存在着。理的与其具体的表现形式之间,没有时间性的差别:"冲漠无朕,万象森然已具,未应不是先,已应不是后。"(二程 1981,153)程颐关于理的论述清楚地表达了一个本体论关怀,而不是张载那里的宇宙演化关怀。

二程兄弟的层级性世界观的基础是《易经》中的名言:"形而上者谓之**道**,形而下者谓之器。"(《系辞》)在这句话中,"形而上者"指的是抽象的和不可感知的,而"形而下者"指的是具有具体形状和模式的事物。我们可以看到,这种层级化的世界观(hierarchical worldview)已经在《易经》中有所隐喻。在当代学者陈来的阐释中,形而上者是可理解的领域(intelligible realm),只有理性才能把握;而形而下者是可感知的领域(sensible realm),可以被感官所感知(陈 2005,62)。葛瑞汉认为,形而上之理与形而下之事物和活动之间的区别,"不在于(前者的)共通性(generality),而在于其永恒性(permanence)"(葛瑞汉 1992,13)。也就是说,具有具体形式的事物必然消亡,而抽象的理,正由于其抽象,反而是永恒无毁的。结合这两种合理的解释,我们可以说,二程兄弟认为我们的世界属于可感知的领域,充满了无数的具体事物。然而,在这无数的具体事物中,却有一种普遍而永恒的规范,那就是**道**。正是这个**道**支配宇宙,规范万有。它是最高的规范性原理——二程兄弟将其等同于天理。

按照程颐的说法,天理是自足的、无所欠缺的:"天理云者,这一个道理,更有甚穷已?……这上头来,更怎生说得存亡加减?是佗元无少欠,百理具备。"(二程 1981,31)按照著名哲学史家冯友兰的说法,"理是永恒的,不可能加减。……无论人是否知道它们,它们还是在那里"(冯友兰 1983,503)。换言之,冯友兰将程颐的**理**的概念归于某种形式的永恒论(eternalism)。**理**一之**理**[①](天理)与分殊之**理**存在于永恒领域(eternal realm),而不限于人类的经验领域(experiential realm)。冯友兰认为程颐把理的世界看作一个超验领域(transcendent realm),"独立于现实事物之外而存在"(冯友兰 1983,507)。这一解释似乎与原文是相符的。

程颐将**理的**世界描述为"冲漠无朕,万象森然已具"(二程 1981,153)。这里的"象"可以理解为具体事物的蓝图(blueprint),对程颐来说,它们是具体事物的分殊之理。程颐解释道:

> 制器取于象也,象存乎卦,而卦不必先器。圣人制器,不待见卦而后知象……或疑鼎非自然之象,乃人为也。曰:固人为也,然烹饪可以成物,形制如是则可用,此非人为,自然也。(二程 1981,957)

---

① 英文原文是"one Principle",Principle 首字母大写。本书中凡涉及这一用法,皆译作"理一之理"。而 principle 首字母不大写的"one principle"则随文就意。——译注

在这一评论中，程颐提出了一个有趣的假设：对于每一类事物而言，它的产生都是因为有一定的"形制"。这种预定的（predetermined）"形制"在具体的事物被发明或生产之前，以潜在的形式存在。按照这一假设，宇宙整体在其原初形式中已经是完备的。每一事物的产生都不是一种从无到有的过程；反之，它是一个从潜能形式（latency）到现实彰显（manifestation）的过程，是事物从其仅有"存在的条件"到其实际形制的过程。在下一章中，我们将看到王夫之是如何拒绝"**世界已经完备（the world in completion）**"这一假设的。

从上述讨论中可以看出，对于二程兄弟而言，除了永恒的"一理"外，对于万殊事物而言也存在着永恒的分殊之理。我们已经解释过，个殊事物中的理应该被理解为此事物的"规范"或"模范状态"。这些分殊之理的存在是客观真实的，是一种自然的"事实"。对二程兄弟而言，这种规范实在性赋予我们一种认识的同时也是伦理的义务：我们有义务学习每一事物之理，以便根据事物的本性采取适当的行为。按照程颐的说法："凡一物上有一理，须是穷致其理。"（二程 1981，188）知道事物的所以然对我们的道德生活至关重要，因为我们对事物的处理涉及我们的态度和行动。这同样适用于人与人之间的关系。正如程颐所言："夫有物必有则：父止于慈，子止于孝，君止于仁，臣止于敬。"（《二程易传》；二程 1981，968）换言之，人们在人类社会中所扮演的每一个角色都具有一种规范性要求。理不仅是一个事物应该如何存在，而且是人们应该如何对待这一事物。穷事物之理，就是要去理解人们应该如何对待手边的对象或事物。这正是二程兄弟为理学所确立的方向：把伦理学和认识论都跟其形而上学联系起来。这一伦理学与形而上学之间的联姻，在朱熹哲学中得到了进一步加强。

朱熹的作为世界整体秩序之理的概念

朱熹有时候以"理"来表示"秩序"。当被问到理是否在气之中时，朱熹回答道："如阴阳五行错综不失条绪，便是理。"（陈荣捷 2018，533）但他也认为理是内在于事物的本性的。在朱熹的术语中，道、理和性所指内容相同，但指涉范围有所不同。按照朱熹的说法："道是泛言，性是就自家身上说。……道是在物之理，性是在己之理。然物之理，都在我此理之中。"（陈荣捷 2018，519）从这一引文我们看到，宇宙的秩序被称为道，而每一个体事物都参享（partake）了这一宇宙秩序。宇宙秩序在每一个特殊事物上的体现，就是它的"性"。朱熹认为，每一存在都包含着一个物质的形式（physical form）和本质之性（essential nature）。以人类为例，朱熹说："以人身言之：呼吸之气便是阴阳，躯体血肉便是五行，其性便是理。"（朱熹 1986，94：3131）。每一个体都是由气（宇宙动力）、物质（五行）和理结合而成的。由于宇宙之理是秩序，所以朱熹在万物之中都找到了秩序。

我们或许可以把朱熹所理解的宇宙秩序解释为一个由繁多个体组成的整体网络（holistic web），每个实体都在网络中占据着自己的位置，并履行着自己的恰当功能。在这个宇宙网络（cosmic web）中，所有个殊的事物都彼此关联，成为整个宇宙秩序的例证。每一件个殊事物的本质就是它在这个宇宙网络中的应然存在方式。李约瑟解释道：

> 事物以特定的方式起作用，并不一定是因为其他事物之前的行动或冲击，而是因为它们在永不停息循环运动的（ever-moving cyclical）宇宙中的位置，赋予了它们固有的本性，使得事物不可避免地为其本性而行动。如果它们不按照这些特定的方式行事，它们就会失去在整体中的关系性地位（正是这些关系使得它们如其所是），变成其他的东西而不再是它们自己。因此，个体是依赖整个有机世界（world-organism）而存在的一部分。（引自 Alder 1981, 291）

由于整个宇宙中存在着一个宏大的事物体系，而所有事物都在这个体系中"恰当其位（well placed）"，我们对这个宇宙秩序的认识只能通过理解每个特定事物的内在之理来获得。按照朱熹的说法即："穷理者，欲知事物之所以然与其所当然。"（陈荣捷 2018, 515）换句话说，了解一个特定的事物就是了解它在整个有机网络中的位置，并理解它在这个网络中的适当功能。我们可以说，朱熹的认识论是以他的本体论假设为前提的。对于朱熹的道德认识论，我们会在本书的第十章加以阐述。

朱熹的太极概念及其在特定事物中的实例

按照陈荣捷的说法，虽然"理一万殊"这一思想起源于程颐，但这一学说直到朱熹才得到全面发展（陈荣捷 1963, 639）。在朱熹看来，分殊之理与普遍之理的存有分布（ontological distribution），有如个体节点（node）与整体网络（network）的相互关联。所有分殊之理的全体，按照朱熹的说法，就是太极："太极只是天地万物之理。在天地言，则天地中有太极；在万物言，则万物中各有太极。"（朱熹 1986，I：1；朱熹 2002，14：113）因此，他的太极概念与我们在第二章中所看到的张载的太极概念是截然不同的。在张载看来，太极是气的各种表现形式和构成的全体；但对朱熹来说，太极是理之全体。

不过，朱熹对太极概念另有多重的理解。一方面，他认为太极是宇宙之全体——不仅包括现在的事物，而且包括过去和未来的一切。按照朱熹的说法："总天地万物之理，便是太极。太极本无此名，只是个表德。"（朱熹 1986，94：2375）另一方面，他又把太极看作理之全体："太极只是一个理字。"（陈荣捷 2018，535）陈荣捷分析了朱熹哲学中万物与太极之间的关系，认为二者是部分与整体（part-whole）之间的关系。太极是所有分殊之理的总和（sum-total）。"换言之，宇宙是一个宏观世界（macrocosm），而每一事物则是一个微观世界（microcosm）。"（陈荣捷 1978，110）不过，尽管朱熹的理的概念有这些表面上的歧义，一旦我们了解对朱熹来说，一物等同于其理，歧义就可以消解了。理与物之间的区别只在于前者是潜在，而后者是现实。宇宙本已包含了所有的理与所有的物之全体。只有相对于人类社会，某些个殊之理才表现在个殊事物之中。太极本身则是所有理之总合，无论理是潜在的，还是实现在物中的。在这方面，朱熹的太极观念延续了程颐的"世界完备观"：世界独立于人类历史而原本**完备存在**（exists in completion）的思想。但是，个殊事物只是相对于人类局限在特定时间框架中的视角而言才会变得实在而彰显。举例来说，远在人类发明汽车和飞机之前，这些事物之理就已经包含在太极中了。尽管这些殊理需要物质对象和人类的发明物才能够被带入具体事物的世界；然而，殊理独立于它们的物理彰显而恒久存在。由此看来，朱熹似乎也接受**永恒论**。

朱熹对程颐的"理一万殊"思想的另一个重要澄清是，理是每一种类个殊事物之理。换言之，理属于类（genus），而不属于特殊事物的单个个体（token）。陈来将朱熹的分殊之理概念解读为"事物的本质和规则"（陈来 2005，127）。然而，如果一个分殊之理仅仅是一个特定事物的存在状态，那么就没有所谓的"规则（rule）"，因为**存在就是规范**（to be is to be the norm）。朱熹把分殊之理看作特定事物的"性"，并称之为"当然之理"（朱熹 2002，14：196）。在这里可以看到，像二程兄弟一样，他的理的概念也具有规范性的维度。

朱熹还赋予理以价值内涵。他解释，作为事物的当然之则，理都是"善"的（朱熹 2002，14：196），而"至善"就是"直是要到那极至处而后止"（朱熹 2002，14：441）。从他这里关于"极至处"的评论中，我们可以推断，特定事物靠其本身并不能成为它的类之殊理的例证：有些事物对它的类而言并不完美。因此，要想实现物之理，就需要某种作为，而这种作为只能来自人类，因为事物本身并没有意志或目标。从而，朱熹关于事物分类的形而上学就充满了道德要求：人类有义务去实现事物中的分殊之理。在朱熹的世界观中，自然世界与人类的道德世界不可分割地融而为一。具体事物的世界不过是我们的"行动场域（field of action）"：我们对外界物体采取适当的作为以便其能满足它们的终极规范——它们的理。就我们而言,这样的道德戒律定义了我们自己的理:根据我们的本性,我们应当按照殊理所界定的准则采取适当行动来实现个殊事物之理。我们将在本书第五章继续探讨朱熹的人性论,那时我们就可以看到,对朱熹来说,我们存在的本然方式和应然方式基本上是交织在一起的。

朱熹对理、气关系的分析

朱熹的理的概念比二程兄弟的理的概念更加精密。根据当代学者成中英的分析,朱熹的理指的是整个宇宙的"恰如其位(well-placedness)"。成中英指出:"理……指的是世界之中事物的可理解性(intelligibility)和合理性(rationality)。它也可以进一步被理解为世界之中事物的'恰如其位'。因此,理是一个蕴含外部模式和内部组织的术语,很显然,我们应该将'理'理解为预设了一种实在的有机统一。"(成中英 1979,262)在这一理解下,理一之**理**是宇宙的总体模式,它意味着事物节节相扣的整体一致性(global coherence)。另一方面,个别事物的分殊之理则是局部一致性(local coherence)的例证。无论是整体一致性(理一之**理**)还是各种形式的局部一致性(分殊之理),都要通过气的功能而在世界之中实现。

尽管朱熹经常强调理与气的不可分性,但他仍将它们视为两个独立的范畴。对朱熹来说,理不只是气之运行的理;它有其自身的存有基础。当代学者们为是否将他的观点贴上二元论(dualism)的标签而争论不休,因为他在把理与气看作是一还是二上有模棱两可的看法。①关于理是否先于气还是与气不可分离，朱熹也有矛盾的观点。由于朱熹认为理不能化约为气之功能，他的观点可以被看作是某种形式的二元论。然而，他又反复强调理不可能存在于气之外。按照朱熹的说法，"理非别有一物"（朱熹1986，I：3；陈荣捷2018，532）；它没有"形体"（朱熹1986，I：1）；它是"形而上者"（朱熹1986，I：3）。此外，理不能独立于气而存在："无是气则是理亦无搭挂处。"（朱熹1986，I：3）在这些语录中，我们可以看到，朱熹并不想把理和气都看作是独立的本体。在他的理解中，理并不是一个独立于气的具体本体；因此，他的观点并不是一种**本体二元论**（substance dualism）。

然而，尽管朱熹否定理是一个独立的本体（substance），他有时还是将其当作一个独立的东西。在朱熹给他的一位熟人的书信中，有一个富有争议而又被广泛引用的评论，他在其中明确地将理与气作为"二物（two entities）"：

> 所谓理与气，此决是二物。但在物上看，则二物浑沦，不可分开各在一处，然不害二物之各为一物也；若在理上看，则虽未有物而已有物之理，然亦但有其理而已，未尝实有是物也。（《答刘叔文一》，朱熹2002，22：2146；陈荣捷2018，534）。

---

① 例如，陈荣捷将朱熹的观点称之为"看似二元的（seemingly dualistic）"（陈荣捷1963，590），而陈来将其理解为一种"客观观念论"（陈来2005，128）。

此外，朱熹还明确指出，如果我们必须讨论谁先谁后，那么我们说理先于气："（理与气）本无先后之可言。**然必欲推其所从来，则需说先有是理**。"（朱熹 1986，I：3；陈荣捷 2018，532。黑体为作者所加）显然，如果 x 先于 y，那么 x≠y。因此，朱熹虽然不把理与气看作截然不同的"本体"，但他确实将它们看作截然不同的范畴。

要统一这些关于理、气关系的看似矛盾的讨论，方法之一就是引入当代形而上学的随附性（supervenience）和决定性（determination）①概念。"随附性"一般定义为两组属性（property）之间的依赖以及决定关系。其中一组事件被称之为"随附属性（supervening property）"，而另一组被称之为"随附基属性（supervened base property）"。如果属性 A 随附于属性 B，那么，A 就是随附属性，而 B 则是基属性。基属性决定了随附属性，也就是说，任何具有 B 属性的事物必然具有 A 属性，或者说，任何两个基属性相同的事物也具有相同的随附属性。这一决定性关系是非对称性的（asymmetrical）：基属性 B 决定随附属性 A 的分布，但反之则不然。这些概念最初是在自然化伦理学（naturalized ethics）和美学的背景下引入的，用来解释一些抽象属性（如"善""美"等）与作为其基础的物理或自然属性（如"做过某某事"或"拥有某某构成要素"等）之间的关系。随附性概念是将所要讨论的抽象属性建立在相关的物理（自然）属性之上，也就是说，任何两个物理属性相同的事物也必然分享相

---

① 关于理学形而上学中的**随附性**观念的更为详细的讨论，参见作者本人的英文论述（刘纪璐 2005）。

同的抽象属性。这一概念在后来很多年内都是心灵哲学（philosophy of mind）的一种主导性分析，把心理属性（mental property）看作是随附在大脑的神经物理属性（neurophysical property）之上。在心灵哲学中，对随附性概念的强烈兴趣源于对一种物理主义（physicalism）的拥护。按照物理主义的观点，心理现象（the mental）完全地（或部分地，取决于个人所持有的理论）决定于个人大脑内部发生的活动与状态[1]，而同时，心理现象可以通过其所根植的基础物理属性（base physical property）在物理世界中找到安顿，而不是些漂浮的抽象活动。

此外，对于持有一种层级化的（hierarchical）或分层次的（layered）世界观的本体论学者来说，更高层次的随附属性的因果相关性一直是他们关注的主要问题。有些学者认为，如果心理现象随附于物理现象之上，那么我们就可以把心理属性的因果作用理解为一种"随附因果性（supervening causation）"。换言之，我们仍然可以有"心理造因（mental causation）"，但是我们的信念和欲望其实是通过我们体内的神经生理活动而带动我们行为的。随附性概念的另一个吸引力是它进一步保持了一种统一的物理主义世界观。如果不同语境所讨论的抽象属性

---

[1] 如果有学者认为心理现象完全由大脑的神经生理（neurophysiological）属性决定，那么他（她）捍卫的就是个人主义（individualism）或心理（内容）的内在主义（internalism）。另一方面，如果学者认为心理也部分地由物理和（或）社会语言环境（sociolinguistic environment）中发生的事情所决定，那么他（她）捍卫的就是物理外部主义（externalism）和社会外部主义。

（无论是伦理属性、美学属性还是心理属性）确实随附在作为其基础的物理属性之上，那么它们就不构成一个独立自存的（self-subsisting）本体论领域或一个独立的存在层次。这也就意味着在物理世界之外别无存在——没有本体，也没有属性。换句话说，如果在这两组属性之间存在随附性，就不存在二元论。①

如果将随附性这一西方哲学术语应用到理、气关系之中，我们就可以把 x（某物）之"拥有理或作为理之例证"作为一组属性，而把 x（某物）之"由气构成"作为另一组属性。以此术语，我们现在将理对气的随附性定义如下：

理－气随附性：如果个殊事物在"由气构成"的属性上完全一致，那么它们的理也必然完全相同。②

从这个角度来看，张载的理、气关系理论可以用"随附性"来分析——理随附于气且由气的运行所决定。正如我们在第二

---

① 在心灵哲学中，随附性是否与属性二元论（property dualism）相容一直存在争议，但随附性与本体二元论不相容则是公议。

② 关于"随附性"的基本概念，还有许多其他的表述。这个分析来自金在权（Jaegwon Kim），他进一步将"随附性"定义为："对于 A 中的任意属性 F，如果任何对象 x 有 F，那么 B 中必然存在一个属性 G，使得只要 x 有 G，那么任何具有 G 的对象必然会具有 F（Necessarily, for any property F in A, if any objects x has F, then there exists a property G in B such that x has G, and necessarilyanything having G has F）。"（Kim1984, 260）

章所看到的,张载将宇宙中的所有变化都归因于**阴阳**的运行。由于阴阳永恒地相克相生,气必然地聚在一起形成物质对象,而物质对象必然地分解成太虚之气本身。气之中这种必然趋势即是气之理,张载将这种必然性表达为气之"不得不"。气发展到了一定阶段后,其进一步发展必须有一定的方向。这种必然的倾向是在气的现实展现之后形成的。如果理只是气之发展后的(post-developmental)模式,那么理就是由气来决定,而不是决定气的。一旦阴阳的运行发展到一定阶段后,气之理就必然地存在。即使我们无须把宇宙之理化约到纯粹的物理或物质层面,理也不会在物理层面之外或之上。因此,这个必然性概念就是我们世界的存在方式的物理必然性。[①]既然气一旦表现出一定的模式,理就不可能有所不同;那么,任何两个在"由气构成"上完全一致的事物,必然在它们的理上完全一致。因此,在张载的理论中,理随附于气。

相比之下,朱熹理论中的理气关系理论不是"随附性"的。在朱熹的理解中,虽然理在现实世界的彰显是要依赖于气,但理不是由气所决定。朱熹不仅把"理"理解为是气的运行规律,而且把理看作是整个宇宙的生成规律。这一宇宙秩序(理)除了在气和物理形态(具体事物)的层面,没有其他任何地方可以彰显。然而,朱熹的理并不决定于气的物理层面。因此,在他的观点中,理并不随附于气。

---

① 这个必然性不是形而上学必然性(metaphysical necessity);换言之,我们这里不考虑"可能世界(possible worlds)",因为这个概念对理学来说是陌生的。

同时，对朱熹而言，决定的关系是反过来的——他主张是理来决定气的实现和运行。他理论中的这种决定关系也是非对称的：理是决定者，而气则是被决定者，反之则不然。决定论是一种双位关系（two-place relationship），包含相应的两个对象，因此，如果 x 与 y 之间有决定的关系，那么 x 与 y 就不会等同为一。这就解释了朱熹为何将理与气看作"二物"。没有被决定者（气），决定者（理）自然就不存在；因为，没有被决定者也就没有决定者。被决定者（气）需要决定者（理）才能被决定，因为没有决定者，被决定者不可能被决定。决定者与被决定者在逻辑上是不可分割的，但决定者必然在逻辑上先于被决定者，因为它是决定被决定者的。这一分析可以澄清朱熹关于"理与气的不可分割性"和"理先于气"之间令人困惑的论述。

然而，在这里我们遇到了朱熹"理"论中的一个严重困难：理在万物的实际生成中没有任何实际作用。无论是张载还是朱熹都承认气的存在，并且他们都认定只有气才对万物的生成负责。在张载看来，如果理随附于气，这就意味着理决定于气①，那么理就可以通过它跟气之间的必然性关联而得出因果相关性，因为气才是真正生成宇宙万物的。反过来说，在朱熹的理解中，理将秩序高高安置于（superimpose）气之上，但它自身在因果性上是无作用的（impotent）。朱熹自己也承认，"盖气则能凝

---

① 根据金在权的观点，当一组属性随附于另一组属性上时，"在某种意义上，两个属性家族之间的关系是，随附属性是决定于或依赖于它们所随附的属性"。参见 Kim1984，260。

结造作,理却无情意,无计度,无造作。……若理,则只是个净洁空阔底世界,**无形迹,他却不会造作**"(朱熹 2002,116;黑体为作者所加)。这样一来,朱熹的理变成了一个"形而上的悬吊"(meta-physical dangler)。如果理只是一个形而上的悬吊,那么它就不是物理世界的一个必要部分。在朱熹看来,理是永恒的,因为即使物质世界从来没有存在过,理也会存在;即使物质世界已经不复存在,理还会继续存在。在朱熹的理与气之间,存在着不可逾越的鸿沟。很显然,这一观点与物理主义是不相容的。如果我们接受物理学给出的物理自足原则(closure principle),所有的因果关系都建立在物理的层面,那么朱熹仅仅在气的领域之上预设理之存在,就已经使得理在因果性上失去任何作用了。如果理在我们的物理世界中不起任何因果作用,那么我们就不能说它是"支配(govern)"这个物理世界的了。是以,朱熹的学说最终还是未能对理的因果作用或理对气运行的决定性作用做出连贯的解释。

小　结

程朱学派对理在宇宙中的角色进行了独特的阐释——理是永恒的、完全的、独立于人类的概念系统。如果没有理,我们所身处其中的物质世界不可能存在——甚至不可能形成。天理及其在万殊事物中的各种表现形式,为世界万物的存在制定(确立)了规范。人类的角色是掌握万殊事物之理,并努力确保每一事物都符合其规范。在程朱学派的世界观中,自然先于人为,但是人为可以实现自然的秩序。理制定了规范,但在确保规范的实现方面,理不具任何因果上的作用(causally impotent)。这里我们似乎看到了一个分裂的世界(divided world):理的永恒领域以及由气构成的物质存在的变动领域。人类成为连接这两个领域的媒介。理不是人类所创造或发明的,但分殊之理与事物的规范需要人的认知与努力从而在物质世界中实现。这个世界观显然是一种伦理学和形而上学的结合。

原始文献

程颢,程颐,1981. 二程集:第 4 卷 [M]. 北京:中华书局.

朱熹,1986. 朱子语类:第 8 卷 [M]. 北京:中华书局.

朱熹,2002. 朱子全书:第 27 卷 [M]. 上海:上海古籍出版社,合肥:安徽教育出版社.

英文选译

Chan, W, 1963. A Sourcebook in Chinese Philosophy [M]. Princeton, NJ: Princeton University Press. (陈荣捷,1963. 中国哲学文献选编 [M]. 普林斯顿:普林斯顿大学出版社.)

Chan, W, 1967. Reflections on Things At Hand: The Neo-Confucian Anthology [M]. New York: Columbia University Press. (陈荣捷,1967. 近思录 [M]. 纽约:哥伦比亚大学出版社.)

Chu Hsi, 2013. The Philosophy of Human Nature [M]. London: Forgotten Books. (朱熹,2013. 人性的哲学 [M]. 伦敦:Forgotten Books 出版社.)

Gardner, D K, 1990. Learning to Be a Sage: Selections from

the Conversations of Master Chu, Arranged Topically[M]. Berkeley, CA: University of California Press.(Gardner, D K, 1990. 学为圣人: 朱子语录选 [M]. 伯克利: 加利福尼亚大学出版社.)

第四章

王夫之"理在气中"的理论①

引 言

本章以王夫之的理论来总结第一部分关于理学形而上学的讨论。上一章我们已经看到,朱熹的理、气二分法使得理在因果关系上成为无功效的,并且在存有构成上是无关紧要的。王夫之赞同张载的气一元论,并比张载更清楚地阐述了理在气中的作用。不过他同时也继承了程朱学派的天理概念,并在《易经》的基础上,全面发展了自己的道德形而上学。按照王夫之的理论建构,理不仅仅是内在于气之运行中的理,而且是人类世界的道德实在。他也像二程兄弟和朱熹那样是一位坚定的道德实在论者。是以,王夫之将张载的自然主义气一元论与程朱学派的道德主义天理观结合起来,可以说是宋明理学的真正集大成者。

---

① 本章的部分内容是基于作者之前的一篇关于王夫之的综合性论文修订的。参见刘纪璐 2010。

在王夫之看来，天之域（the realm of heaven）与人之域（realm of humans）是一个统一的整体。在人类世界之外没有超越领域，而弥漫于天之域与人之域的是同一种气与同一种理。因此，他的形而上学观是他的人事哲学（特别是他的人性哲学、道德哲学以及人类历史哲学）的基础。本章标题将王夫之的哲学描述为"理在气中（principle inherent in qi）"的哲学，因为他正是以理与气之间的关系解释万象。

王夫之的道德形而上学——理在气中

从权威哲学史家冯友兰开始，当代中国学者往往把王夫之的一元论理解为一种唯物论，特别是朴素唯物论。[①]这一标签凸显了王夫之哲学中的一个核心概念：气。王夫之是一位伟大的气哲学体系化者（systematizer）。他把气看作是世界的真实本体，而且是构成所有具体事物的基本元素。就这方面而言，学者们认为他倡导一种唯物论是可以理解的。然而，这种解读严重曲解了王夫之的形而上学。正如当代学者严寿澂所指出的，王夫之的一元论不应被视为唯物论，因为气的本质与唯物论的"物质"的本质是不同的，后者通常被认为是无生命的，惰性的，必须被补充能量才能形成有生命的事物。气与此相反：气内在地包含着能量，从而是自我驱动的（self-propelling）。气是

[①]当代中国学者对王夫之的形而上学的另一个比较常见和恰当的标签是实在论。（萧萐父和许苏民 2002；陈赟 2002；章启辉 2004，等等）。

生命之源，但同时也是死亡之域的基础。①此外，在当代的用法中，唯物论被等同于物理主义，这一观点认为，宇宙中的一切都受物理定律支配，而且世上所有现象最终都可以用物理术语来解释。王夫之的理论当然不包含这种还原主义的意涵。他的一元论世界观包含了道德维度，而这种道德维度不能化约为物质领域，而且在他的理解中，气及其内在的逻辑和规律，不仅主掌物质领域，同时也负责精神领域。因此，我们在描述他的哲学时，最好放弃"唯物论"一词。

王夫之的形而上学观主要来源于《易经》，他同时也深受张载哲学的影响，而按照王夫之的观点，"张子之学，无非《易》也"（王夫之 1967，4）。在王夫之之前六百年，张载就发展了一种新的气的哲学。在第二章，我们已经看到张载在传统气论的基础上，建构了一个系统性的哲学体系。在张载看来，正是气造成万物的生成存在。气的聚散构成了生死现象的基础。气结聚而成具体之物，具体之物分解返回太虚之气。气实而不空；诚（authentic②）而不虚。王夫之继承了张载的气概念，并将气

---

①按照严寿澂的说法，"生与死不过是一气的聚散变化而已。……气兼具物质性与精神性。……中国思想中本无心、物对立的看法"（严寿澂 2000，9）。另一位学者曾昭旭也评判了之前的学者把唯物论归属于王夫之，他指控他们"尚未明白王夫之所说的气不仅包括物质世界，也包括精神和思维"（曾昭旭 1983，212）。

②中文的"诚"字通常被翻译为"sincerity"，然而，在形而上学的语境中，这种解释是没有意义的。"诚"是《中庸》中最为重要的概念之一。学者们已经对它的含义和翻译方法做了大量的分析。在这里，我们将其翻译为"authenticity"，但需要注意的是，没有一个英语单词能够完全捕捉到《中庸》中所使用的这一中文词的丰富多样的内涵。

论进一步发展成为一个涵盖形而上学、伦理学和历史哲学的哲学体系。

王夫之为张载的《正蒙》作了详尽的评论,尽情发挥了张载的形而上学观点,尤其是其哲学术语。王夫之将"太极"明确地定义为宇宙之全体,并强调太极只是由阴阳构成的。在他的本体论中,气是万物的唯一构成因素,而且殊芸万物之间的共性(commonality)和差异性(difference)都是因气之构造而来。按照王夫之的说法:

> 阴阳者,太极所有之实也。凡两间之所有,为形为象,为精为气,为清为浊,自雷风水火山泽以至蜩子萌芽之小,自成形而上以至未有成形,相与氤氲以待用之初,皆此二者之充塞无间,而判然各为一物,其性情、才质、功效,皆不可强之而同。(王夫之 1980,478)

王夫之采纳了张载的观点:气结聚而成有形的、具体之物,而具体之物又分解返回无形之气。有形与无形只是气的表现形式的不同阶段。他也赞同张载将宇宙初始状态描述为一种无形的气。张载称其为太虚,但这种描述很容易与佛教对空的解读或道教对无的解读混为一谈——这两种解读都是儒者极为反感的。对于"太虚"这一术语,王夫之特别强调气从宇宙之初就存在,并一直在不断地运动和变化之中。太虚包含气,因此,它不是无,也不能等同于空。按照王夫之的说法,"人之所见为太虚者,气也,非虚也。虚涵气,气充虚,无有所谓无者"(王夫之 1967,13)。在他自己的宇宙论建构中,他似乎更喜欢张载的另一个术语：**太和**——张载将其等同于道。王夫之将这一概念解释为阴与阳的最佳和谐状态。虽然阴与阳有不同的性质和倾向，但它们之间的相互作用达到了完美的平衡，从而没有任何不平衡或碍滞（obstruction）。他经常将太和与另一个来自《易经》的概念一起使用：**氤氲**。他将氤氲描述为"太和未分之本然；相荡，其必然之理势"（王夫之 1967，1）。这一评论表明王夫之将宇宙的原初状态看成是一个有活力的动态（dynamic state），包含着一个阴与阳相互融合（integration）的完美平衡的内在秩序。在其原初状态，宇宙尚未分化为万物，而气则一直处于和谐地运动、转化之中。按照王夫之的说法，"太虚者，本动者也。动以入动，不息不滞"（王夫之 1977b，183）。气的本质就是阴、阳的运动和融合，而在这种运动中有一个内在的秩序。这种内在于气之运行中的秩序即是理。

按照王夫之的理解，气不是一种盲目的力量，只能在某种独立而且超越于其上的理的调节下运作。反之，气是自我调节的，有其内在的秩序，王夫之将气的内在秩序视为"理"。他称气为"有理之气"，因为气在本质上就是有规律的（intrinsically regulated）。王夫之哲学的特色就在于这一命题：理在气中。理只是气之理，它是气本身固有的秩序。王夫之反对朱熹将理预设为一个超验领域并使之永恒化，取而代之，他重建了张载的"有理之气"的哲学。他排斥朱熹将理与气区分为不同的存有范畴。在前一章中我们已经看到，尽管朱熹经常强调理与气共存以及理气在物理层面的不可分离性（physical inseparability），但他确实认为它们在逻辑和形而上学层面是截然不同的。王夫之坚持认为朱熹错了。他论证理不是独立于气的，也不是与气分离的:"有气斯有理。"(王夫之1977a,31:13)此外,他指出,朱熹的观点使得理成为一个孤立的、悬空的实体,然而"气外更无虚托孤立之理也"(王夫之1974a,10:660)。王夫之进一步指出,"理即是气之理,气当得如此便是理,理不先而气不后"(王夫之1974a,10:660)。换言之,理只是气本身固有的秩序。因此,理没有任何超验的地位,它也不在逻辑上先于气。

在张载的自然主义气哲学之基础上,王夫之更赋予气以价值。对王夫之而言,气不仅展现在物质领域,也展现在抽象的道德领域。在气的运转中有善存在。当代著名理学学者陈来将王夫之的理论归类为"气善论"(陈来2004)。他引用了王夫之的如下一段话:"'易有太极,是生两仪',两仪气也。惟其善,是以可仪也。所以乾之六阳、坤之六阴,皆备元亨利贞之四德。"(陈来2004,167)。从这一段话我们可以看出,对王夫之来说,气之善不仅在于其具有内在的逻辑(理),而且在于其具有与生相关的德性。这一道德化的(moralized)气是王夫之道德形而上学的基础。

王夫之的道德形而上学是在《易经》所确立的儒家传统观念基础上发展起来的。按照20世纪杰出的儒家学者唐君毅的说法,对自然世界具有道德属性的笃信,历来是儒家学者的共识。(在唐君毅看来,"中国传统之思想则自《易传》之系统下来,直到汉儒与宋明儒,……以宇宙为充满元亨利贞或仁义礼智之价值的")(唐君毅1956,127)。然而,传统的观点强调展现在自然之中,尤其是展现在天地之功用中的生命生成之理。王夫之将这一生命之理与气本身联系起来,从而将气提升到一个新的本体论高度。他的气是自足、自我推动、自我调节的，最重要的是，气是善的。

从当代自然主义者的角度来看，这种对自然现象或气本身的道德化投射当然是很有问题的。然而，与具有当代科学头脑的人的思维相反，儒者，特别是王夫之，表达了一种对世界运行方式的不同理解：世界是"仁爱的（beneficent）"，也就是说，一切都在和谐、平衡、完美的统一中运作，从而促进着生命和进步。世界自身是伟大的，因此被称之为太极或太和。在儒家的世界观中没有全能、全善的上帝，但是儒家认为自然界本身为所有的生物提供了一个有益于生存的（life-conducive）环境。如果有朝一日世界最终走向彻底毁灭，那就一定是人类自身的过错。

体用不二

尽管王夫之继承了张载的气一元论，但他也持有与张载不同的意见。在张载看来，气本身就是宇宙之体（substance）——基本状态。当它结聚时，它形成物质对象；当它分解时，它不过是无形之气，张载称之为太虚。因此，气对张载而言，是一个抽象实体，它分化为两种存在模式：其体（substance）与其用（function）。物质对象是气的表现形式，它们是气之用。而太虚则是气之体。体无形而不可见，用则是具体而可见的。与张载相反，王夫之没有设定一个独立于其用之外的体。他将张载的一元论进一步向前推了一步，认为宇宙不仅在其构成要素上是一，而且在其存有秩序上也是一。在王夫之看来，设想另一种气之状态独立于、且逻辑上先于器的世界之存在是错误的。正如朱熹错误地将理当作体、将气当作用一样,张载也错误地认为气有体、用两种状态。王夫之认为没有一个在我们的经验世界背后的本体。他经常谈到体用不二。这一命题后来成为 20 世纪著名的现代新儒家(New-Confucian[①])熊十力(1885—1968)的核心命题。

体与用是分离还是统一的问题之意义在于它反映了人们是否接受一种层级化的本体论(hierarchical ontology)。[②]在西方哲学传统中,"本体"这一术语代表实在的基础。正如 Howard Robinson 所解释的:"'本体'这一哲学术语,对应的希腊语是 ousia,它的意思是'存在',翻译为拉丁语是 substantia,它的意思是'立于事物下面或作为事物基础的事物'。因此,根据这个通用的意义,在任何一个哲学体系中,本体就是根据这一体系所设定的**实在之基础**(foundational),**或最基本的**(fundamental)**的东西**。"(Robinson 2014;黑体为作者所加)换言之,在这一传统用法中,本体是构成世界的主要物质。作为基础的实体,本体的特性被设想为"本体论上的基础";而作为最基本的东西,本体被设想为独立自存的永恒存在。"本体论上的基础性"(ontological basicness)和"永恒性"(permanence)是一般本体概念的两个判准。而任何被称之为本体之用的事物,

---

[①] "新儒家(New-Confucian)"与"理学家(Neo-Confucian)"是不同的:前者指 20 世纪的儒家,后者指 11 世纪至 19 世纪的儒家。

[②] 当代学者成中英在分析体、用概念时,认为"体"这个概念已经包含了其"用"(成中英 2002,152)。因此,这两个术语是相互对应的,如果我们不包括用的概念,就不能谈论体的概念。

则都只是非永恒的、非独立的存在。

为了弄清中国哲学中的体与用问题是否与西方哲学中的本体（substance）与功能（function）问题相类似，我们可以简要地比较一下这两组概念。据中国古代权威的词典编纂者许慎介绍，中文的"体"字本义是人的身体，其中包含 12 个身体部位，比如头、胳膊、腿，等等。其引申意义包含"事物之全体"和"物质存在之形态"，两者都适用于这一语境。"体"可以与"本"字（其意是"本源的"）连用，而形成与此哲学话题相关的概念：本体。"本体"意为"事物的本源状态""事物的主要部分"或"物自体（thing-in-itself）"。"本体"通常被翻译为"substance"，这是一个恰当的解释。"用"通常被翻译为"function"，这也是一个恰当的翻译，因为它是"substance"这一术语的对应物。

然而，中国传统中的体与用之间的关系问题，在西方传统中并不存在，或者至少没有使用相同的术语。在自亚里士多德以来的西方传统中，substance 这一范畴属于个殊事物，而不属于物质种类。substance 被看作是存在于时空之中的个殊事物，而以此为基础我们建立了物体之间个体性（individuation）和同一性（identity）的条件。亚里士多德把第一本体（primary substance）看成是独立的物体，它们是语句中的主词而接受谓词（predication）描述（但绝不可能作为形容其他事物的谓词）。笛卡尔在处理心物问题（mind-body problem）时把物质本体和心灵本体区分开来。在他的用法中，本体是一个具有特定属性的恒存（enduring）实体，如思想（thinking）之于心灵本体、广延性（being extended）之于物质本体。洛克（Locke）认为本体是一个不可知的赤裸的基质(bare substratum),隐藏在个体对象的可感知的品质之下。休谟否定了本体的存在,而他把"本体"理解为一种恒存的、不可感知的事物——这些事物可以是变化的主体,是我们作再识别(re-identification)的基础。休谟进一步指出,由于本体是不可感知的,我们对它不会有任何概念。康德继休谟之后,把本体的概念看作是心灵对世界的"主观的强加(subjective imposition)"。在西方哲学把本体看作是恒存的个殊事物的语境中①,他们的功能(function)概念也是指个殊事物的功能。功能一词的典型用法来自亚里士多德的说法:追问一个特定事物的功能是什么,就是追问它的自然目的(natural purpose)或目的论目标(teleological end)。任一事物都有其功能,即按其本性它最擅长的。因此,一个事物的功能也可以被看作是这个事物的决定性特征或其本质。个殊事物的特定功能可以是人为设计(design)或是自然产物(nature),但功能的存在是为了某种最终目的。例如,眼睛的功能是视觉,而耳朵的功能是听觉。从目的论的观点来看,一个事物的功能就是它相对于整个系统所能起的作用。事物的本体和功能之间的关系就是关于这个事物本质上能有什么作用的问题。

相较之下,在中国传统中,体、用之间的关系则代表着不同的哲学关怀。唐代《易经》学者崔憬(生卒年不详)对这两

---

① 不过例外的是,莱布尼茨的本体概念可能更多的是关于**物质**(stuff)的:他把单子(monads),即所有物质性事物简单的、不可分割、不可扩展的单位看成本体。**本体的数量是无限的,正如单子的数量是无限的一样。**

个概念作了如下解释：

> 凡天地万物，皆有形质，就形质之中，有体有用。体者即形质也。用者即形质上之妙用也。……假令天地圆盖方轸为体，以万物资始资生为用，动物以形躯为体，以灵识为用；植物以枝干为体，以生性为用。（引自张岱年1958/2005，38）。

这种解释可以代表中国哲学中体用关系的典型概念。"体"与"用"既适用于个殊事物，也适用于作为整体的宇宙。对任一事物而言，体是事物的基本情况，而用则是体的进一步发展或表现。在这一意义上，体与用都是整个过程的一部分。成中英认为，体用合一是中国哲学的精髓性命题，他认为这一点能够避免西方哲学传统中常见的二分法：

> 在中国哲学史上，体用合一的原理得到了很好的维护和珍视。这就解释了为什么在中国哲学的历史上没有如笛卡尔（Descartes）式的心物二元论（fundamental dualism），或柏拉图（Plato）式的实在与表象二元论，或康德式的对事物的知识与理解与对物自体的理性直观的基本二元论。（成中英2002，156）

尽管张载和王夫之都会接受上述意义的体用合一，但他们的观点却不尽相同。张载用体来表示气的基本状态或固有状态。他讨论了气从无形的太虚状态到具体事物的聚、散状态的转变。

前者是气之基本状态，后者是在起作用中的气之运行。而在王夫之的概念中，体一词被当作是共同性意义（collective sense），指涉作为终极的根本原理，或者我们可以说，体是万事万物的终极实在。与"体"字连用，"用"字不表示任何特定事物的目的论功能，而是"体"的表现形式；换言之，用是终极实在（ultimate reality）的表象（appearance）。王夫之哲学中的体用问题，相当于西方哲学中的实在与表象、一与多、本体（noumenon）与现象（phenomena）问题。当王夫之主张体用合一，他是说，终极实在与现象世界中的表象不是分离的。"体用合一"还具有更深一层的内涵，即我们所经验的世界正是终极实在的彰显。因此，我们的经验世界和真实世界的存在方式之间没有鸿沟。

在张载的概念中，太虚状态下的气满足了本体的两个标准：本体论上的基础性与永恒性。因此，我们可以把张载的"体"翻译为"substance"，并把太虚称之为 substance。张载认为以具体事物形态存在之气是太虚之用。张载从而将气分为两种状态：作为体的太虚和作为用的具体事物。王夫之想要挑战的正是这种体与用之间的严格划分。在他看来，体、用之间是可以互换的。气既是体也是用，太虚与具体事物之域处于同样的本体论层级，而且可以互为彼此之体。按照王夫之的说法，

> 凡言体用，初非二致。有是体则必有是用，有是用必固有是体，是言体而用固在，言用而体固存矣。（王夫之 1974a，7：473）

换言之，没有具体事物的气状态（太虚）与产生具体事物之后的气状态（我们的生活世界），只是气的可互换的状态。张载本体论图景所呈现的是没有前者，后者就不可能存在。然而，王夫之想要建立的则是没有后者，前者也不可能存在。通过将具体事物（王夫之称之为"器"①）的世界提升到与太虚一样的存在层次，王夫之表达了对经验世界实在性的坚持。他的形而上学可以与当代的常识实在论（commonsense realism）相比较：我们所经验的世界以及其中所有的个殊事物是唯一的实在界。没有任何先于经验世界而空无一物的先验状态（prior state）作为经验世界之基础。因此，他的"体用合一"并非针对张载的一个微不足道的术语之争，而是要更肯定在《论语》《孟子》《易经》中所显现的"我们的世界是唯一的实在"这一古典儒学的坚定信念。

作为世界必然法则之理

跟张载一样，王夫之也接受"理在气中"的必然论，并采取了内在主义的立场——理不过是气的分布与发展的内在秩序。他把这种内在秩序描述为气之"必然"，换言之，气是不可能偏离这一法则的。在他看来，气之法则很简单，即是"一阴一阳"，《易经》曾将其定义为"道"。王夫之认为气之理即是阴阳之间的持续逆转（reversal）。气的发展以阴阳之间的永恒运

---

① 虽然在普通话中发音相同，"器"字与表示世界基本构成成分的"气"完全不同。这个字的意思是器皿、容器或对象，等等。

动为前提。气的两种形式不断地相互作用：当一个伸时，另一个缩。然而，扩张永远不会达到耗尽的地步，缩减也不会导致灭绝。通过详细阐发《易经》的"一阴一阳之谓道"，王夫之认为，阴或阳的过度发展总会导向其回归（regression）。因此，万事万物都存在"一阴一阳"之模式，而独阴（lone yin）或独阳（lone yang）是不可能的。任一事物都包含着不同分布形态的阴和阳。这种表现形态上的规律性，正是气所必然表现出来的，按照王夫之的说法，它根源于气的固有状态："气原是有理底"（王夫之 1974a，10：666）。气出于永恒的运动之中，阴阳不断地相互作用。按照王夫之的说法，"一气升降其间相从而不已也"（王夫之 1967，37）。阴阳的流动是不断变化的，但气之全体则是固定在太极之中。因此，当气的一种形式伸时，另一种形式必缩。在一个既定对象中，甚至在整个宇宙状态中，阴阳之间的平衡是可以暂时达到的。然而，由于气的动态本性，这种平衡不可能永远保持。气的两种形态间的周期性伸缩是不可避免的。王夫之认为，这种必然的交替和必然的伸缩即是理本身。在这个意义上，他把"理"称为"必然者"。

在王夫之的必然论中，有些事情在物理上是不可能的。"一阴一阳"规则的应用，既是历时的（diachronical）——历史前后的关系，也是共时的（synchronical）——同时期事件的关系；既是整体的，也是局部的。历时地看，任何一种事物的状态都不可能永远持续下去——阴阳之间不断地交替，导致事物的状态必然会转化为它们的对立面。王夫之把这种秩序与混沌间的循环观运用于他的历史哲学，而成立了一治一乱说。在人类历史上，我们看到了最繁荣的王朝最终沦为混乱，而历史上最残暴的暴政也从未永远存在。"一阴一阳"这一原理支配着人类世界，正如它支配着自然界一样。任何事态最终会结束似乎正是事物的存在方式，而在王夫之的观点中并没有宿命论（fatalist）的意味。

就同时共存的关系来看，世界上的每一种事态必然包含对立面，不过对立事态在整体范围层面还是会保持均衡。"一阴一阳"这一原则在个别事物上的规定就是，没有任何东西是由单一的阳或单一的阴组成的——所有的东西都必须同时包含阴和阳，尽管阴和阳在特定的事物上的分布是天然不同的。这一原理在人类身上得到了最好的证明——每个男性都有阴的特征，而每个女性也有不同程度的阳的特征。阴阳平衡之理在中医中也有体现，在天然草药和植物中发现了阴阳元素，通过服用从这些天然草药中提取的中药，可以增补人体的阳虚或阴虚。阴-阳同构对万物的存在至关重要。因此，"一阴一阳"也是具体事物存在的主导原理。

在王夫之的解释中，一阴一阳的规范原则是种"由下至上"的决定性，由微观的事物构成元素（其中阴阳的成分）往上来决定宏观的整体事件与物态。万事万物都是由气构成的，而且每一种事态都是阴阳的排列组合状态。因此，气中之理也是万事万物之理。这一哲学的意蕴是将人类的行为和能动性投掷到气的漩涡世界中。我们可以决定在特定情况下应该采取什么最佳的行动方案，但是我们的行动能取得什么样的效果则在很大程度上取决于我们周围的事物：局部环境以及更大环境中的过去情况以及同时发生的事情。他人如何行为处事以及他人采取什么行动，都会影响到我们在个别情境中的行为所能产生的后果。因果关系绝不能仅仅看作是因果链从一个事件到下一个事件的线性发展。相反,它们应该被看作是每一个行动或每一个事件对世界阴阳分布的贡献。我们的最大努力可以增强我们环境中阳的不足或抑制我们环境中阴的过盛,但是其他人的行为可以抵消我们的努力。最终来说,因为整个世界遵循着气中之理,我们会遭遇许多个人努力无法逆转的恶性发展。王夫之称这样的生命限度为人们的"命"。正如我们在这本书的导论中关于王夫之的生平所介绍的,王夫之在他的一生中亲身经历了这一不可逆转之命。

道器合一

王夫之并没有简单地用理学的理或天理概念来取代古典儒学的道概念。道这一概念在他的形而上学中仍然占据着重要的位置。在王夫之的用法中,"道"与"理"虽有时有重合之处,但概念却略有不同。区分这两个概念的一个方法是**道代表气运动的动态递进秩序,而理代表气的完成秩序或内在逻辑**。[①]例如,在王夫之的阐述中,他接受了《易经》中的"一阴一阳之谓道"这一命题。按照弗朗索瓦·朱利安(Francois Jullien)的分析,"一一(one-one)"这一命题可能意味着阴和阳是不可分割的,或者阴和阳相互承接,没有中断。按照这一解读,这

---

①然而,这一区别并不适用于所有情况。在某些语境中,这两个概念似乎是同义的,并且这两个术语在这些语境中是可以互换的。在其他一些语境中,"道"一词包含了"理"的内涵,但反之则不然。

一短语的意思是阴阳的相互依赖以及（或者）相互交替（朱利安1993，247）。如果道这一概念同时代表以上两种关系，那么它不仅表示气的内部分布秩序（理），而且还表示阴阳交替的动态秩序。

在王夫之的用法中，这两个概念之间更为重要的区别在于，道具有"应然之事"的规范性内涵，而理似乎是指"实然"或"必然"。换言之，道是规范的，而理是描述的。理是物之自然，气之自然。①万事万物都有其内在之理，气的一切发展都有其内在的秩序。但道则是专属于人类的。王夫之所谓的"应然之事"，不是本体论的必然性（ontological necessity），也不是物理的必然性（physical necessity），而是规范的必要性（normative necessity）。道规定了人类行为的规范。按照王夫之的说法：

> 今以一言蔽之曰：物直是无道。……若牛之耕，马之乘，乃人所以用物之道。……物之有道，固人应事接物之道而已。是故道者，专以人而言也。（王夫之1974a，2：70）

在这一段落中，王夫之清楚地阐明了朱熹在他的"万物皆有理"这一理论中已经隐含的内容：只有人类才有能力做出道德判断，并有做正确的事情的意向。朱熹把分殊之理看作是个殊事物之性，但王夫之想表明的是，只有人类才能帮助实现个

---

①后文中我们会看到，这里的理概念指的是事物之理。王夫之还有另一种理概念，即人性之理。在那一用法中，理和道的概念是可以互换的。

殊事物之性。因此，他认为，我们不应该把分殊之理等同于事物之性。朱熹的规范实在论把规范置于外在事物之中，这一形而上学的信念导致他对道德采取了格物穷理的理性主义进路（investigative intellectualist approach）：人们应该穷究事物之理，以弄清自己的道德本质（性），以及弄清如何恰当地处理事物。为了强调规范性原理只适用于人类，并只能由人类来实现，王夫之在这一语境下，用道来代替理。他说，"物不可谓无性，而不可谓有道。**道者，人物之辨，所谓人之所以异于禽兽也**"（王夫之 1967，79）。在具体事物中，道的具体化——在各种事物和对象中的道——意味着人类对这类事物所承担的不同的道德责任。正是在这里，王夫之引入了他的道与具体事物关系之理论——著名的"道器合一（the unification of Dao and concrete existence）"说。

对物与器的关注是王夫之形而上学的一个重要面向。"器"是一个起源于《易经》的概念——《易经》将道设定为形而上的（meta-physical，超越物理形式），而器则是形而下的（physical，具有物理形式）。在第二章中，我们看到程朱学派将**道**置于超越的层面，将其看作是器世界之外且超越其上的存在。冯友兰将程颐的形而上学描述为预设了一个"独立存在于实际事物之外"的超越领域（冯友兰 1983，507）。**道**规定了器的应然存在方式；它具有先天的内容和永恒的价值。朱熹也把天理看作是高于器的，认为形而下之物是"渣滓（dregs and sediment）"，是浑浊、低下的存在（朱熹 1986，5：25）。王夫之理论的革命性（revolutionary）就在于他拒绝分割形而上与形而下这两个领域，并且特别强调器的价值。形而上的事物包含我们的概念、思想、价值、道德，以及最为重要的事物之理——这些都不需要预设在一个独立的超越领域。更进一步而言，世界不过是器之世界。王夫之把道看作是器的后天的（aposteriori）、后实例化（post-instantiation）规范。**道**实现于器之中，无此类之器则无此类之道。因此，他反对程颐和朱熹的理永恒论。他认为**道**不能预先决定世界；相反，它随着世界的进化而发展："天下惟器而已矣。道者器之道，器者不可谓之**道**之器也。"（王夫之1977b，5：25）**道**的世界与器的世界是合而为一的。这就是他的"道器合一"命题。

王夫之对理持同样的观点："有即事以求理，无立理以限事。"[①]（王夫之1972，7：4001）理是从具体事物的普遍规律或秩序中衍生出来的，它只存在于具体事物存在的范围内。王夫之认为，道教和佛教的错误在于他们预设了**道**或**理**的本性，并以此来否定物质对象的真实性及其功能。他认为，要理解特定事物之理，我们必须首先仔细考察具体事物本身。我们不能从一个取代我们的经验世界、凌驾于所有多变的现象之上的理开始。变化是真实的，而我们这个瞬息万变的世界是唯一的实在。具体的世界更胜于抽象的**普遍性**（不管是道还是理）之上。

王夫之的命题标志着一个明显的经验性转向（empirical turn），在这一命题中，如果**道**只是器的后天的、后实例化的规

[①] 我要感谢 Kam-por Yu 建议我加上这句引文进一步讨论："有即事以求理，无立理以限事。"这一引文来自王夫之的《续春秋左氏传博议》，1669年，《船山遗书》卷七。

范,那么形而上学(metaphysics①)——即对**道**或形而上者的研究——就不该是对某些抽象之理的超验领域的研究。反之,形而上学应该从科学开始,或者至少它必须以对具体事物的经验研究为基础。要从事形而上学研究,就不能像程颐那样依赖纯粹的思辨,或者像王阳明那样仅仅依赖心灵的反省。我们还必须致力于理解各种各类事物是如何运作和相互联系的。从某种意义上说,王夫之是在继续朱熹已经开始但没有完全发展的方向:亦即以格物来范导对太极的把握。由于我们的世界是唯一实在,研究实在的最好方法不过是理解世界中的具体事物。这一经验性转向,后来成为由戴震(1724—1777)等清代学者所提倡的实证主义(positivism)之清代显学。

为了消除存在有超验和经验两个领域的误解,王夫之解释说,形而上者不是"无形"的存在;反之,它出现在形而下者形成之后(王夫之1974a,5∶1028)。我们称其为"形而上"仅仅是因为它还没有局限于现存的形式。他把"形而上者"与"形而下者"之间的区别分析为事物之当然与现实彰显对象(actualized objects)的区别:

> 形而上者,当其未形而隐然有不可踰之天则……形之既成而形可见,形之所可用以效其当然之能者……于形之中而不显。二者则所谓当然之道也,形而上者也。形而下,即形之已成乎物,而可见可循者也。形而上之道隐

---

① "Metaphysics"翻译为中文即是形而上学——研究超越物质形态(physical form)存在的学问。

矣，乃必有其形，而后前乎所以成之者之良能著，后乎所以用之者之功效定，故谓之形而上而不离乎形，道与器不相离。（王夫之 1980，568）

在王夫之所列举的"形而下者"的例子中，既包含着具体的物体（如车或容器），也包含着实际的人伦关系（如父子、君臣）。他进一步解释道："未有子而无父道，未有弟而无兄道，道之可有而无者多也，故无其器则无其道，诚然之言也"（王夫之 1967，5：25）。在他的世界观中，随着世界的发展和人类社会的进步，会有越来越多的事物出现，也会有越来越多的道被实现。个殊具体事物的道，在事物发明之前或是人伦关系建立之前并不存在。个殊的道不过是各个事物应然之模式。个殊化的道并不是一种"形而上"的神秘秩序，而是内存于每一个对象和人类事务之中。按照王夫之的描述，器的世界是一个**创造中的**（in creation）世界，而不是一个**完成了的**（in completion）世界。我们所经验的世界，这个物质的领域，就是王夫之所认为的唯一的存在。他是一个彻头彻尾的坚定的常识实在论者。

王夫之强调了人类对创造个殊之道的贡献：在人类世界创造出器物或发展出人际关系之前，万事万物之道并没有预先存在。只有在人类发明了这些特定的东西，或者在人类社会中进化了这些特定的人际关系之后，特定事物之道才会存在。然而，通过合道于器，王夫之另外指出，每一件已经存在的事物，都有其特定的应然存在方式。特定之道必须等待人类发明特定之物，但它们并不是由人类随意规定的。在这一方面，王夫之也保留了程朱学派的规范实在论。

人类在自然世界中的角色

王夫之不仅对张载的气论进行了阐述,而且对二程兄弟的天理概念也进行了扩展。在王夫之对天理的使用中,理既有自然主义的内涵(世界之实然),也有规范的内涵(指客观的、普遍的道德原理)。理是道德或善与自然实在的结合。

王夫之预设了一种独立于人类概念系统、实在论意义上的天理:"人以天之理为理,而天非以人之理为理也。"(王夫之1977b,225)世界有其自身的存在方式,这不是人类世界所规定的。王夫之所谓"天",既不是人格化的神秘存在,也不是超越性的本体论范畴。他区分了"天之天"与"人之天",并为天之为天(heaven-as-it-is)重申了一种客观的、实在论的地位。天不是人类所定义或创造的,它也不能从本体论上化约为人类的思想或意识。天之天被看作是世界自身之实然,而人之天则可以理解为人类所知的世界。前者并不能为人类的认知所穷尽,因为人类的观念常常只能呈现天之为天的部分面貌。例如,太阳和月亮以它们自己的秩序运行,但对人类来说,它们代表光明和黑暗,带来了白天和光明。人类的观念为世界的存在方式增加了一个不同的维度——通常伴随着价值的赋予(value assignment)。

在我们寻求关于世界的真理的认知过程中,人类所能发现的事物自然是有限的。按照王夫之的说法:

> 天之理数非人类所克备也。天地之广大，风雷之变动，日月之运行，山泽之流峙，固有人所不可知而所不与谋者。（王夫之 1980，617）

然而，这些限制并不是永久固定的。随着时间的推移、人类历史的进步和知识的扩展，"昔之为天之天者，今之为人之天也。他日之为人之天者，今尚为天之天也"（王夫之 1974b，132）。人类努力地参与世界的形成、创造与理解；因此，在人类世界之外的天之天，随着时间的推移，逐渐转化为人类世界的一部分。换言之，王夫之承认人类知识和人类成就的局限性，但他并不认为这是天人之间不可逾越的障碍。他的"天"概念只是自然界之全体，在他看来，人类的知识能够逐步接近认识这一全体之真理，而且人类的成就有助于完成天之创造。（从这一意义上说，气的渐进式创造不仅是自然化之气的功能，也是人类的功效。）是自然与文化——天与人，共同建构了这个动态的宇宙。没有人类的贡献，世界就不可能完整。正如王夫之所言："天地之化、天地之德，本无垠鄂，唯人显之。"（王夫之 1974a，5：312）

在这个"人之天"的语境下，王夫之引入了理的第二种内涵，赋予其与阴阳、五行相关的七种德性（virtue）[①]：

[①] 当"理"不仅代表实然，而且还代表应然时，它就是"道"的同义词。

> 凡言理者有二：一则天地万物已然之条理，一则健顺五常（仁义礼智信）。天以命人而人受为性之至理。（王夫之 1974a，5：324）

这段话表明王夫之有意将自然秩序之理与人类世界终极的道德实现之理分开。我们可以说，前者代表**实然**而后者代表**应然**。按照陈来的说法，前者是"物之理（the principle of things）"而后者是"性之理（the principle of human nature）"（陈来 2004，107）。通过这一理概念与天理概念相结合，王夫之力图将自然世界与人类世界联系起来，并将道德置于实在界的中心。

在王夫之的道德形而上学中，不仅气被赋予一种价值之善，而且理也被提升到**道**的层次，与**道**的道德规范内涵相结合。他的世界观呈现出一个和谐有序的宇宙，以生命的创造为自然之理，以具体存在的维持或创造为人类的使命。世界未被任何永恒的抽象形式所预先决定。在他看来，在人类的贡献和努力之下，世界正在继续进化、变化和进步，而变得更加丰富多彩。

小　结

在这一章中，我们看到了王夫之对前人理论的继承和改进。基于他对古典儒学文本（特别是《易经》和《四书》）的细致阅读以及他自己的思考，他从几位宋代理学家那里获得了不同的见解。他最大的灵感来自张载——张载的气一元论奠定了王夫之形而上学观的核心。然而，他拒斥了张载对作为体的太虚与作为用的具体事物之间的二分。王夫之忠于我们的经验世界——或者说，用他自己的术语，器的世界——认为这是唯一的实在。他的"道器合一"论延续了程朱学派的规范实在论，但他将规范性之理（或**道**）的根源置于人类世界内部。王夫之强调了人类在创造和改造自然世界中的作用。是以，人的行动主体性在气的自然化世界中被赋予了至关重要的地位。

总而言之，王夫之建构了一个复杂的形而上体系，将朱熹所分离的理、气两个本体论范畴统一起来。在朱熹的本体论图景中，气是一种盲目的物质力量，需要理来规范。而王夫之的气一元论是"有理的气一元论（principled qi-monism）"——理内在于气，因此气必然是自我调节的。朱熹把理看作是气的本体论基础，或至少是逻辑基础——是理使气成为可能。而王夫之把气看作是理的本体论基础——是气建立并完成了理。他的"理在气中"的哲学是其人性与人心哲学的基础。我们将在第七章回到王夫之，在那里我们将解释他的人性理论。

原始文献

王夫之，1972. 船山遗书全集［M］. 台北：中国船山学会与自由出版社.

王夫之，1967. 张子正蒙注释［M］. 台北：世界书局.

王夫之，1974a. 读四书大全说［M］. 台北：河洛图书出版社.

王夫之，1974b. 诗广传［M］. 台北：河洛图书出版社.

王夫之，1977a. 礼记章句［M］. 台北：广文书局.

王夫之，1655. 周易外传［M］. 台北：河洛图书出版社.

王夫之, 1980. 船山易传 [M]. 台北: 夏学社.

王夫之, 1996. 船山全书 [M]. 长沙: 岳麓书社.

英文选译

Chan, W, 1963. A Sourcebook in Chinese Philosophy [M]. Princeton, NJ: Princeton University Press. (陈荣捷, 1963. 中国哲学文献选编 [M]. 普林斯顿: 普林斯顿大学出版社.)

Part II
Human Nature, Human Mind, and the Foundation of Human Morality

第二部分
人性、人心与人类道德的基础

第五章

朱熹的内在道德实在论:"性即理"

引 言

理学家通常认为人性是天赋予人的,换言之,它是我们与生俱来的。人类和其他生物的本性来自天理。人类和其他生物共具同样的天理,而人类与其他生物的不同取决于其所禀之气的差异。对每一个生物而言,其所禀之气的清浊决定其善或恶。在理学家这个普遍共识的基础上,朱熹进一步主张道德原理是实在的,是人性所固有的。这种道德原理的内化(internalization)可以描述为马恺之(Kai Marchal, 2013a)所说的"道德的内在性"(moral inwardness),它意味着道德原理自身"超越任何社会结构,与特定的行为和情境无关"(Marchal 2013b, 192)。对朱熹来说,人类必须接受的具有绝对且客观之真理的道德原理,其实已经内在于我们——它内在于天赋予我们的本性之中。朱熹的著名口号"性即理"界定了他对道德原理本身以及我们实现这种道德原理的能力的实在论信念(realistic commitment)。这是朱熹版本的道德实在论,它将客观性(objective)与主体间共通性（intersubjective）结合起来，两者都内在于行为主体（agent）与生俱来的本性中——行为主体的道德自我。正如马恺之所指出的，"对朱熹而言，道德与内在自我领域是一致的"（Marchal 2013b，199）。在本章中，我们将仔细研究朱熹哲学中的这一内在道德实在论。

何为"性"

在信广来（Kwong-loi Shun）对中国早期文本中"性"（我们按照标准的做法将其翻译为"nature"）字用法的经典分析中，他指出"性"字来源于"生"字（生命、生长），它最初象征着"生命进程的方向"（信广来 1997，1—2）。在孟子（这位主要的古代儒家哲学家的人性论定义了理学的主题）的用法中，"性"获得了道德的维度。孟子认为"性"是一个物种的自然倾向（natural tendency），并极力捍卫人类具有内在道德倾向的观点。用信广来的话说，说 x 具有某些特别倾向作为 x 的"性"，即是说这些倾向是"x 的构成部分"（信广来 1997，8）。在这一意义上，"性"字可以被恰当地翻译为"nature"。

尽管对人性的定义是理学道德哲学的主要课题，但这一问题对当代伦理学家或心理学家来说可能不是一个切题的话题，因为它本质上是一个形而上学的问题。理学家普遍关注的是人类道德的形而上基础，而非经验基础，他们信奉儒家经典著作《易经》《孟子》，特别是《中庸》所倡导的道德形而上学。古典儒学的道德形而上学把人的存在与某种先天条件（天之所赋）联系起来。理学家无一例外地接受了这一观点。在他们看来，人类不是通过社会制约（social conditioning）才成为道德生物的，而是天生如此。当然，这样的观点应该是经验上可实证，或是可否证的（falsifiable）；然而，对理学家来说，这种关于人性的形而上事实是他们的首要原理——是他们接受为理所当然、无可争议的客观真理。特别是朱熹，他把对关于人性的这一形而上学信念的辩护和阐述作为他的哲学的和教育学的主要关注点。

朱熹的人类道德本质观是建立在他关于世界构成的形而上学基础上的。在他看来，万事万物都是由气构成的，而气又是由理进一步调节的。要产生任何事物，气的运作必须是功能性的，而且气的构成必须达到最基本程度的平衡——它必须同时包含阴阳，而且这种结合不能是自我毁灭的。《易经》的著名口号"一阴一阳之谓道"，被解释为气运行的规律。它所描述的事实是，一切事物都在阴阳之间有一个平衡的互动，任何事物要能继续存在，都不可失去这种平衡。朱熹将这一理念概括为"物物具一太极"（朱熹 2002，14：184）。

如果物物皆具一太极，那么我们如何解释人与禽兽、有生命之物与无生命之物间的差异呢？朱熹把这种差异归因于气的分布。气构成了所有生物的身体层面，有些生物没有其他生物那样敏锐的感官；有些动物缺乏人类所具有的敏锐的智力。一个生物的身体构造会对它可能实现的境界造成限制；例如，有些动物根本不会推理，有些动物没有语言能力。朱熹以蚂蚁为例解释了这种物理限制。尽管蚂蚁是自然的一部分，与人类共享着自然的法则，但它们是如此微小，以致它们除了权力与劳动的分工外，无法表现任何结构（朱熹 2002，

14：185）。

当一个学生问人们的天命之性（heavenly endowed nature）在完备性上是否有程度的差异时，朱熹拿太阳和月亮的光辉做了个类比：

> （天命之性）非有偏全。谓如日月之光，若在露地，则尽见之；若在蔀屋之下，有所蔽塞，有见有不见。昏浊者是气昏浊了，故自蔽塞，如在蔀屋之下。然在人则蔽塞有可通之理，至于禽兽，亦是此性，只被他形体所拘，生得蔽隔之甚，无可通处。（朱熹 2002，14：185）。

从这一回答中，我们可以看出，朱熹认为人类在身体构造方面与其他生物有区别，而这区别进一步导致了他们在心理构成上的差异。然而，尽管人类和非人类生物因其身体结构的限制而具有不同的禀赋，但它们都被赋予了同一种理。朱熹曾经另用"杓水"之喻来解释人、物在分殊之理上的同与异：

> 人物之生，天赋之以此理，未尝不同，但人物之禀受自有异耳。如一江水，你将杓去取，只得一杓；将碗去取，只得一碗；至于一桶一缸，各自随器量不同，故理亦随以异。（朱熹 2002，14：185）

这一解释再次表明，生物精神能力层面的质的差异是由其身体构造的差异造成的。

从朱熹的诸多论述中我们可以看出，他对人与其他生物之性是相同还是不同存在着矛盾的看法。一方面,他想要断言世界上的每一事物都分有太极;另一方面,他也不想否认人性的独特性。然而,一旦我们理解了朱熹所说的"性"字的含义,这种表面上的不一致就可以得到解决。

首先,朱熹将事物的分殊之理与它的功能相结合,如本例所示:"舟只可行之于水,车只可行之于陆。"(朱熹 2002,14:189)基于其特定的结构,每一事物都有其特定的运作和可用性。我们也可以把对事物之性的功能性分析(functional analysis)扩展到人性之上:说我们有某种本质,就是说我们被赋予了某种由人之理所界定的特殊功能来履行人的角色。不过,在谈到以人性所例证的人之理时,理一字带了规范性的意义,规范**我们应当如何做**。按照朱熹的说法:"'天命之谓性',命,便是告劄之类;性,便是合当做底职事。如主簿销注,县尉巡捕。"(朱熹 2002,14:192)换句话说,人性是我们应该达到的,因此,它代表了我们的规范目标和我们的终极状态。不能否认,朱熹确实说过人性是我们与生俱来的,但这仅仅意味着我们作为人类生来就具有一种规范性的责任(normative duty)。因此,朱熹关于"性"的观点是**实然**与**应然**的融合(fusion):一物之性就是它为了与其名相称而应该履行的功能;一人之性是他/她为了被看作是人而应该去执行的规范性职责。由于人与其他生物具有不同的功能和规范性职责,他/它们有不同的理,因此不能归于同等之性。然而,就他/它们都具有各自的理和规范性角色而言,他(它)们都被赋予了同样的天理。我们可以用当代的视角来看待朱熹的观点:太阳底下的一切事物在整个宇宙规划中都有他/它恰当的角色。

按照朱熹的说法,"性中所有道理,只是仁义礼智"(朱熹 2002,14:192)。在这段话以及其他地方,朱熹把人性的内容定义为四德,而不是孟子所主张的作为四德之根或芽的四端:恻隐、羞恶、辞让、是非。当孟子宣称人性本善时,他指的是人的自然的道德情操,或者如信广来所说的,人的"导向道德理想的情感倾向"(信广来 1997,14)。然而,当朱熹声称接受孟子的人性观时,他却把这一观点修改为关于我们的规范性目标了。换言之,对孟子来说,人之性在于我们的自然的道德情操[①];而对朱熹来说,人之性在于我们作为人类一员的道德使命。就这一点而言,朱熹把在孟子的用法中关于人之"性"的描述性意义转化为规范性意义。然而,朱熹对人性的理解仍然可以追溯到孟子。在《孟子》中,"性"字有时也用作动词。按照信广来的说法,"性"字在孟子那里的动词用法,"与让某些东西真正地成为自己的一部分有关"(信广来 1997,9)。这种用法指的是人们为真正**拥有**自己之性所付出的努力。孟子在称赞德高望重的尧舜时,称他们能"性之"(作为动词)自己的自然倾向。这里我们看到,即使在孟子的思想中,人性的概念也已经表达人的思维和行为的规范了。"成性"这样一个规范性目标——去拥有自己之性,或忠于自己之性——界定了我们的道德资格(moral qualification),没有它,我们就不具备"人"的资格。

---

①按照信广来的说法,孟子把"性"看作"由心的伦理倾向发展构成的,或至少将其作为中心组成部分"(信广来 1997,10)。信广来这里的"心"指的是孟子称之为"四端"的四种道德情操。

在孟子的传承中，人与其他动物的区别不仅体现在生物分类学（或气的构成）上，还体现在道德分类学上。"人类"构成了一种道德类型，而这种道德类型的标准正是"人性"。正如信广来指出的，"人"这一概念在《孟子》那里表示的并不是一种生物类型，而是一种以人类的文化能力（capacity of culture）为特征的规范类型：

> 人作为一个物种的区别不在于他们的生物构成，而在于他们具有某种文化成就的能力。例如，有些文本描述一个否认社会差别（3B：9）或没有充分利用自己的能力（6A：8）的人，称他们是禽兽也或是近乎禽兽也。因此，在《孟子》和其他早期文本中，"人"被视为与低等动物不同的物种，是因为人具有文化成就的能力，比如形成社会差异，并遵守控制这种差异的准则。（信广来 1997，12）

如果"人"字指涉的是一种规范类型，那么所谓"人之性"就不是我们与生俱来的状态，而是作为一种文化或道德类型的规范来主导人类。在孟子把"人"界定为规范性种类的基础上，朱熹明确地提出了"性"的规范意义："性即理也。当然之理，无有不善者"（朱熹 2002，14：196）。他在这里主张的是，一个特定事物之性就是他（它）应该（当然）成为的模式。人之性善，不是说我们可以保证不做坏事，而是因为我们都**应该成为善的**。正如朱熹所认可的《中庸》所定义的那样，这种"应然（ought-to-ness）"来自天命："天命之谓性；率性之谓道。"换言之，性是我们与生俱来的义务，或说是我们在宇宙中被赋予的角色。虽然这种"应然"的规范性的起源是客观的、外在的，但它同时也内在于我们的存在之中。对与错的标准根植于我们的本性之中，但它不是我们人类发明的，也不是我们建构的。朱熹的道德实在论肯定了道德原则的实在性，不过他又同时界定道德原则内在于人性。因此，它可以被称之为内在道德实在论。

善与恶的根源

对理学家而言，"恶"为何存在的问题对孟子关于人性的乐观态度（optimism）构成了真正的威胁，必须予以正视。朱熹认真地对待了这一挑战。朱熹完全接受孟子的人性观，但他也批评孟子的人性观缺少一个重要的层面：气的构成。正如信广来所言，"朱熹接受了二程兄弟关于看待性的两种方式的区分——本然之性（original nature）和气质之性（material nature）——认为前者是完全的善，后者则有成为不善的可能性"（信广来 2010，178）。信广来把这种区分称之为"看待性的两种方式"，但它们实际上是两种性，并具有不同的来源——理与气。二程兄弟的"二性"的思想来源于张载。张载认为，我们既具有"天地之性"，也具有"气质之性"。①前者是孟子所说的人人共享的道德本质（moral essence）；后者是我们在人身上观察到的道德差

---

① "二性"这一暗示并非源自张载，但追寻其历史来源是一个复杂的问题，超出了本书的范围。第八章将对张载的相关概念进行详尽讨论。

异(moral discrepancy)的原因。二程兄弟曾经评论到,(孟子)论性而不论气是不完备的。他们认为张载的气质之性的思想完成了这一图景。人与人之间气的构成的不同,解释了为什么有些人天生比别人善良或聪明,或者为什么有些人意志薄弱,缺乏道德决心。换言之,人与人之间善恶的差异部分地源于我们与生俱来的身体能力和心理禀赋。①所有这些哲学家都用我们生来不同的气之构成来解释人类恶的存在。这种对人类存在的气的面向的强调,就是把善与恶的根源归于我们出生时的情况。所以如果人类的道德成就不完全是社会制约的结果,那么人类的不道德也同样不是社会制约的结果。按照朱熹的说法:

> 孟子之论,尽是说性善。至有不善,说是陷溺,是说其初无不善,后来方有不善耳。若如此,却似"论性不论气",有些不备。却得二程说出气质来接一接,便接得有首尾,一齐圆备了。(朱熹2002,14:193)

在这一段落中,朱熹认为,当谈论人性时,不能不考虑每一个人的身体能力和心理倾向。这些倾向构成了张载所说的"气质之性"。朱熹用一个比喻来说明张载的"二性"思想:"天命之性,若无气质,却无安顿处。且如一勺水,非有物盛之,则水无归着。"(朱熹2002,14:195)在这一比喻中,朱熹把

---

① 这里有一个必要的警告:信广来指出,"儒家思想家并没有在我们所说的人的心理和生理方面做出明显的区分,因此,说到心理,已经超出了他们自己表达观点的方式"(信广来2010,177)。

这两种性看作是容器与其所盛之物：我们的道德本质需要在我们的具体构成（比如我们的性情、智力或其他人格特征）中实现。由于气是所有存在的实际构成成分，所以气在构成上的差异性也正是我们的道德差异以及我们在能力、智力、身体结构等方面的差异的原因。正如水瓢的大小和容积不同所盛的水量也不同，我们在具体的气的构成上的不同也导致我们的道德本质不同程度上的差异。

孟子当然也意识到恶的问题，但他把它的原因归结于外在的影响（6A：6）、环境的逼迫（6A：2）、先天善端的发展不足（6A：6）、心之不思（lack of reflection）（6A：6）、不断地做出恶行导致原来的善良本性被破坏（6A：8）、失其本心而未能寻回（6A：10、6A：11）、自我放纵（2A：6），等等。孟子对不道德的根源的解释与这些理学家的主要不同之处在于，孟子在寻找外界影响或后天的人为因素，而理学家将其归因于我们与生俱来的差异。即使气质之性不是来自普遍的善之理，即不是"天命"，但它仍是我们与生俱来的。换言之，气质之性在一定程度上超出了我们的控制范围。

关于程颢将"性"定义为"生之谓性"，朱熹评论到：

> 天之付与万物者谓之"命"，物之禀受于天者谓之性。……性命，形而上者也；气，则形而下者也。形而上者，以理浑然，无有不善；形而下者，则纷纭杂揉，善恶有所分矣。（朱熹2002，23：3276）

在这句话中我们看到，朱熹把我们心理和道德构成的先验

(*a priori*)和后验(*a posteriori*)方面区分开来。先验的方面即他所说的"性",是纯粹至善的。然而,在后验层面,我们的道德成分是不均等的。按照朱熹的说法,"人之性皆善。然而有生下来善底,有生下来便恶底,此是气禀不同"(朱熹 2002,14:198)。有些人生来就有很明显的变坏的倾向。例如,有些人容易愤怒和暴力,而有些人意志薄弱,优柔寡断。这些都是我们的性格缺陷,生来就有。这就是为什么即使所有的人都具有相同的天赋,每个人都具有成为一个完备的道德行为主体的潜能,但成功的程度则各有不同。因此,朱熹对人类恶存在的回答很简单:它就是我们心理构成(mental makeup)的一个自然事实。孟子的观点来自孔子:"性相近也,习相远也。"(《论语》17:2)孔孟二人都把人类恶的根源归结于外部的影响和后天的人为因素。而朱熹在人性中加入善与恶的先天差异,实际上是背离了儒家传统的"人性具有普遍善"的教义。

如果气质是我们中一些人更容易成为坏人的原因,那么我们能做些什么来改变我们既定的状态呢?在这个关怀下,我们转向朱熹的道德心理学。

朱熹关于情感的道德心理学

在气质之性层面,朱熹侧重于我们的感觉(feeling)和情感(emotion)。他信奉张载的"心统性情"的学说。按照朱熹的说法,"盖性即心之理,情即性之用。……横渠'心统性情'语极好"(朱熹 2002,14:227)。在朱熹的道德心理学中,人心对我们的道德成就以及道德失败(moral failure)负有完全的责任,他认为心有时可能是"不善"的(朱熹 2002,14:228)。然而,如果心同时包含性与情,而性是纯粹至善的,那么可能引导我们的心偏离善的部分一定是感觉和情感。

朱熹对人的感觉和情感有一种谨慎防备的看法。甚至被孟子推崇为性善之证明的四端,以及仁、义、礼、智等道德情操,也并不是完全没有问题的,因为它们也可能导致错误的行为。正如朱熹所言,"若恻隐多,便流为姑息柔懦;若羞恶多,便有羞恶其所不当羞恶者"(朱熹 2002,14:193)。换句话说,我们的情感,即便是所谓的道德情操,如四端,也可能偏离规范,促使我们犯道德上的错误。

朱熹将我们的心(heart/mind)区分为两个维度:一个维度与**道**相一致,被称之为"道心";另一维度则被称为"人心"。这一区分来源于《尚书》(*Book of Documents*)的"人心惟危,道心惟微",朱熹把道心看作是心对理的认知理解,而他则把人心定位在人的情感、欲望的层面。然而,他一再强调他的"一心"说:道心、人心的区分仅仅是基于心的意向对象(intentional object),而不是意味着我们真的有一个分裂的心。他说:"此心之灵,其**觉于理**者,道心也;其觉于**欲**者,人心也。"(朱熹 1986,4:1487,黑体为作者所加)这一评论表明,上述区分仅仅是基于人的"觉(intelligent awareness)"的意向对象。在回答一个学生关于这一区分的提问时,朱熹解释道:"只是这一个心,知觉从耳目之欲上去,便是人心;知觉从义理上去,便是道心。"(朱熹 2002,16:2663)在他的评价中,最高道德行为主体——圣人(sage)与一般人的区别仅仅在于,圣人只保有道心,而一般人往往被他们的激情和欲望所支配。人心虽然不单纯是恶的,但容易受诱惑而走向歧途;因此,它的状态是"危(precarious,不确定的)"。换句话说,我们不能让情感和欲望自由支配自身,因为它们不能被信任。

对朱熹而言,"恶"是情感失衡的结果。作为生物的和道德的存在,我们有我们的自然情感(natural emotion)和先天的道德情操(innate moral sentiment)。"发而中节亦是善,不中节便是恶。"(朱熹 2002,14:363)中文短语"中节"字义是"合乎礼仪""合乎节拍"(在音乐领域)、"风调雨顺""有正确的衡量标准",等等。换言之,事物是否"中节"有一个外在的、客观的标准。如何为我们的情感和欲望的"中节"确定一个客观标准当然不是一件容易的事。朱熹的答案是向圣人的精神状态(mindset)看齐。圣人的情感和行为总是"中节"的。因此,圣人在特定情境中的感受和反应成为我们所有人的外在标准。因此,我们需要向圣人学习。

朱熹将欲望与情感联系起来,并用水的隐喻来解释二者的关系:"欲是情发出来底。心如水,性犹水之静,情则水之流,欲则水之波澜,但波澜有好底,有不好底。"(朱熹 2002,14:229)。尽管朱熹承认某些欲望可能是好的,比如道德行为主体实现仁的欲望,但总体上他认为人的欲望与天理是不相容的:"人之一心,天理存,则人欲亡;人欲胜,则天理灭。未有天理人欲夹杂者。"(朱熹 2002,14:388)因此,在人们的内心,善与恶、天理与人欲之间,有着一场持久的斗争:"此胜则彼退,彼胜则此退,无中立不进退之理。"(朱熹 2002,14:389)人们具有被自己的欲望引入歧途的危险,故不可放任自己的欲望,而应该不断学习:"未知学问,此心浑为人欲。既知学问,则天理自然发见,而人欲渐渐消去者,固是好矣。然克得一层,又有一层。大者固不可有,而纤微尤要密察。"(朱熹 2002,14:390)终极来说,学习过程的目标是"革尽人欲,复尽天理"(朱熹 2002,14:390)。一个人对是与非、真理与道德了解得越多,他的欲望就会越少。没有欲望的干扰,人自然会转向正确的道路。换句话说,道德的获得必须依靠向圣人学习来抑制欲望。

然而,如果恶源于心灵的情感表现和物质欲望,那么人心就不再是道德的充分基础。正如艾文贺所指出的,在朱熹的人性理论中,我们不能保证能在道德上成功,我们也不能完全相信人心在实现道德禀性(predisposition)方面的能力:

> 由于我们原初的、纯洁的本性仍然陷在气里,无论我们多么努力或多么长久地进行自我修养,我们永远无法完全摆脱人心的限制。因此,我们的道德地位仍然处于"危"的状态,而"容易犯错"。朱熹哲学的这一面向使他以一种高度不信任的态度来看待人心,并指望道心作为绝对的标准与向导。(Ivanhoe 2009,39)

我们可以得出这样的结论:尽管朱熹肯定了人性本善,但他对个人道德善(moral goodness)的实现并不乐观。我们拥有一个纯粹至善的道德本质,但这一**先天的道德基础陷溺于后天的气质**(它表现在我们的人格、性格、情感和欲望上)之中。气质之性阻止了天赋的道德本质在个人心灵中的完全实现。为了要抗拒由我们气质之性所导致的道德杂染(moral impurity)

或道德失败，我们需要求助于心来修身养性。

人心在道德修养中的作用

前面的讨论告诉我们，对于朱熹来说，我们与生俱来的本性并不能使我们的道德成就成为可能。换句话说，我们的善良本性对我们的道德来说在因果性上是不足的。即便我们有一个内在的道德本质，它定义了我们是什么，我们应当成为什么；但一旦出生，我们的气质之性立即就主导了我们的日常行为。要恢复我们本性赋予我们的道德地位，我们就需要努力纠正任何偏离了我们性之理的情感和欲望。在第三章中，我们考察了朱熹的理气之辨，指出朱熹的理与气之运行在因果上是分离的。在关于人性的讨论中，我们也看到了善良的本性在因果上是无功效（inefficacy）的。当有人向朱熹问道："天地之性既善，则气禀之性如何不善？"朱熹的回答是，虽然理无不善，但不同的人有不同的气禀，"且气强而理弱，理管摄他不得"（朱熹 2002，14：200）。由此可见，对朱熹而言，人性固有之理不能作为道德的基础。即便它本身是善的，它也不能对我们的善负责。

在前面朱熹关于"性"与"工作职能"的类比中，我们已经看到，对他而言，人性是天之所赋，但它本身在履行规范职责方面是无效的；正如主簿的保持记录的职责并不能担保主簿会去记录费用一样，人性本身也并不能促使我们履行与作为人类有关的规范性义务。真正使人性彰显于人之存在的是人心。朱熹将人性比作官员的职责，而把人心比作官员（朱熹 2002，

14：192）。这表明朱熹把"心"作为我们的能动性（agency）之所在。没有人心，人性自身不足以促成我们的道德实现。朱熹说："无个心，却将性在甚处。"（朱熹 2002，14：192）这句话清楚地表明，在朱熹的人性论中，性是被动的（passive）给定状态，而心是主动的（active）能动性。对我们的道德实现而言，人性可以看作是本体论基础，但真正具有因果效力的是人心。正如朱熹所明确宣明的，一切都是心之所为：

> 《中庸》说"天命之谓性"，即此心也；"率性之谓道"，亦此心也；"修道之谓教"，亦此心也……致知，即心知也；格物，即心格也；克己，即心克也。（朱熹 2002，14：362）

然而，我们也解释过"心统性情"，心包含人性和人的情感状态（affective states）——包括情感和欲望。如果性是无因果效力的，而情是恶的根源，那么人心就必须有其他功能来负责成就人类道德。朱熹认为这就是"志"。在他看来，志是"心之帅"，它为心指明方向（朱熹 2002，14：358）。志和欲都是意向性的（intentional）——它们都涉及外部世界的对象或事件，但志和欲的不同之处在于，欲是由外部对象被动地触发的，而意志则是心灵主动地着手做事。

按照朱熹的说法，"立志要如饥渴之于饮食，才有悠悠，便是志不立"（朱熹 2002，14：282）。换言之，人们想要做好人，就必须有热切、认真、直接的决心。这一意图（intent）必须始终保持，朱熹称之为"不失本心"或"求放心"（朱熹 2002，

14：282）。决心和方向来自个人的努力，因此道德的实现并不是由我们既定的本性所普遍保证的。

朱熹认为，圣人不过是"做得人当为底事尽"（朱熹 2002，14：280）。也就是说，圣人是完成了人的道德地位，实现了人的本性的人。由于成为圣人不过是成为典范意义上的人，每个人都应该有向圣人学习之志，并把"成圣"作为自己的责任。道德修养开始于这一步：让心朝向成圣的正确方向。然而，如果人们不能不断地控制自己的情感和欲望，以至消除人类的欲望，就不可能实现这一目标。朱熹的名言"革尽人欲，复归天理"常常被批判为煽动了宋明社会的过度道德化和内敛的（constrictive）文化。在第七章，我们将看到王夫之严厉抨击了宋明理学对人的欲望的贬低和压抑。

小　结

在这一章中，我们看到朱熹相信人类具有天赋的道德本质。这是对人类道德实在的形而上学的信念。在他看来，世界的存在方式与人类的存在方式之间存在着一种演绎性关联（deductive connection）："盖天地之心，其德有四，曰元亨利贞……故人之为心，其德亦有四，曰仁义礼智。"（朱熹 2002，23：3297）朱熹全面接受了古代儒家的道德形而上学，并在此基础上发展了他自己的、我们称之为内在道德实在论的人性论。

在朱熹的内在道德实在论中，道德事实独立于人的意见，道德真理被视为自然真理。人在宇宙中承担着特殊的规范性角色，人的规范性职责被定义为人之性。然而，最终，尽管朱熹主张人具有道德本质，并认为人的存在内在地具有客观的道德原理，但他对人的道德成功的信念是建立在个人努力之上，而不是先天的道德本性之上的。他对人类情感和欲望的蔑视态度使他的道德心理学成为一种反情感主义（anti-sentimentalist）的宣言。

在第十章，我们将考察朱熹关于道德修养的详细方案。

原始文献

朱熹，1986. 朱子语类：第 8 卷 [M]. 北京：中华书局.

朱熹，2002. 朱子全书：第 27 卷 [M]. 上海：上海古籍出版社，合肥：安徽教育出版社.

英文选译

Chan, W, 1963. A Sourcebook in Chinese Philosophy [M]. Princeton, NJ: Princeton University Press.（陈荣捷，1963. 中国哲学文献选编 [M]. 普林斯顿：普林斯顿大学出版社.）

Chu Hsi, 1967. Reflections on Things at Hand [M]. Chan, W, Trans. New York: Columbia University Press.（朱熹，1967. 近思录 [M]. 陈荣捷，译. 纽约：哥伦比亚大学出版社.）

Chu Hsi, 2013. The Philosophy of Human Nature [M]. London: Forgotten Books.（朱熹，2013. 人性的哲学 [M]. 伦敦：Forgotten Books 出版社.）

Gardner, D K, 1990. Learning to Be a Sage: Selections from the Conversations of Master Chu, Arranged Topically [M]. Berkeley,

CA: University of California Press. (Gardner, D K, 1990. 学为圣人：朱子语录选 [M]. 伯克利：加利福尼亚大学出版社.)

第六章
陆象山和王阳明的"心即理"学说

引 言

陆象山和王阳明通常被合称为陆王学派,以区别于程颐和朱熹的程朱学派。不同于程朱学派的"性即理"主张,陆象山和王阳明宣称"心即理"。作为一种形而上学主张,"心即理"这一命题很容易被解释为"心是终极实在",从而使人们联想到巴克莱(Berkeley)的唯心论(idealism)。正如艾文贺所指出的,"当代学者中不乏有人认为陆象山的唯心论否定了独立于心灵(mind-independent)的世界之存在"(Ivanhoe 2009, 34)。在经典的《中国哲学资料选编》中,陈荣捷也将王阳明的观点等同于"具有活力的唯心论(dynamic idealism)"[陈荣捷1963,655(陈荣捷 2018, 547)]。然而,正如艾文贺所正确地解释的,陆象山的主张"并未以任何方式否定独立于心灵的世界之存在,他也确实从未怀疑或质疑物质世界之存在"(Ivanhoe 2009, 34)。在同意唯心论是对陆王的"心即理"之错误解读的基础上,本章将对陆象山和王阳明的观点做一个不同的分析,将其看作是一种人文主义道德实在论（humanistic moral realism）和实用主义形而上学（pragmatist metaphysics）。

正如本书引论部分所解释的，程朱学派和陆王学派争论的焦点在于要把理置于人性还是人心？前者被称之为"性学"，后者则被称之为"心学"。在这场争论中，学者们一直把焦点放在性与心的对抗上，但这场争论的性质并未被澄清。在本章中，我们把朱熹的"性即理"与陆王的"心即理"之间的区别，看作主要是关于人类道德根源的分歧。对朱熹而言，道德是超越性的，独立于人类的概念系统；但对陆象山和王阳明而言，道德是人心的特权。借用实用主义形而上学的描述，我们也可以说，在这种世界观中，"道德是一种人类现象，它是在人类世界中从人类生活中产生的，而不是任何预先存在的'物自体'，或是比喻来说，从上面传给我们的东西"（Pihlström 2005，33）。朱熹要求我们去"格物穷理"，因为理是外在于我们的；而陆象山和王阳明则主张求理于我们自己的内心。换言之，陆象山和王阳明所要建立的观点是说，道德并不是通过某种天命而为我们预先建立的。个人成为圣人的决心决定了他的价值体系，而每个人自我设定的价值会导致其倾向于以某种特定的方式去寻求理。各个道德主体的特定道德信念（王阳明认为，我们原来都是圣人）共同构成了一个公共的道德实在，由我们共同的情操和关切来界定。这是我们人类所共享的道德实在。道德事实是由我们人类建立的，并且是我们人类可以立即感知到的。为了在上述意义上建立道德的客观主义（objectivism），陆象山和王阳明必须能够证明我们在道德意识、道德情操和道德判断上确实具有共同的主体间共通性（intersubjectivity)。在本章中我们将看到，对这两位哲学家而言，客观性（objectivity）是如何表现在人的主体间共通性（intersubjectivity）中的。

心即理与理具于心

陆象山的著名口号"心即理"（11：5b-6a）一直受到各种解读，特别是在心与理的关系方面。陈荣捷把陆象山的观点称为"唯心论"（陈荣捷 1963，573），而陈来不同意这种解释，并指出陆象山"并不认为天地之理是人心所生"（陈来 2005，151—152）。牟宗三认为，这一命题表达了康德式的自主性（autonomy）概念：意志为自我设定个人必须遵守的道德法则（牟宗三 1979，10—11）。艾文贺在陆象山的努力背后看到了一种黑格尔主义精神：找到一个统一的世界，它"不仅能解释而且能认证一个涵括社会、政治以及个人的普遍方案"（Ivanhoe 2010，254）。这些形形色色的解释显示我们很难理解陆象山在宣称心"即"理时的真实意图。

中文的"即"字，虽然一般翻译为"is（是）"，但其字义也包括"being close by（接近）"或"inseparable（不可分割）"。所有这些字面解释都不能给我们一个明确的指示，帮助我们正确地理解心与理之间的关系。不过，从对陆象山的文本分析中我们可以看到，"心即理"表达的是心与理之间的不可分割性（inseparability），而不是同一性（identification）。陆象山说"盖心，一心也；理，一理也。……此心此理，不容有二"（1：3b-4a，陈荣捷 2018，487）。陆象山主张心即理，但并不是说他认为宇宙法则是心灵的构造并依赖心灵而存在。按照陆象山的说法，"宇宙间自有实理"（陈荣捷 2018，491）；更进一步而言，"此理乃宇宙之所固有"（陈荣捷 2018，490）。换言之，当他断言"宇宙即是吾心，吾心即是宇宙"（陆象山 1981，483），他并没有否认宇宙或宇宙之理独立于心灵而存在。

陆九渊认同孟子的四端说，并主张仁、义、礼、智等道德德性是人心之理。他说："敬此理也，义亦此理也；内此理也，外亦此理也……故曰'万物皆备于我'。"（陈荣捷 2018，487）从这句话中我们可以看出，"理"字在陆象山的概念中与在朱熹和张载那里不同——朱熹和张载的"理"既指心中之理，也指气中之理。陆象山的"理"概念既不是指宇宙模式（在朱熹的意义上），也不是指气化运行之秩序（在张载的意义上）。在陆象山的论述中，**理**概念具有规范的意义，而且仅仅表示道德原理。换言之，陆象山"心即理"的命题只是断言支配宇宙的道德原理已经包含在人心之中。更进一步而言，道德原理是普遍存在于人心之中的："天之所以与我者，即此心也。人皆有是心，心皆具是理。"（陈荣捷 2018，491）陆象山有一个特殊的关切——在他的哲学中，只有与人的行为和道德有关的东西才是重要的。

受到陆象山思想的启发，王阳明建构了一个颇具影响的宋明理学的心学学派，与主要由朱熹所倡导的性学学派平行发展。在陆象山"道德原理具于心灵之中"这一观念的基础上，王阳明主张一切事、一切理皆在心灵之中。他的关怀超越了陆象山的道德追求，而发展成为一种对整体实在的主观主义看法（subjectivist view）。按照王阳明的说法，"夫物理不外于吾心，外吾心而求物理，无物理矣。"（陈 2009，99①）当他的朋友问到南镇深山中的花树看起来是独立于人的心灵而存在的，他回答道：

> 你未看此花时，此花与汝心同归于寂；你来看此花时，则此花颜色一时明白起来。便知此花不在你的心外。（王阳明 1994，234）

这一引文给人一种巴克莱式唯心论的印象。然而，若将王阳明的这一评论解读为一种唯心论宣言，也是一种误读。王阳明并不是在否认深山之花先于人类的感知而存在；反之，他只是声称它们的属性是通过人类感知变得生动的——我们将对象的属性赋予它们，因为物体正是基于生物的感知（perception），才获得了可感知的属性（perceptible properties）。王阳明并不是在宣称如巴克莱所说的"存在即是被感知（to be is to be perceived）"，而是在说"拥有属性即是被感知（to have properties is to be perceived）"。每个对象的存在的确不依赖于心灵，然而，对象的属性是依赖于心灵的感知，因为它们是在与人类感官的关系中被定义甚至形成的。例如，可见的（visible）即是人的眼可以看到；可听的（audible）即是人的耳朵可以听到。王阳明将颜色归入这种基于感知（perception-based）的属性范畴。

---

①英文版引文出自 Ivanhoe 2009，110，这里的中文版引文出自陈荣捷《王阳明传习录详注集评》，上海：华东师范大学出版社，2009。——译注

这一归类可以与约翰·洛克（John Locke）相媲美。洛克将属性分为第一性质（primary quality）和第二性质（secondary quality），颜色则属于第二性质的范围。第一性质被认为真正存在于对象本身，而第二性质则是对象与心灵共同作用的结果。不过，对王阳明而言，所有的属性都属于第二性质，因为他声称没有任何事物和事态是外在于心灵的。

对王阳明而言，之所以说人心构成了实在的基础，说的是，没有人心的认知，世界将不再有任何类比与区分。按照王阳明的说法：

> 充天塞地中间，只有这个灵明。人只为形体自间隔了。我的灵明，便是天、地、鬼、神的主宰。天没有我的灵明，谁去仰他高？地没有我的灵明，谁去俯他深？鬼、神没有我的灵明，谁去辨他吉、凶、灾、祥？（王阳明 1994，272）

这段话从主观感知者的感知和概念来定义世界的本质和分类。按照艾文贺的说法，王阳明的"心即理"命题主张的是心"本身就是构成、规范以及赋予现象世界以意义的理"（Ivanhoe 2009，112）。如果把这一语境中的"理"解释为"模式（pattern）"，我们也可以把王阳明的观点看作是主张"模式内在于心灵"。理内在于心，因为人心赋予世界以模式或结构。人类感知和知性化（intellectualization）之外的赤裸裸的世界并不存在意义，不仅仅对**我们**不存在意义，而且**本来如此**（tout court）。

王阳明的形而上学并不等同于把一切存在都化约为心灵之

认知的唯识学派（Consciousness-Only school）的唯心论。对他而言，世界真实地、客观地存在于心灵之外；只有万物的类型与功能是依赖于心灵的认知。按照他的说法，"天、地、鬼、神、万物，离却我的灵明，便没有天、地、鬼、神、万物了。我的灵明，离却天、地、鬼、神、万物，亦没有我的灵明。如此，便是一气流通的，如何与他间隔得？"（王阳明 1994，272）。换言之，世界与心灵之间互为基础、相互依赖。世界和心灵都是由气构成的；气是实在的，所以世界和行为主体都是实在的。按照 David W. Tien 的说法，"与许多现代对王阳明形而上学的解释相反，王并不是巴克莱式的本体论唯心论（Berkeleian ontological idealism）的追随者，这种唯心论认为，物质存在只是心灵的表象或表达……就理学而言，王阳明是理－气实在论者，他认为心灵之外存在着一个世界，理存在于外部世界，而气也外在于心灵"（Tien 2010，299）。虽然所有事物的性质和类型都是依赖于心灵来建立的，但是由于世界和感知主体都是实在的，所以世界本身也是实在的，并不依赖于心灵而存在。

借用当代哲学家希拉里·普特南（Hilary Putnan）的一句名言，我们可以把王阳明的观点解释为"心灵与世界共同构成了心灵与世界（the mind and the world jointly make up the mind and the world）"。普特南对自己立场的进一步澄清更适用于王阳明的形而上学："宇宙构造着宇宙，而个人心灵集体地共同在构造中起着特殊的作用。"（普特南 1981，xi）从这个诠释角度来看，王阳明的世界观仍然是一种实在论。它并不违背常识性实在论（commonsense realism），因为他不会否认常识性的对象，如树和花，确实存在于心灵之外。然而，它反对任何形式的形而上学实在论（metaphysical realism），这是因为，王阳明拒绝承认有任何存在于超验领域的、人类经验所无法进入的事物（如朱熹的理）。对陆象山和王阳明而言，在人类经验之外，没有什么所谓的实在，因为我们的心灵（感知和概念）共同促成世界的结构。

人文主义的道德实在论

在当代的术语中，我们可以说陆象山和王阳明所建立的是一种道德实在论。道德实在论是关于道德事实和道德属性的本体论和认识论地位的理论。最主要的一点是，道德实在论是对这些道德属性和事实做出本体论上的肯定。在一般形式上，道德实在论与一般实在论①分享两个基本主张：（1）存在性：道德事实与道德属性的存在是客观的；（2）独立性：道德真理的真实性是独立于任何人的信仰、道德信念、概念或观点的。

陆象山和王阳明都坚定地接受道德实在论，他们的道德实在论更进一步融合了道德普遍主义（moral universalism）和道德客观主义（moral objectivism）。道德普遍主义的主旨是道德原理对于处于相似情境中的个人有普遍适用性，而且对与错、善与恶的标准无关于个人或社会文化的评价。道德客观主义虽

------

① 按照 Alexander Miller（2010）的说法，一般实在论的论点是：存在 a、b、c 等等。它们的存在具有 F、G 和 H 等属性（除了日常生活中有时遇到的那种世俗的经验依赖之外）。这一事实独立于任何人的信仰、语言实践、概念模式，等等。

然与道德普遍主义有着密切的联系,但它提出了道德真理具有客观性的具体主张:一种道德信念或道德主张的真实性不是通过个人的认同或普遍的共识而成立的。客观性是独立于人们意见的,因为真理不依赖于任何个人的意见或道德观点。此外,客观性这一概念不能简单地归结为人与人之间的主体共通性(intersubjectivity),因为它不仅仅建立在大众共识的基础上,不管这种共识有多么普遍。即便有一群具有完美思考过程的理性认知者(rational cognizer),他们不会也没有能力来决定或来专制地界定道德真理。他们最多可以被称之为道德事实的"完美观察者(ideal observer)",而道德事实是属于世界的事实。换句话说,在道德客观主义中,道德事实不是由人类建立或建构的,尽管它们可以被道德事实的完美认知者(比如圣人)来发现和陈述。

根据 Sayer-McCord 的说法,"如果真理的条件主要是参考个人的标准,就是'主观主义(subjectivist)';如果主要是参考了群体的能力、约定俗成或日常做法,就是'主体共通主义(intersubjectivist)';如果无须参考任何人(包括他们的能力、作风或成俗),那就是'客观主义(objectivist)'"(Sayer-McCord 1988,14)。根据这一标准,陆、王对天理存在的确信不疑,就有资格列入"客观主义"。按照陆象山的说法,"此理在宇宙间,固不以人之明不明、行不行而加损"(《与朱元晦二》,陆象山 1980,26[①])。这句话清楚地表明,对陆象山而言,虽然理在

[①] 英文本的引言出处是 Ivanhoe 2009,61—62。中文引自陆九渊《陆九渊集》,钟哲点校,北京:中华书局,1980。——译注

心中，但它并不是由心发明或规定的。理的存在是我们的道德实在性的客观事实，个人的意见不能决定它的内容或性质。在陆王的道德实在论中，客观性等同于"独立于意见性（opinion-independent）"，因为真理并不依赖于个人的意见或道德观点。

然而，陆象山和王阳明的道德实在论也致力于以人的视角来看待道德真理。他们的"心即理"或"理具于心"的命题将人类的道德概念提升到了**先验的**层面。我们共同的道德图景（moral landscape）具有客观价值并不是通过大众偶然的共识；正相反的是，我们拥有相同的道德图景，正是因为我们的心灵天生具有这种获取客观道德真理（天理或**道**）的特殊能力。客观性确实并不依赖于单纯的道德主体之间的共通性，但是一些主体间共通的道德概念之所以能掌握到真理（truth-tracking），正是因为它们源于人类与生俱来的道德意识。道德原理内在于人的心灵之中，因此，人类天生具有一种道德感知能力，能够立即正确地感知道德真理。换言之，在陆象山和王阳明看来，人的主体间共通的道德知觉能够保证客观的道德真理，因为他们相信人的心灵具有立即认识客观道德真理的神奇能力。陆王学派所倡导的不是人的心灵能够集体地（collectively）**决定**道德真理，而是个人的心灵能够独立地（individually）**感知**道德真理。道德真理的客观性不在于我们共有的观点，而在于我们共有的道德感知能力。如果我们心灵中所拥有的是道德感知，那么被感知的对象就并不依赖于或决定于我们的心灵。我们道德知觉的对象是天理，而天理是世界结构（fabric）的一部分。与此同时，即使没有其他人存在过，一个人仍然可以对他或她能够正确地感知道德真理充满信心①,因为我们每个人都被赋予了这种能力。在上述观点中,客观主义、主体共通主义和主观主义奇怪地融合在一起了。

即使陆王的观点带有强烈的主体共通主义或主观主义色彩,它也无疑是道德实在论。②黄百锐(David Wong,1986)对道德实在论的可能主张进行了如下分析,这与陆王的道德实在论形成了有帮助的对比:

(1)道德事实的真值独立于人类的认知能力和概念模式而存在(obtain)。③

(2)道德事实的真值独立于我们识别它们存在的能力而存在。

(3)道德陈述的真假与我们辨别它是真是假的能力无关。

(4)道德陈述的真假取决于它与世界的对应(correspondence)关系(或者粗略地说,它的真假取决于它的语句结构,语句结构的单元与世界的单位之间的对照关系,以及世界本身的性质)(Wong 1986,95)。

陆象山和王阳明可能会拒绝接受(1):对他们来说,道德事实不是独立于人的心灵而存在的。即使个人也许会对道德真理的把握存在认知上的失败(cognitive failure),道德真理也不

---

① 在本章的后面部分,我们还将解释这些错误是如何在他们的观点中发生的。

② 正如 Sayer-McCord 所言,"实在论并不是客观主义者的特权"(Sayer-McCord 1988,16)。

③ obtain 在这里相当于 to exist。——译注

可能完全独立于人类概念系统来存在。善与恶是人类的概念，它们最终与人类世界的各种状态有关。正如陈来这样解释王阳明的"心即理"：人心为世界提供了结构与组织，"使事物呈现出道德秩序"（陈来 1991，32）。对陆象山和王阳明而言，道德实在即人类的实在。

另一方面，陆象山和王阳明对主张（2）则不会有异议，因为他们承认我们在认识道德事实的能力上可能存在错误和不足。出于同样的理由，他们也会接受主张（3），这与道德真理独立于意见的地位有关。然而，他们可能会拒绝主张（4），因为对应的概念本身已经假定了一个行为主体／客体的二分法，这是他们不能接受的。如果道德世界是由世界和人的心灵共同构成的，那么我们就不可能在人类心灵之外去探究道德世界的真相。

在陆象山的概念中，道德客观性是建立在"人之生（actual forms of life①）"（陆象山 1981，379）的前提之上的。因为在人类存在之外，没有道德，没有价值，因此也就没有道德客观性。陆象山说得很清楚："理之所在，固不外乎人也。"（陆象山 1981，379）有人可能会问，如果我们人类对道德实在性的形成做出如此贡献，那么这种道德实在性是否仍然像外部世界那样客观？其实，无论是陆象山还是王阳明，都认为道德实在是外部世界的核心。世界上的一切事物都需要我们正确对待，而我们对事物之理的理解则主要来自我们内心的反思。因此，在我们与外部世界的日常接触中，我们已经被嵌入到所有理的

---

① 这一英文翻译见 Ivanhoe 2009，51。

道德实在性之中了。所有事态的共同之理（collective principles）构成了**道**——世界上的最高道德真理。按照陆象山的说法，"道者，天下万世之公理，而斯人之所共由者也"（《论语说》，陆象山 1981，263）。换言之，**道**与**理**不是我们的构造物（constructions）。它们是道德真理的客观基础。

陆象山的观点是一种明确的道德客观主义——道德事实是可与他人分享的事实；它们具有客观真理性，其有效性不受个人意见的制约。尽管如此，他还是会同意希拉里·普特南的观点：道德真理不能脱离人类的关切，而这些关切是普遍存在的。按照普特南的说法，"我自己坚持'有对与错的道德判断和更好与更坏的道德观点（moral outlook）'这一观点的基本原因……只是因为这是我们——这个'我们'中包含我自己——讨论和思考的模式，也是我们打算继续讨论和思考的模式"（普特南 1992，135）。这一态度同样体现在陆象山的如下评论中：

> 宇宙便是吾心，吾心便是宇宙。千万世之前有圣人出焉，同此心，同此理也；千万世之后有圣人出焉，同此心，同此理也。东、西、南、北海，有圣人出焉，同此心，同此理也。（22：5a，陈荣捷 2018，491）

更进一步，对陆象山而言，客观道德真理的普遍性依赖于人心内在道德认知的普遍性：

> 心只是一个心，某之心，吾友之心，上而千百载圣贤

之心，下而千百载复有一圣贤，其心亦只如此。（陈荣捷 2018，496）

由于陆象山宣称宇宙之理不过是人心中的道德原理，那么我们就应该把他的形而上学主张看作是对"伦理的实在（ethical reality）"的一种陈述，或者借用 Sami Pihlström 的术语，"我们对世界的道德'图象（image）'"（Pihlström 2005，10）。伦理的实在当然不仅仅关乎个人行为或人际关系。在陆象山的"心即理"命题中，我们与世界互动的方式，以及我们处理外部事物的方式，已经嵌入到我们的伦理体系中了。换言之，我们对世界及其万物的概念化反映了我们对世界的评价和处理世界的方式。事物之理不过是人心的道德原理。因此，我们可以把实在自身简单地看作"价值的实在（reality of values）"；实在界**就是**我们的伦理实在。如果我们把"伦理"看作是"关乎以特定的方式看待世界，以及对世界和人生有某种特定的态度"（Pihlström 2005，11），那么，伦理就是我们存在的先决条件（precondition）。作为人类，由于我们的自我形象、我们的文化倾向和我们的人文关怀，我们本质上不可避免地是道德生物。我们必须选择以某种方式对世界上的事物和事件做出反应，而不只是被动地接受和回应。我们与世界的互动反映了我们的价值系统与个人抉择。对于陆象山来说，我们执着于以符合理的方式来对待世界及其对象，就正是我们对道德实在的执着——规范性原理是事物本身固有的，道德上要求我们遵守这些理。与此同时，任何人都具有认识同样规范性原理的道德感知能力。人类属于同一种道德类种，是以我们必然具有相同的道德执着和道德见解。

按照陆象山的理解，事物的客观之理只不过是人类应该对待或处理事物的方式。这样一来，我们的道德知识已经是我们关于世界的事实性知识的一部分。我们可以把这种观点理解为一种实用主义：世界上的事物存在于它们与人类事务的相互关系中；理解事物之理就是知道如何正确地处理和利用它们。这解释了陆象山为何会有如下的主张："宇宙内事乃己分内事，己分内事乃宇宙内事。"（陆象山 1980，483）对于陆象山来说，这种客观性也有赖于主观性，因为要知道如何正确地处理事物，首先要把握自己固有的道德原理："人心至灵，此理至明。人皆有是心，心皆具是理。"（陈荣捷 2018，491）

更进一步而言，主体性（subjectivity）同时也是主体间共通性（intersubjectivity），因为在适当的条件下，每个人都会有相同的感知和判断。陆象山所说的"适当的条件"是指我们不受物欲干扰时的明晰的洞察力：

> 义理之在人心，实天之所与，而不可泯灭焉者也。彼其受蔽于物，而至于悖理违义，盖亦弗思焉耳。诚能反而思之，则是非取舍，盖有隐然而动，判然而明，决然而无疑者矣。（陈荣捷 2018，491–492）

换言之，人类的道德感知中没有不可逾越的等级制度（intractable hierarchy），普通人的道德感知和圣人的一样好。人们不需要通过训练来掌握道德原理——每个人所需要做的只是打开自己的心灵之眼："道理只是眼前。道理虽见到圣人天地，亦只是眼前道理。"(陈荣捷 2018，492)"只是眼前"这一描述表明，陆象山是用一种感知的模式来理解道德知识。陆象山主张这种道德知识是内在于我们的："此理本天所以与我，非由外铄。"(陈荣捷 2018，487)我们生来就具有关于理的道德知识；因此，欲知此理，我们需要专注于心灵，而不是外在的领域。陆象山把对道德真理的追求转向内在。人们需要从自己内心之中发现凭直觉就能判断的善与恶。王阳明后来把陆象山的观点发展为一种完整的、关于我们良知(innate knowing)的理论。

所有的圣人都有同样的道德判断，或者说，他们都以同样的方式感知对与错，这是如何可能的？更进一步而言，如果我们依靠自己的心灵来做出道德判断，那么我们如何客观地验证我们判断的真理性呢？对王阳明而言，陆象山的道德普遍性思想具有很强的启发性，他试图为陆象山关于道德思维普遍性的信念建立一个先验的心理基础。继承陆象山的"普遍之**我**(universal I)"学说，王阳明也肯定了行为主体与生俱来的"灵明(mentallucidity)"的普遍性。他的"主体之**我**(subject I)"即是"普遍之**我**"，在这一方面，凡圣皆同。我们已经解释过了，对陆象山和王阳明而言，主体间共通性是进一步建立在客观性(天理或**道**)基础之上的。普遍的道德原理是客观真理，它不是由人的共识所**界定**的，而是**体现**在人类的主体间共通性之上。王阳明解释说，人类的主体间共通性本身具有客观价值，因为它根植于我们与生俱来的道德能力。对王阳明而言，道德是行为主体对外界事物的直接、直觉的(intuitive)反应。道德知识是一种道德感知，它以客观道德实在作为自己的感知对象。我们所有人生来具有同样的道德意识，亦即王阳明所说的良知，所以我们都能感知到同样的道德真理。

按照陈来的说法，当王阳明提出"心外无理"的观点时，他只是在主张"心外无善"。对王阳明而言，善不是指快乐（happiness）或满足（satisfaction），也不是指外在行为的规范性。相反，善指的是"道德主体的道德动机（moral motivation）与道德意识"（陈来 1991，30—31）。换言之，善来自行为主体的心理状态，而不是她的行为是否符合外部规范。王阳明对道德实在性的肯定，并未排除人类对建构这一道德实在性的贡献。道德实在是人类世界的实在，它由我们对道德意图（moral intent）的普遍推崇所界定。正如王阳明所言，"至善只是此心纯乎天理之极便是"（王阳明 1994，8）。

正如陆象山一样，王阳明对天理的追寻，本质上也是一种道德的探究（moral inquiry）。根据 Sami Pihlström 所言，道德探究不同于科学探究（scientific inquiry）之处在于，"在任何一项正常的研究，其所问问题的正确答案在某种意义上应该是'在那里'，等着研究人员（我们）去发现；但这不是道德问题或'道德探究'的情况"（Pihlström 2005，29）。道德探究不能脱离探究者本身，因为"道德探究……是对个人自身生活的考察研究"，而"在这个考察过程中产生的问题，通常不会在个人于生活当中采取的种种行为之前先找到答案"（Pihlström 2005，29）。换言之，当涉及道德实在时，我们所陈述或研究的实在是对我们而言的实在，是由对人类世界好的事物所界定的。

总而言之，陆象山和王阳明哲学中的人文主义意义（humanist sense）上的道德实在体现为他们的"心即理"的主张。道德实在并不外在于人类世界，道德真理也不能完全独立于人的心灵。他们的观点类似于普特南的特殊形式的道德实在论——实用主义道德实在论。根据 Pihlström 的解释，在实用主义道德实在论的观点中：

> 道德价值，或任何人们在伦理（而且是个人）层面致力于的事物，都可以被认为是人类世界中的"实在"，……但由于实在这种伦理维度的独特性质，这里无须甚至也无法援引任何形而上学实在论（metaphysical realism）[①]的"独立性（independence）"。实用主义的道德实在论可以接受道德价值和道德义务在某种程度上是实在的、客观的（也就是说，它们不是主观的，或接受任何方式的"相对主义"），尽管就木枝、石头和电子是"客观"的意义上，道德价值和道德义务当然不是客观的。（Pihlström 2005，32）

从这个实用主义的转向出发，我们将把陆象山和王阳明的形而上学建构为一种实用主义形而上学。

---

① 所谓"形而上学实在论（metaphysical realism）"，是普特南所批评的一种把实在放置于超验领域，为人类无法认知、无法体验的形上界，如老子的"道"，柏拉图的"理念世界"，或是康德的"物自体"。

实用主义形而上学

我们已经说明,陆象山从占统治地位的程朱学派那里开辟出了一条新的道德探究之路。出于各自的世界观和哲学关切,陆象山注重内在省察,而朱熹注重外部研究。前者试图从人们的内心寻求真理;后者则从对世界及其对象的研究中寻求真理。与朱熹不同的是,陆象山主张在自己内部进行探索,而不是考察外在领域或穷格个殊事物之理。朱熹与陆象山在学习目的和主要的学习目标上的分歧在 1175 年著名的鹅湖之会中达到高潮。[①] 朱熹批评陆象山的方法论空洞虚幻,而陆象山则指责朱熹的方法论支离、漫无目的(陈荣捷 2018,494)。朱熹写道,"陆子静专以尊德性诲人,故游其门者,多践履之事。然于道问学处欠了"(陈荣捷 2018,493)。陆象山在反驳中写道:"既不知尊德性,焉有所谓道问学?"(陈荣捷 2018,493)他在鹅湖之会时做了一首诗,诗中他把朱熹的方法论与他自己的方法论进行了这一贬损的比较:"易简工夫终久大,支离事业竟浮沉。欲知自下升高处,真伪先须辨古今。"(陈荣捷 2018,494)

为了弄清陆象山和朱熹形而上学的不同取向,我们诉诸当代实用主义形而上学理论。在这样的解读下,陆象山所强调的事物之存在与我们对事物的处理之间的紧密联系,变得

---

① 更详细的解释请参见秦家懿 1974、黄进兴 1987。

更加易懂。实用主义形而上学的观点是"形而上学的问题应该用实用主义的方法来处理",通过这一主张,它的支持者用意在于,我们应该基于"通过我们人类应对我们所生活的世界的实践"来考虑形而上学问题,从而处理它们(Pihlström 2009,2)。按照实用主义形而上学的当代辩护者 Sami Pihlström 的说法,如何理解人类的存在是"实用主义形而上学中最深刻的问题"(Pihlström 2009,14)。实在不是别的,而正是人类的实在;而且,既然人类存在之中不可避免地渗透(imbued)有价值和规范性,那么人类的实在就建立在人类的价值视角和伦理关怀之上。Pihlström 指出:

> 想象一块深埋在海底的石头。从任何合理的意义上说,它对我们几乎没有价值。然而,将一颗石头确定为一颗石头(而不是一堆分子)的可能性本身就意味着一个价值信念的完整体系。这个全面的"与人类相关的价值(humanly relevant values)"概念体系,一个全面的关于"人类繁盛(human flourishing)"的概念——借用普特南(1981)的亚里士多德式术语——就必须先被确定,以便于我们可以说石头与非石头的区分是有意义的,以及如何在时空特定描述的情境(spatiotemporally described contexts)中安顿它们。"(Pihlström 2009,146)

从上述观点我们可以看到,在我们对实在理解的努力中,形而上学、认识论和伦理学是相互交织的人类追求(human pursuits)。正如 Pihlström 所言,"当我们探讨形而上学、认识论或伦理学的（或任何其他的）问题时，我们从事的是相同的基本工作，亦即去理解我们人类在人类世界中的生存"。Pihlström 主张，最重要的是，"形而上学－伦理学的密切结合（metaphysics-ethics entanglement）……是实用主义形而上学的关键"（Pihlström 2009，viii）。伦理学是形而上学的基础，而不是以形而上学作伦理学的基础。由于我们，作为负有价值的（value-laden）生物，"总是在，或至少是不自觉的，不断地做出道德抉择，参与道德评估，而我们对实在的范畴归类，已经是出自我们负有伦理理想和伦理预设的角度或立场"，那么，"难道我们不应该坚持，'实在'本身对我们来说，已是不可避免地负有价值的吗？"（Pihlström 2009，91）

从实用主义形而上学的角度，我们现在可以理解为什么陆象山和王阳明的形而上学强调"主体之**我**"和主体性了。实用主义形而上学家把实在看作是"自我与世界的融合：没有任何所谓的世界'自身'，独立于我们人类主观的、具有特定观点（perspectival）的贡献；同时，我们的主体性，我们的自我，或其他任何可以视为自我的事物，也不是独立于世界之外的。自我在世界中不仅仅是作为对象而被发现；反之，自我是习惯性地并参与性地被嵌入世界之中的"（Pihlström 2009，13）。换言之，世界之所以有意义是因为我们参与其中；同时，我们的存在也只有在我们与世界互动的背景下才有意义。

对陆象山而言，"本无欠缺，不必他求，在乎自立而已"（34∶10b；陈荣捷 2018，493）。智慧在于认识自己。要把智慧运用到生活中，就要靠学习；我们应该为了改进自我而学习。如果我们只知道世界上事物的蛛丝细节而不知道如何去处理它们，那么这种知识就是空洞的、没有意义的——不仅对我们来说如此，而且绝对如此。因为关于世界的知识归根结底就是关于我们如何处理世界上事物的知识。

按照实用主义形而上学的观点，没有所谓"世界的自身（world-in-itself）"："这个世界……依赖于我们，或者说是由我们构建的。不过这种建构不是在因果的、经验的、或事实的意义上，而是在形式的或先验的意义上。"（Pihlström 2009，89）Pihlström 将世界对我们的依赖解释为我们赋予世界的"形式，在这一形式下，世界可以成为我们探究和参与的可能对象"（Pihlström 2009，89）。如果我们将陆王那里的"理"理解为我们赋予世界的"形式"，那么他们的"理具于心"的论断就很好理解了。我们赋予世界形式，并使事物变得可理解——使它们符合那些我们组织世界之存在的理。我们不能把实在理解为站在我们之外、等着我们去探究的事物。正如 Pihlström 所言，"我们对事物分类可能性的研究是形而上学的；然而，我们所研究的（形而上学）可能性并不是独立于我们而'在（外界）那里'存在的"（Pihlström 2009，91）。借用陆王的术语，我们可以说，理不在世界之外，理在我们之中。"心即理"这一口号，简单地说，意味着理与我们的心灵是分不开的，理具于心中。

从实用主义形而上学的视角，我们也可以看到，为什么王阳明会主张事物之理只不过是我们如何恰当地处理事物。世界已经融入我们的"意"（intentionality）之中。按照王阳明的说法，"身之主宰便是心；心之所发便是意；意之本体便是知；意之所在便是物"（王阳明 1994，15）。在这个关于心、意、知、物之间关系难解的评论中，王阳明把外在事物看作是我们向外的（outward-directed）意向性行为（intentional act）。他解释说，如果我们下决心侍奉父母，则侍奉父母便是一物；如果我们下决心仁爱人民，则仁爱人民便是一物。正如王阳明所言，"有是意，即有是物，无是意，即无是物。物非意之用乎？"（王阳明 1994，117）。换言之，我们的意向领域构成了我们的行动领域，而我们的世界只不过是我们的行动领域。我们的世界并不在我们的行动之外。这可能就是王阳明特殊的实用主义形而上学。

　　根据一般的理学观点，我们对实在进行分类，将个殊事物分成了不同的种类，而每种类型的事物都有其理。但是，对于陆象山和王阳明来说，事物是**由我们**（by us）且**为我们**（for us）而被分类的。这种态度反映了一种实用主义倾向：事物类型的划分不是"现成的（ready-made）"；相反，它是根据人类的道德关切和实际需要而进行的。按照艾文贺的说法，"这类教导并不是要呈现某种泛心论（panpsychism），而应该被正确地视为一种让人们重新认识到参与并反思他们日常生活中所遇到的**实际现象**之重要性的企图。这些言论并不是要攻击物质性事物的本体论地位，而是呼吁我们注意如何理解和回应世界上林林总总的现象"（Ivanhoe 2009，109；黑体为原文所有）。我们对世界的理解和反应对我们来说是唯一重要的实在。所谓的实在，不过是一种由人类组织归类（但非人为建构）的实在。

小 结

陆象山和王阳明都把主体之**我**看作普遍之**我**；因此，对他们而言，主体性就等同于客观性。决定世界结构和类型的不是个人的特殊兴趣或经历；反之，世界之理本就反映了人性的普世关怀。道德客观性是建立在我们共同的人类关怀之上的。与朱熹不同的是，在陆王看来，没有关于道德规范或天理的超验体系。世界上的个人和事物都是整个存在系统的要素。世界之理是在人与世界的互动（man-world interaction）中确立的。

对陆象山和王阳明而言，伦理学与形而上学是密不可分的。伦理学与形而上学在哲学上的纠缠，表现在陆王之把事实与价值（fact and value）的统一视为理所当然。事物之理（那些我们所能客观地研究的）被嵌入到我们的经验和实践中。对世界存在方式的研究，不能脱离对我们与世界的应然互动方式的追问。就此而言，我们可以说道德问题本质上涉及我们的认识论和形而上学。这也是实用主义形而上学的一个主题："当我们说需要道德事实来使形而上学的真理成为真理时，我们已经使用了一个形而上学的概念，即造真理性（truthmaking）。由于这个概念与人类的经验和实践纠缠在一起，我们可能无法独立于伦理的考虑而用实用主义的方式说明（pragmatically specifiable）这个概念"（Pihlström 2009，104）。我们生活的世界正是我们与之互动的世界。我们对世界之真理的智性追求，不能脱离我们对"与世界互动的正确方式"的道德追求。然而，要想在道德追求上取得成功，我们不能向外寻求答案。答案一定在我们自己的心里。因此，心即是理。

普特南在自己的哲学体系中开玩笑地写道："如果我敢于成为一个形而上学家，我想我会创造一个只存有义务（obligations）的体系。在我要创造的图景中，形而上学的根本，将是我们**应该**做的（应该说，应该想的）。在我把自己想象成一个形而上的超级英雄的幻想中，所有的'事实'都会融入'价值'之中。"然而，普特南又即刻承认："唉，我不是！这是如此大胆。"（Putnam 1990，115；黑体是原有的）在本章中，我们已经看到了陆象山和王阳明确实是如此"大胆"地建立了一种形而上的观点，把世界的事实转化为我们对它们的"义务"。Pihlström 认为实用主义形而上学应该是一种"具有道德基础"的形而上学。同时，"这一基础也是形而上的，因为伦理学正是有关人为组织之实在的形而上学；反之亦然，每一个价值都在事实中实现，而每一个事实都负有着价值"（Pihlström 2009，116）。他这种对实用主义形而上学未来的希望，也可以应用到陆象山和王阳明"心即理"的命题中。我们可以把陆象山看作是道路的设立者（path-setter），把一种外向的知识调查态度转变成一种内向反思、自觉的追寻，目的是找到那些指导我们与世界互动的行动原理。王阳明把这一方向作为认识世界的正确道路。从这个意义上讲，陆王的形而上学既不是一种把价值与现实相混淆的混乱世界观，也不是主观主义或唯心论。正相反，它是一种以伦理学为基础的、最纯粹形式的形而上学。

原始文献

陆象山, 1981. 陆九渊集[M]. 台北: 里仁书局.
王阳明, 1975. 王阳明全书[M]. 台北: 正中书局.
王阳明, 1994. 传习录[M]. 台北: 商务印书馆.

英文选译

Chan, W, 1963. A Sourcebook in Chinese Philosophy[M]. Princeton, NJ: Princeton University Press. (陈荣捷, 1963. 中国哲学文献选编[M]. 普林斯顿: 普林斯顿大学出版社.)

Ivanhoe P J, 2009. Readings from the Lu-Wang school of neo-confucianism[M]. Indianapolis, IN: Hackett Publishing Company. (艾文贺, 2009. 理学陆王学派读本[M]. 印第安纳波利斯: Hackett出版公司.)

第七章
王夫之的人性日生论及其道德心理学

引 言

与其他的理学家一样，王夫之的人性论本质上也是一种孟子式观点：性善论。孟子认为四端包含在人性之中。"端"的内涵是一种开始状态，需要发展。王夫之进一步将"性"定义为人类存在的开发性的迸发状态。换言之，王夫之把我们所说的"性"看作是人的道德和智力的潜能。他说："原于天而顺乎道，凝于形气，而五常百行之理**无不可知，无不可能，于此言之则谓之性。**"（王夫之1967，16）这句话表明他把人性看作是我们存在的一种充满潜能的状态。性不是仅为人出生时所赋予和决定的。

在第五章我们看到，朱熹把人性看作天命之物。我们都被赋予了与生俱来的道德本质，但它却可能被我们后天的气禀所阻碍。这一观点可以按照让·保罗·萨特（Jean-Paul Sartre）的区分而归为"本质先于存在（essence precedes existence）"的阵营。按照萨特的说法，这样的观点随处可见："人具有人性；这种'人性'——即人之为人的概念——存在于所有的人身上，这意味着每个人都是一个普遍概念（人）的个殊例子"（萨特 2007，22）。萨特本人提倡他自己的存在主义（existentialism），按照这一学说，"存在先于本质（existence precedes essence）"："首先有个人：他具体化了世界，面对自己，只有在此之后个人才定义了自己……他会有怎样的存在是后来的事，在最后人就是一切他所规划建立的自我（he will be what he makes of himself）。"（萨特 2007，22）在本章中，我们将看到王夫之的人性论是如何体现这种存在主义精神的。王夫之的人性日生论抓住了人在出生时的未决定性（indeterminacy），以及人在存在过程中的不断进步。然而，这并不是说王夫之否认我们有与生俱来的道德品质。他也相信我们拥有一个道德的本质，人类本质上是道德的生物。因此，我们将分析他如何在人性本善这一背景假设下，为他的人性日生论进行辩护。

性日生而日成

根据程朱学派的说法，人类和其他生物之性源自天理。同样的天理使不同生物之性成为可能。因此，人类和其他生物拥有相同之性。人类之所以不同于其他生物，是因为其气禀各不相同。每一存在中，气的纯或杂促成不同生命中的善或恶。相对于这个看法，王夫之否定了人与其他生物之性相同这一理论。他认为每种生物之性都是由构成生命的物质决定的。人与动物是由不同的气组成的，因此，他们必然有不同的性。按照他的说法：

> 人有其气，斯有其性；犬牛既有其气，亦有其性。人之凝气也善，故其成性也善；犬牛之凝气也不善，故其成性也不善。（王夫之 1974a，10：662）

植物之性包括生长和衰朽；动物之性包括知觉和运动，而人之性则包含道德倾向（moral proclivity）。人类生来就是道德生物，因为人类是由"善"的气结聚而成的。我们已经在第四章介绍了王夫之的"气善论"，现在我们来看看它是如何应用于人性论的。王夫之解释说，人类与其他生物之间的根本差异在于**阴阳之变**（alternation）与合（conjoining）。人类中善的存在是气的自然分布的结果："有变有合，而不能皆善。"（王夫之 1974a，10：660）换言之，气在生物个体中的分布因阴阳运动或构成之差异而有所不同，人与其他动物的分别是一个自然事实。植根于气禀的不同，自然存在精神素质和身体属性之差异。尽管同一种类中还是有个别变异，但是每一物种都有其根源于气禀的自然潜能和限制。

我们可以把王夫之的观点称之为"自然禀赋主义（natural constitutionism）"。在王夫之的"自然禀赋主义"中，人类和其他动物在本质上是截然不同的物种，因为前者有能力成为善的，而后者则没有。从他的自然禀赋主义引申而言，人类的道德性有其生物学或生理学的基础。人类有一种道德本质，使他们有别于其他动物。在这一点上，动物道德心理学家弗兰斯·德·瓦尔（Frans de Waal）自然不同意王夫之的观点。然而，王夫之的观点对动物道德的贬损可能并不像表面上那样严重。按照他的说法，"天道不遗于禽兽，而人道则为人之独"（王夫之 1974c；《内篇》第五章）。这就是说，即便其他动物可能也有道德情操这类生物禀赋，例如德·瓦尔选出的、在动物行为中有明确表现的移情同感（empathy），但只有人类才能制定明确的道德原理（人之道），培养道德德性，并有意愿去努力成为道德行为主体。道德依赖于有意识的努力，而只有人类才有能力有意识地去修养道德。正如孟子用他的术语告诉我们的：拥有这种道德情操只是德性之"端（sprout/beginning）"。其他动物也可能有这种端芽，如德·瓦尔和其他动物心理学家所观察到的那样；然而，只有人类才有能力使得这种端芽开花结果。

如果人性源于气，那么人性的内容是什么呢？对王夫之而言，人之性即气之理。人的身体构成不过是气之结聚，而理则是气之条理，它必然包含在气所结聚之物中。因此，人类必然天生具有理。按照王夫之的说法，理为人性之所固有："夫性即理也。理者，理乎气而为气之理也，是岂于气之外别有一理以游行于气中者乎？"（王夫之 1974a，10：684）。因此，理必然内在于气。不过，在谈到被等同于人之性的气之理这个语境中，王夫之为理的内涵增加了道德维度。因此，将王夫之的"性"理解为"道德本质"而不是宽泛地理解为"本性"，可能更为恰当。

然而，由于人性是由气构成的，而气是不断变化的，因此人性也不可能存在固定的状态。王夫之由此创立了他最具独创性的"性日生而日成"的学说。他声称性不是仅为人与生俱来的，它也是贯穿于人的一生而发展的："天之与人者，气无间断，则理亦无间断。故命不息而性日生。"（王夫之 1974a，10：

685）对他而言，"日生"同时也是走向完善的过程："夫性者，生理也，日生则日成也。"他进一步反问道，如果人性是一个自然事实，那么"天命者，岂但初生之顷命之哉？"（王夫之 1975，3：55）当代学者萧萐父和许苏民解释说，王夫之所说的"天命"只是气的转化的自然过程（萧萐父和许苏民 2002，295）。因此，王夫之的天命观点不应该被解释为宣扬某种神圣的命令（divine command）。随着我们不断与自然环境互动，接受气的渗透，我们的自然属性和道德本质每天都在发展和趋于完善。然而，我们本性的更新与完善取决于我们在生活中的个人努力。我们可能有某种天生的理解力，但它不会限制我们的智力，因为我们学得越多，就越明智；我们可能天生就有某些天赋，但如果不加以培养，我们的天赋就不会变成真正的能力。只有在我们死的那一刻，我们才会停止进步和改善。换句话说，只有在我们存在的尽头，我们的"性"才会完成。

王夫之把每天的自我改善看作是我们固有的道德责任。按照他的说法，"天日命于人，而人日受命于天。故曰性者生也，日生而日成之也"（王夫之 1975，3：55）。天在人出生时赋予他们的被称之为"命"，因为人在出生之初无法掌控自己的禀赋。一切都来自天，一切都是纯洁和质朴的。出生后，人们获得了对自己生命的控制，并可以获取或利用自己的禀赋。王夫之强调说，人对禀赋之所取、所用取决于其日常之时习践行，而在这个过程中，人原本纯粹的本性受到改造。不过，王夫之仍旧称这个受到改造而不纯之性为"天命"，他说："乃其所取者与所用者，非他取别用，而于二殊五实之外亦无所取用，一禀受于天地之施生，则又可不谓之命哉？"（王夫之 1975，5：

56)。换言之,我们有义务(天之命)去发展我们在出生时拥有的天赋之性,使之完善完成。我们的日常行为构成了我们本质的一部分,我们的思想与行为使我们日益成熟。因此,不仅天命日新,而且人亦负有日新其德、日成其性的责任。这就是王夫之的"性日生而日成"说所要传达的旨意。

按照当代学者周兵的说法,王夫之的"性日生而日成"说可以进一步分解为两个命题:"性日生"指的是**先天**之性,"性日成"指的是**后天**之性(周兵 2006,171)。王夫之确实区分了**先天**之性和后天之性,并将二者都包含在人性之中:"**先天**之性天成之,**后天**之性习成之。"(王夫之 1974a,8:570)。我们可以说,王夫之所说的**先天**之性是气的根本之理,他将其定义为人的道德本质,如仁、义、礼、智。而他所说的**后天**之性,则是个人最终所拥有的本质。道德的本质是与生俱来的,个人的本质则是我们通过一生反复实践各种思想和不断践习各种行为而达成的。就前者而言,**本质先于存在**;就后者而言,我们则须说,**存在完成了本质**(existence completes essence)。这种观点将人类从预定论(predetermination)中解放出来,从而可以去寻求个人潜能的实现,并且定义自己的本质。

王夫之将**先天**之性和**后天**之性都包含在人的"本质"之中,这表明在他的看法中,先天的本性(nature)与后天的培养(nurture)之间没有截然的两分。在我们生命的任何时刻,我们都可以改变我们的本性,使其变得更好或更糟。由于王夫之认为人性是在日常的基础上发展变化的,所以他也不把恶看作是外在于人性的。因此,个人对自己的善或恶都负有责任;人的**先天**本性并不能决定他会是什么样的人。这一观点显然与那种主张人性的纯粹**先天**状态（性者，生也）的观点相反，而后者正是孟子、告子和荀子关于"人性是善、是恶还是其他"这一争论的核心关注点。然而，王夫之的理论似乎进一步诠释了孔子之言："性相近也，习相远也。"（《论语》17：2）

总结而言，在王夫之看来，我们的道德情操构成了我们的道德本质（性）。四端可以发展为四德：仁、义、礼、智。它们也是道德的基础。因此，使道德成为可能的正是我们的存在本身。道德是内在于我们的，是人类本质的自然发展。这种人性观引发了王夫之的道德心理学：道德情操的培养。

王夫之的道德心理学——心之用

王夫之的道德心理学也是以孟子的人心论为基础。孟子对人心的看法给出了关于人类的先天道德和非道德能力的几个重要概念的轮廓。王夫之对这些概念进行了进一步的界定和发展，并构建了一个更加完备的理论来解释人类道德的可能性和根源。

王夫之的人心论与他的人性论密切相关。使得客观的、包含在人性之中的道德原理（道）成为现实的正是人之心。换言之，我们自己的努力是道德完善所必需的，而我们的努力在很大程度上包括各种心理功能。按照王夫之的说法：

> 人之有性，函之于心而感物以通……顺而言之，则惟天有道，以道成性，性发知道；逆而推之，则以心尽性，以性合道，以道事天。（王夫之 1967，16）

既然是只有"以心"才能"尽性""合道",我们就需要弄清人心具有怎样的功能。相对于朱熹对张载的"心统性情"论的完全认可,王夫之则强调性(我们的道德情操)与情(我们的自然情感)必须被仔细地加以区分,因为二者具有不同的根源,承担着不同的功能。他将那些能够使我们成为有道德的生物的道德情操与我们的其他生物性存在区分开来。他认为,这种道德本质在外在的道德实在中有一个客观的基础——我们的本性就是体现在人类身上的天理(王夫之1967,79—81)。

王夫之的人心论包含心的六种主要功能:情、性、欲、才、志和思。现在我们将逐一解释。

情

王夫之确认了七种基本的情(emotion,情感)的原型:喜、怒、哀、乐、爱、恶、欲。这种对人类情感的划分起源于《礼记》:"何谓人情?喜、怒、哀、惧、爱、恶、欲。**七者,弗学而能**"(《礼记》9:22;黑体为作者所加)。换言之,这些情感是我们生物本性所固有的,我们自然地拥有它们,无须教导或培养。它们是我们的自然情感。《礼记》进一步解释人类最大的欲望在于"饮食男女",人类最大的厌恶在于"死亡贫苦"(9:22)。这一解释强调了如下事实:我们的基本欲望和厌恶是建立在我们的生存本能之上的。按照《礼记》的说法,古代圣人们制礼的目的,就是要找到调节人类情感的正确方式。从那时起,这种人类情感的分类结构(topology)就成为中文词汇中关于情感的标准划分——"七情"。

王夫之认为情感是联结道德本质（性）和欲望的纽带："情上受性，下授欲。"（王夫之 1974b，23）。在王夫之的评价中，自然情感本身既不是道德的，也不是不道德的，它只是人心对人和事的自然反应。例如，母亲对孩子的爱是一种情感，但不是一种道德情操。自然情感是基于生物本性的，通常人类和其他动物共同拥有自然情感。

王夫之认为，人的情感来自与外界对象的接触。人心在接触到外部对象之前不包含任何情感。情感必须由外部世界触发："发而始有，未发则无者，谓之情。乃心之动几与物相往来者。"（王夫之 1974a，8：573）换言之，情感是一种被动的反应性心理状态，而不是一个自我产生的状态，而且情感之发动，必有发动它的对象。这一观点与当代情感哲学（philosophy of emotion）的观点相一致，即"情感是我们被动经历的反应"（Deonna 与 Teroni 2012，1）。按照 Julien A. Deonna 和 Fabrice Teroni 的说法，如果情感是一种反应，那么这就"提出了一个问题：它们是对什么做出的反应？"（Deonna 与 Teroni 2012，3）。按照当代的术语，王夫之所主张的是：我们的情感具有一种意向性结构（intentional structure）——它们总是关于某物或某人的情感。例如，我们对某事感到高兴或生某人的气；我们对某些事情的状态感到悲伤，我们渴望某些东西。引起我们情感的事物成为这种情感的意向性对象（intentional object）。由于情感存在于我们的内心，但又有其外在的意向性对象，所以王夫之认为，情感是"不纯在内，不纯在外"（王夫之 1974a，10：675）的。

在王夫之看来，自然情感既不是认知的（cognitive），也不是慎思的（deliberate），甚至也不一定是理性的（rational）。

它是人心对外界事物的自发反应,需要被人心的其他认知功能所检验,这样才能使得情感的表达恰当合理。情感就像心灵的幺儿,如果放任不管,就会变得不受约束,具有破坏性。然而,情感也不像野草一样需要被抑制或铲除。王夫之拒斥中国佛教的"灭情"说。他认为人类的情感是我们生物存在的基本事实(brute fact)。我们每个人都有这些情感,因此我们都应该学会调节它们。

尽管自然的情感并不能使我们成为道德动物,王夫之仍然认为它们对我们的道德修养至关重要。他提出了一个吊诡的主张(paradoxical claim):"人苟无情,则不能为恶,亦且不能为善。"(王夫之 1974a,10:678)如果我们没有任何情感,我们应该是完美的理性人(rational beings):做出的决定都只考虑用最好的方式达到最终的目的。然而,对王夫之来说,如果行为主体完全没情感,就不可能有道德生活。他认为人类的情感既是道德的基础,又是不道德的根源。他的道德哲学很大程度上建立在这些情感在我们的道德生活中所扮演的角色之上。在本章的后面,我们将看到道德情操和情感将如何结合起来,以获得产生道德行为的激励作用(motivational efficacy)。

四 端

与孟子一样,王夫之也认为人天生具有恻隐、羞恶、辞让、是非等道德情操。自然情感在没有外在的事物激发时就不存在;道德情操则不同:我们的道德情操是与生俱来的,不管我们是否遇到任何促发这些道德情操彰显的情境。正如王夫之所言:

"性有自质,情无自质。"(王夫之 1974a, 10: 74)我们甚至可以把这些道德情操称为"道德本能"。道德情操是我们在各种特殊情境下自发性地(spontaneously)感觉到的情怀。即使它们不像自然情感那样是我们生物本性的一部分,它们也不是社会建构的。与其他理学家一样,王夫之也认为我们的道德情操是我们道德本质或道德本性的一部分。

根据 20 世纪早期很有影响的社会心理学家威廉·麦独孤(William McDougall)的观点,情操是"一种有组织的情感倾向系统,以对某些对象的概念为中心"(McDougall 2001, 115)。在他的分析中,有三种主要的情操,即爱、恨和尊重。他所称的"爱"是一种一般性的赞成态度(pro-attitude),它表现为"追求对象并在对象的存在中发现快乐的基本倾向";而"恨"则表现为"回避对象并为对象的存在而痛苦的倾向";尊重不同于上述两种情感,因为它包括"正面和负面的自我感觉的倾向",而"羞耻是其中最强烈的情感之一"(McDougall 2001, 116)。麦独孤认为情操是逐渐发展出来的,而不是天生就有的:"在处于发展中的心灵里,情操的结构是由经验的过程决定的;也就是说,情操是心理结构的一种成长(growth),而不是与生俱来的架构。"(McDougall 2001, 116)王夫之对道德情操的看法,显然与麦独孤对"情操"的定义不同。不过,他们对情操在道德生活中的价值有着相同的看法。在麦独孤看来,"我们对价值(value)和功德(merit)的判断根植于我们各人的情操;不过我们各个人的道德原理都有同样的来源,因为它们是由我们对道德价值的判断形成的"(McDougall 2001, 116)。王夫之的道德情操概念也包括一种认知和评价的意义:道德情操总是伴随着对与错的判断，它应有别于被动的、反应性的、自发性的自然情感。例如，我们的恻隐之心是由判断有值得我们同情的人而引发的。即使我们拥有这些道德情操的能力也是我们与生俱来的人性部分，我们道德情操的意向性内容则是由我们对正确和错误的对象的认知评估（cognitive assessment）来决定的。

在当代元伦理学（Metaethics）中，道德情操常常被归类为"情感"的一种形式，或者是休谟所说的、作为理性支配者的"激情（passion）"的一种形式。然而，王夫之明确表示，这两者应该分开。按照他的说法，"情……虽统于心而与性无与"（王夫之1974a，8：573）。他把道德情操称之为"道心"，而把情感称之为"人心"（王夫之1974a，10：574）。他认为二者的区别在于道德情操是纯粹至善的，"不可戕贼"，而情感则"待裁削"（王夫之1974a，10：673）。换言之，我们可以完全信赖我们的道德情操，但我们却不能信任我们的情感。王夫之强调情感与道德情操是不同的心理状态。即使其中的一些，例如怜悯感和爱的情感，或厌恶感和愤怒的情感；在现象上是相似的，或在心理上是相关联的，但道德情操也不能与情感相混淆：

> 乍见孺子入井之心，属之哀乎，亦仅属之爱乎？无欲穿窬之心，属之怒乎，亦仅属之恶乎？即穿窬者，亦有所恶。若恭敬、是非之心，其不与七情相混淆者，尤明矣。学者切忌将恻隐之心属之于爱。（王夫之1974a，10：74）

在这一引文中，王夫之清楚地指出，道德情操不是仅为我们的情感反应。情感与道德情操的区别在于,前者与自发的身体性状态密切相关,而后者则代表一种既具有认知因素又具有评价意义的心理态度或倾向。情感"对我们的展现通常伴有身体的激动或骚乱"(Deonna 和 Teroni 2012,1),例如生气时呼吸急促,或者坠入爱河时心跳会加速。[①]而道德情操则并不必然伴随着任何感觉到的生理变化。我们的怜悯感有可能是由一种移情传染(empathetic contagion)触发的,而这确实是一种身体反应,尽管是无意识的反应。我们的羞恶感也可能与脸红的身体反应或愤怒的自然情感有关。然而,它们更是主动的而非反应性的感觉,而且有更多认知的而非情感的成分。此外,我们的崇敬感或是非感通常包括一种认知态度以及明确或隐含的道德判断。道德情操的这种比情感"多一些的成分"正是我们对情境的认知和判断。如果将道德情操视为一种情感形式,那就既忽视了道德情操的认知层面,也忽视了其评价层面。

有些人可能否认道德情操和情感之间存在这样的区别,因为后者也可能涉及认知的以及评价的判断。例如,当代情感哲学中的认知主义理论将情感与判断等同起来。按照这种观点,情感被描绘为"综合了信念和欲望,以及受情感影响的(affect-laden)判断,是种信念、欲望和情感的综合体"(de Sousa 2014)。

[①]在 Ronald de Sousa 对情感哲学的总结中,他也指出了这一点:"与其他意识状态相比,情感通常涉及更普遍的身体性征。"(de Sousa 2014)

然而，这种判断性的（judgment-like）情感，正是王夫之所说的"道德情操"。他的自然情感概念则不涉及信仰或判断。如果我感到幸福，我就会自然地感到幸福，而不是因为一些预先的判断：这应该是一个幸福的时刻。其他情感也有类似的自然性（naturalness）和自发性（spontaneity）。王夫之用"湍水"或"风"等比喻来描绘情感的自由不拘，没有预先确定的方向和指引（王夫之 1974a，10: 678）。而相较之下，道德情操总是包括对问题情境的认知意识以及对适当反应的评价态度。此外，与自然情感不同的是，道德情操的对象是特定的社会情境和人类行为。我们不会对没有知觉的（non-sentient）自然对象产生道德情操，因为它们不在我们的道德评价范围之内。反过来说，自然情感可以包括自然的对象：我们会爱（love）我们的跑车或想要（desire）一艘豪华游艇。道德情操属于道德范畴，而自然情感则不属于道德范畴。因此，自然情感和道德情操应该分开。

欲

王夫之将欲（desire，欲望）定义为心与可欲者的互动："盖凡声色、货利、权势、事功之可欲而我欲之者，皆谓之欲。"（王夫之 1974a，6: 369）从这一引文来看，欲望和被欲望的对象似乎被纳入同一件事中。他的意思是，一旦心灵感知到一个它发现是"可欲"的对象，欲望就已经存在了。欲望就产生于心遇到可欲对象的那一刻，而没有第二层次的（second-order）判断或考虑。换句话说，正如情感是自发的和自然的，欲望也是。王夫之以人们对食、色的欲望为例，说明这是人类共有的自然欲望。

不过，在王夫之看来，有些欲望并非"自然"。这些非自然的欲望似乎来自个人先前的经验或他的"固习"。王夫之举了一个关于吃河豚的例子：如果有人从来没有吃过河豚，他怎么会有想吃河豚的强烈欲望呢？（1974a，8：570）。我们的经验或"旧习"解释为什么不同的人会有不同的、超出我们共同自然欲望的特殊欲望。

还有一些欲望不仅"非自然"，而且在道德上令人反感（morally objectionable）："'爱之欲其生''恶之欲其死'，尤人欲也。若兴兵构怨之君，非所恶而亦欲杀之，直是虎狼之欲、蛇蝎之欲。"（王夫之 1974a，8：507）换言之，不是出自自然情感，而是由其他有问题的动机所激发的欲望，很容易导致不道德的行为。

与其他提倡寡欲甚至灭除人欲的理学家相反，王夫之对人类欲望的存在持自然主义的观点。他认为，只要我们活着，就无法避免与对象打交道；一旦我们与对象打交道，就无法避免欲望的出现。因此，"望人欲之尽净，亦必不可得之数也"（王夫之 1974a，6：371）。在他看来，我们自己的正义感就像一把利斧，可以把自然的欲望和不当的欲望分开，所以我们不应该把所有人类的欲望一概扫除（王夫之 1974a，10：754）。①

---

①我们将在本章的后面部分再回到这一点。

才（natural talents/capabilities）

孟子把道德的可能性归结于我们的道德情操，他还特别强调，我们不能把"才"（natural talent/capacity，天赋或能力）归之为不善的罪魁祸首。王夫之将孟子的"才"概念解释为与我们的感觉器官和智力相关的自然能力。根据王夫之的观点，"才"是身体的和功能性的属性——眼睛之所能见，耳朵之所能听，身体之所能为，等等。"才"促成行动，使得事情得以完成。人类并非生来就具有同样的天赋或能力。不过，这些自然能力与我们的道德潜能或道德实现毫无关系。天赋属于我们的后天构成，王夫之称之为"形而下之器"。换言之，与我们先天的、天命的（即必然的、普遍的）道德情操形成鲜明对比，天赋是每个生物偶然的气禀的结果。它们是张载所说的"气质之性"的一部分。人类的不同禀赋，如智力、脾气和身体技能等都属于这一层次。程颐特别地将人类不道德行为的根源归咎于"才"和气禀。按照他的说法，"性无不善，而有不善者，才也"（二程 1981，204）。在第五章中，我们也已看到朱熹将恶的根源归于人的气质之性。王夫之反对在人的自然倾向中进行这种善和恶的区分。人类的自然能力的确是不平等的，但这种不平等并没有带来我们道德本质上的不平等。有些人生来就是较聪明或较愚蠢，但与程颐或朱熹所说的相反，没有生来就道德或不道德的人。道德本质是人的一种普遍的特质，尽管我们具有不同的禀赋和能力。

这一议题反映了一个当今世界令人困扰的问题：有人生来

是恶吗？古代儒家（尤其是孔、孟）认为，恶是有害习惯的积累、个人反思和自我约束的匮乏，以及与不良人群交往等外在社会环境的不良影响的结果。程朱学派认为，要是只讨论我们普遍的道德本质，而不讨论人类先天气禀中明显的道德差异，就不能提供一个关于人性的全面论述。在理和先天层次上，所有人都被赋予了道德本质，程朱认为这就是我们的本性。然而，在形而下层面（我们的气质之性），程朱认为有些人生来是善的，而有些人生来就是恶的。他们的观点可以被当前的经验科学假设所支持，即在人类的生物构成（biological makeup）或大脑的神经缺陷（neurological deficiency）中存在可识别的邪恶基因（evil genes）。一些科学家试图找出所谓的"邪恶基因"———种导致反社会（antisocial）和暴力行为的基因变异。这些科学家认为有冷血精神变态（psychopathy）的人天生对他人缺乏移情、同感或同情心，同时又具有高度的反社会倾向。比如新墨西哥大学的心理学家肯特·基尔（Kent A. Kiehl）博士就认为，大约1%的大众有这种反社会精神变态倾向。基尔以几个主要的特征将先天的"冷血精神变态"区别于后天的"社会精神病态（acquired sociopathy）"，其中前者包括有目标性的攻击意识、冷漠、自我价值感的膨胀、自我控制反应的缺乏、个性冲动、不负责任、需要外界刺激，以及普遍缺乏移情同感心，等等（Kiehl 2006, 109—111）。他引用了许多认知神经科学的研究，发现"在精神病患者中，包含颞骨边缘系统（temporal-limbic system）的神经导流要么是功能失调，要么是功能低下"（Kiehl 2006, 122）。基尔从自己的研究中发现精神变态患者大脑的"旁边缘系统（paralimbic system）的密度往往非常低。大脑的这一区域是与情感处理相关的,而这可能是由基因决定的。冷血精神变态的精神病患者往往具有冲动的个性,而且几乎没有任何证据显示他们会感到内疚、悔恨或同情"。即使目前没有直接证据证明这些精神病患者的大脑异常或基因异常是在其出生时就存在的,但冷血精神变态的症状往往在患者很小的时候就出现。这一事实往往会支持"恶是一种遗传特征"的假设。不过,程朱对恶的生理倾向之认定,并不代表他们会接受任何形式的"基因决定论"。程颐和朱熹都主张通过学习和实践来改变人们天生的气禀。换句话说,"先天性"不等于是"不可改变性"。

另一方面,王夫之则又回到了古代儒家对普遍道德本质的确信,并拒斥程朱把恶的根源归于我们先天的气禀。恶是人为的,不是天生的。他更进一步宣称,恶本身并不存在——"天下别无有恶,只不善便是恶"(王夫之1974a,575)。基于他的"气中有善"的形而上的信念,他认为我们的气禀不可能是恶的根源。作为自然生物,我们的道德潜能是相似的,因为我们都具有道德情操这一基本属性。当一些人毫无悔意地做出非常不道德的行为,甚至将恶发展到无法救赎的地步时,部分原因是他们缺乏对情感和欲望的约束,部分原因是他们过去的生活经历和恶习。没有人生来就是恶的。

在阐述孟子"夫为不善,非才之罪也"这句话的基础上,王夫之进一步指出,如果自然的"才"不能为我们的不善负责,那么它们当然也不能被认为是有助于我们道德成就的(王夫之1974a,10:661)。要充分利用人的自然倾向以成为道德的人,就必须诉诸人的道德情操(道德本质)以及人的情感。只有人们的情感才能使他的天赋的道德潜力发挥最大。按照王夫之的说法:"情虽无自质,而其几甚速亦甚盛。故非性授以节,则才……而大爽乎其受型于性之良能。"(王夫之 1974a,10:676)这就是说,正确的策略是去改正情感,以使人们所能做的都合礼。而如果情感不被修正,那么人们就会沉迷于肉欲或奢华的追求,并最终滥用了自己的自然才能(王夫之 1974a,10:675)。由此可见,王夫之将道德的激励作用完全归因于我们的道德情操和情感,他可以被称之为一位道德情感主义者(moral sentimentalist)。①

志

王夫之认为志(will,意志)是人类所特有的(王夫之 1974c;外篇55)。他把志定义为"吾心之虚灵不昧以有所发而善于所往者"(王夫之 1974a,8:531)。这个定义表明志是心的一种功能。不过,王夫之把意志看作是包含心理和身体在内的身心状态(psychosomatic state)。根据他的说法,我们身体内部的气伴随着我们的志。换言之,志不仅是一种心理状态,而且是一种体现于身的(embodied)心理状态,由我们内在的气所激活的一些生理反应所强化。也就是说,当心作出一个决定,志会刺激内在的气去追求心灵所设定的方向。

在当代的理解中,意志是"用来控制和指导人们的思想和

---

①我们将在第十二章回到他的道德情感主义。

行为的心理力量,或是做某事的决心"。①关于意志的本质有两种截然相反的观点:一些人认为意志是"使得理智能够影响行动的能力"②,而另一些人则认为意志是由人们在做选择时最强烈的欲望所决定的。前者可以被称之为"认知观(the cognitive view)",而后者则可以称之为"情感观(the affective view)"。在王夫之的观念中,志是认知的、指导的,而非情感的。在他的道德心理学中,志不受情感的支配,也不是一种盲目的力量。志指导我们的思想和行动,而志必须建立在理解和判断的基础上。在他看来,道德之所以可能,就在于志的方向合乎道。有了志这个预先的指引,我们的内在之气才可以得到恰当的运用。而如果没有任何事先的指引,我们就会冲动行事。在此情况之下,我们很容易被暂时的欲望或性向分心。按照王夫之所说,"道者,所以正吾志者也。志于道而以道正其志,则志有所持也。"(王夫之 1974a,8:537)也就是说,即使我们的心之志有它自己的指令,它也应该符合客观的道德标准。因此,志必须建立在知性对道的理解之上。

不过,在另一方面,对于王夫之而言,如果没有气的帮助,我们的志也会一事无成(王夫之 1974a,8:531)。在这一语境中,内在之气不仅是指我们内在的气禀;事实上,它是一种需

---

① 这个关于"意志"的定义来自剑桥词典(*Cambridge dictionary*,http://dictionary.cambridge.org/dictionary/english/will)。
② 这一定义来自《新天主教百科全书增刊(*New Catholic Encyclopedia Supplement*)2012—2013:伦理与哲学》中关于"意志"的条目,卷4,Detroit: Gale, 2013, 1642—1643。

要透过我们自己的努力来培养和发展的道德决心（moral resolve）。内在之气的培养依赖于"正思正行的积累"。王夫之解释说，孟子的"浩然之气"是我们"集义以养气"的结果（王夫之 1974a，8：540）。仅仅有志来设定正确的方向是不够的。要想增强我们的内在力量（气），以支持最初方向正确的志，我们还必须不断地为善。志的功能主要是选择一个方向。人们可以志于善，也可以志于恶。然而，志离不开习，没有习的志是空的。如果我们志于道，并不断用道德行为来集聚浩然之气，那么行善对我们就会更容易。所谓意志薄弱（Weakness of the will）是由于缺乏良好的习惯（不断实践善的思想和行为）。如果我们不习惯为善，那么我们就会发现内在的气日益羸弱。如果没有每天的集义，志本身对道德行为也会缺乏因果效力。因此，仅仅有知性对客观道德原理（道）的理性理解，还不足以支撑道德动力。人们必须按照本心最初的选择（道）去行动，以此来坚定自己的道德意志。

思

最后，成就道德主体的一个必不可少的能力就是思（reflection，反思）。王夫之将心的认知功能分为感知和反思。他的反思概念不仅仅是我们心理活动的认知方面；它更像是一种道德的自我省察（self-examination）："思者，思其是非，亦思其利害。"（王夫之 1974a，4：266）对王夫之而言，"思"简单地说，就是道德反思。他认为我们的感官知觉不依赖于反思，但我们的道德修养却离不开它。如果我们思考道德原理，那么我们就运用了反思的能力；而如果我们只考虑食和色，那么这种思维方式就不被认为是"反思"。反思是一种只有人类才拥有的能力，并需要个人的努力："仁义自是性，天事也；思则心官，人事也。"（王夫之 1974a，10：700）如果没有这种能力，我们就会像其他动物一样，只有感知和身体运动的能力。因此，他说："人之所以异于禽兽者，唯斯而已。"（王夫之 1974a，705）

前面的概念分析呈现的是王夫之关于心的道德功能观。在本章的最后，我们将考察他的基于上述道德心理学的道德理论。

对人欲的肯定：理在欲中

王夫之有别于其他理学家的地方在于他对人的欲望之价值的肯定。张载主张学者必须寡欲。程朱学派进一步强调：只有灭人欲才能够实现天理流行。王夫之对这种天理与人欲的对立关系之论述表示反对。人类最基本的欲望就是饮食男女之欲。他认为即使是圣人，也无法消除自己的这类欲望。在他看来，欲望本身并不恶；它们不妨碍我们的道德修养。恰恰相反的是，承认人类的欲望可以为我们理解天理铺路：要培养自己的道德自我，就应当体会人的欲望中所固有的天理："随处见人欲，即随处见天理。"（王夫之 1974a，8：520）王夫之还批评说，中国佛教对人类物质欲望的谴责没有切中要害。我们不需要放弃对物质的欲望，我们当然也不应该因为自己的放纵而责怪我们欲望的对象："物之可欲者，亦天地之产也。不责之当人，而以咎天地自然之产，是犹舍盗罪而以罪主人之多藏矣。"（王夫之 1974a，10：674）

在上述背景下,我们现在可以解释王夫之哲学中天理的含义了。他认为天理不过是欲望的节制和公平。换句话说,对他而言,天理只是调节情感和欲望的标准。它没有独立的本体内容(ontological content)。它的内容只是人类的情感和欲望。王夫之把没有欲望的天理比作没有水的池塘——空空如也。两者之间的关系可以用他的如下口号加以最好地概括:"无理则欲滥,无欲则理废。"(王夫之1980,212)如果人的欲望没有被他的理性所节制,那么他的欲望就会变得过度;如果普遍的道德原理(天理)不是一个处理人类欲望的理,那么它就没有内容,也无法应用,并最终会被废除。在这一语境中,"理"字可以有两重内涵:普遍的道德原理(天理),以及具体化为个人理性的道德原理,也就是我们前面所说的"性之理"。正如当代学者张立文解释的,在王夫之的理解中,"理既为普遍的道德原理,亦分殊为具体道德规范、道德原理"(张立文2001,384)。

王夫之把天理置于人的世界之中,并把道德原理与人的欲望联系了起来。"终不离人而别有天,终不离欲而别有理。"(王夫之1974a,8:519)他肯定了生存的需要是人类存在的必要条件。为了生存,人们必须处理自己的物质需求。道德主体首先而且首要地是一种生物存在;因此,想要满足人们的生理需求和物质欲望并没有什么可耻或不道德的。拒绝人的欲望,就是把人从自然世界中孤立出来,把人与他们的生物本性隔绝开来。

欲望本身虽然不是不道德的,但王夫之并不宽恕人对物质欲望的沉溺。如果人们的欲望没有被心的反思所节制,那么它们就会违背客观的道德原理，他谴责这是"不合理"的。王夫之的"节制"概念是与"公"这一概念相辅相成的："人人之独得，即公也。"（王夫之 1967，141）换言之，如果每个人的欲望都能得到满足，那么欲望本身就没有错。然而，每个人都应当时刻准备着来压抑或纠正个人自私的欲望，以保障众人的欲望都能得到公正地满足。

"公"字也意味着"公共（public）"。王夫之对比了公与私（private/personal）。正如"公"可被用作公正（fairness）、公共两个含义一样，"私"也可以表示私人（personal）或自私（selfish）。这里我们需要在"个人的欲望（personal desires）"和"自私的欲望（selfish desires）"之间作明确的分别。个人欲望是每个人都想要满足的，而拥有个人欲望并没有错，只要它们没有变成为自私的欲望，即把自己的需求和欲望置于他人之上。换句话说，王夫之并不谴责利己心（self-interestedness），只要它不是一种利己主义（egoism）———一种排除了对他人的考虑的、夸大的自我利益感。去除自私是走向道德实现的第一步。王夫之的道德修养主张是将个人的欲望转化为寻求对他人的个人欲望之满足，而不是要求所有个人欲望的消除。我们将在第十二章讨论他详细的道德规划。

正如王阳明对自私的谴责一样，对王夫之来说，道德修养的障碍也是自私："人所不必可有者私欲也。"（王夫之 1974a，8：508）他还说："有私意私欲为之阻隔而天理不现。"（王夫之 1974a，10：691）如果每个人的自然欲望都能得到满足，那么世界就会处于天理显现的状态。因此，他说："人欲之各得，即天理之大同。"（王夫之 1974a，4：248）当众人的欲望普遍得到满足时，世界就是天理的生动表现，这就一定是一个完美的世界。

即使像圣人这样完美的道德主体，也必然有基于他们感官需要的个人欲望。按照王夫之的说法，"圣人有欲，其欲即天之理"（王夫之 1974a，4：248）。圣人的欲望不过是与普通人一样的物质欲望，但圣人可以把自己的欲望扩展到同情理解他人的欲望。他解释说："于此声、色、嗅、味，廓然见万物之公欲，而即万物之公理。"（王夫之 1974a，8：520）圣人所达到的是理与欲的完美和谐，使他们能够从心所欲，而不逾矩。对于其他走在道德修养之途的人来说，他们需要的是用理性的引导来消除私心，将个人欲望的满足扩充到他人的欲望满足。正如王夫之所表达的："理尽即合人之欲，欲推即合天之理。"（王夫之 1974a，8：520）这里的"欲推"即是转化个人的自然情感以实现道德情操的关键。

王夫之基于其道德心理学的道德理论

王夫之认为，自然情感需要道德情操作为指导和调节。我们已经解释过，在他的观点下，自然情感是放纵的、不受管束的、也是容易滥情的。情感需要心的其他功能来调节。道德理性主义者（ethical rationalist）贬低情感在我们道德生活中的作用。柏拉图认为情感必须由理性支配，而康德则认为情感和欲望完全没有任何道德价值。道德必须建立在人类理性的基础上；道德行为只能由道德理性来推动。王夫之确实对情感的力量保持警惕，但他同时也赞扬了情感的激励作用。在他看来，情感确实是需要被监控的，然而，监控功能不是来自心的道德理性，而是道德情操。道德情操能正确引导情感的走向而且调节情感的表达。这一观点与威廉·麦独孤对道德情操与自然情感关系的分析是一致的："只有通过对道德情操中情感倾向（emotion disposition）的系统化组织，意志对情感当下激发（immediate prompting）的控制才能成为可能。"（McDougall 2001，115）换言之，我们的道德情操可以规范我们的情感，而使得道德对我们成为可能。

在王夫之看来，自然的情感是"与道德无涉的（amoral）"：它们既可以因道德的增进而被赞扬，也可以因不道德的蔓延而被责备，但它们本身则没有任何道德价值（王夫之 1974a，10：678）。其他动物也有自然情感，但它们没有任何道德情操。因此，道德必须根植于道德情操之中，而道德情操应该成为自然情感的指导。不过，道德情操也需要通过自然情感才能彰显。道德情操本身是萌初（incipient）而且微弱的（feeble）。我们有道德情操，但在大多数情况下，它们不足以激励我们去采取适当的行动。这就是自然情感可以发挥作用的地方了。按照王夫之的说法，"不善虽情之罪，而为善择则非情不为功。盖道心惟微，须借此以流行充畅也"（王夫之 1974a，10：677）。也就是说，使道德成为可能的正是我们与生俱来的道德情操和我们的自然情感。例如，当我们听到有人将要饿死的消息时，我们会不由自主地对他们感到怜悯。这是我们与生俱来的道德情操之一。然而，大多数人只是感到怜悯，却不会采取行动来缓解他人的困境。但是，如果这个人是他们的家庭成员，那么大多数人会立即尽其所能减轻他们所爱的人的饥饿。这正是我们爱的情感。自然情感具有激励作用，可以直接导致行动。因此，道德行为所需要的是将对所爱之人的情感加以推扩，以增强对陌生人的道德情操。在王夫之的道德动机论的图像中：道德行为之可能是以道德情操为主导，而以自然情感为辅助。

对王夫之而言，我们的感官知觉对应的是我们的自然情感，而不是我们的道德情操。然而，如果我们可以用反思来支配我们的知觉，那么即使我们对外在对象的知觉也可以符合我们的道德情操："知觉则与欲相应，不与性相应；以思御知觉，而后与理相应。"（王夫之 1974a，10：716）换言之，如果我们能不断地反思我们的情感和欲望，那么我们就能引导它们走上道德之路。而如果我们不反省我们的情感是否中节或我们的欲望是否正当，那么我们最终就会沉溺于激烈的情感和过度的欲望。这就是自然情感和道德情操截然分别的时候。正因如此，王夫之总结到：即使我们永远不应该抑制我们的道德情操，我们也必须始终努力控制我们的自然情感（王夫之 1974a，10：673）。

王夫之认为，我们的自然情感不仅是道德的基础，也是恶的根源（王夫之 1974a，10：677）。我们的自然情感很容易被外在的对象所激发，而如果我们在追求外在对象时不控制自己的情感，就很容易会误入歧途。道德情操在吾人心中；外物在吾人心外。是以，如果我们逐物而行而置道德情操于不顾，那么我们最终会扼杀我们的道德情操。因此，道德情操必须始终伴随着自然情感。

王夫之将恶的起源解释为人类后天习惯的结果。我们已经解释过，他相信人性本善。他认为人性与构成人类生存之气是不可分离的，而"纯然一气，无有不善"（王夫之 1974，10：

663）。换言之，我们在构造上本是善的，而恶仅仅是缺乏对欲望的节制以及缺乏为他人着想。恶既不存在于情感本身，也不存在于我们欲望的对象之中。会使情感和欲望"不道德"的有两个层面，一是我们的不思（absence of reflection），因为它会导致情欲缺乏正当性与合理性，二是我们没有建立善习，因为后者会削弱我们内在的道德之气。当一个对象激起我们的欲望而使得我们去追求它，这样去满足我们的欲望本身也许没什么不道德的。当一件事物刺激我们的情感而使我们的感情释放，这样的发泄感情本身或许也没有什么不道德的。然而，当欲望的满足和情感的释放过度，或是发生在错误的时间和错误的情境下时，它们就成为"不当的（improper）"，那么这些情感和欲望就会造成我们的不道德（王夫之1974a，8：570）。反之，当它们是"恰当的（proper）"时，它们就是符合我们自然道德情操的情欲。自然的情感和自然的道德情操结合在一起，从而作为我们道德的基础，而这种结合必须通过心的反思来实现。王夫之将反思与道德的关系解释如下："凡为恶者，只是不思。"（王夫之1974a，4：268）由此可见，我们的反思能力在他的道德情感主义中起着至关重要的作用。

除了反思功能外，心还必须运用意志以"扩充（expand）"我们最初的道德情操，并将我们的爱从亲近者"推（extend）"向他者。"推"就是人们的关爱范围（circle of care）的扩大。对王夫之而言，这种"推"不仅仅是一种移情或同情的心理态度，它还是一种必须体现在人们的行为之中的术（skill）。如果一个人没有以实际行动来关心别人，减轻别人的痛苦，他对旁人的道德情操就没有什么价值。"推"需要外在的实际表现；而

我们所"推"者则是内在于人心的道德情操或"道心":

> "心"字有"术"字在内,全体、大用,扩之而有其广大,充之而有其笃实者也。此一"心"字,是孟子"万物皆备于我"里面流出来的。不成心之外更有一王道!(王夫之1974a,8:516)

王夫之认可其他理学家的呼吁,要把我们的关怀范围(circle of concern)扩充到普遍的程度。他坚持认为,我们应该渴望他人幸福,不仅仅是因为我们对他人有同情心,而且是因为我们应该看到,从本体论的角度来说,并没有所谓的"他人(others)"。按照他的说法,"人则本为一气,痛痒相关"(王夫之1974a,8:549)。当我们不能推时,我们不仅犯了道德上的错误,也犯了认知上的错误,是为"不知"(王夫之1974a,8:556)。一旦我们看到所有的事物在它们的存在中都是相互关联的,我们自然会希望扩充我们的关怀。王夫之断言"仁"这一德性的本质就在于没有自私(王夫之1974a,10:745)。自私来自于对人与人之间的统一性(unity of all human beings)缺乏反思。因此,"推"完全依赖于心的反思(王夫之1974a,10:703)。

通过以上的讨论我们可以看到,王夫之把道德的基础看作是我们的道德本质:内在于我们之存在的道德情操。他认为人的情感和自然欲望不会阻碍道德主体的发展,但不足以作为道德的基础。自然情感对道德情操的扩充必不可少,但它们不是道德情操本身。更进一步来说,道德不是仅仅建立在情感和道德情操的基础上。人们需要运用反思(reflection)和思考(thinking）的能力来引导自己的情感和欲望。要成为完全的道德人，我们需要强化道德情操，并进一步将其落实在行动中。

在王夫之的道德心理学中有两种情感状态：道德情操和自然情感。道德情操是我们与生俱来的，但它在激励道德行为的力量方面却很薄弱。而自然情感是基于我们的身体反应，但它们需要道德情操的监控才能得到适当的表达。当这两种情感状态结合在一起时，人们的道德行为就很容易被激发。然而，在王夫之的道德情感主义中，道德并不仅仅是道德情操和情感的运用。要想成为一名道德主体，人们还需要运用反思的能力。反思的作用不是抑制情感，而是明辨公、私之域，从而实现公平（fairness）。拥有情感和欲望本身并不是问题所在。将情感和欲望转化为不道德的门槛，是对我们内在道德本质的缺乏反思，而未能使我们的情感和欲望与客观的道德原理（道）相符合。由此可见，在王夫之的道德心理学中，在道德情操与理性、知与行、思维与感情之间，都有着密切的联系。

综上所述，王夫之的道德心理学是建立在他对"善是人性所固有"这一信念之上的。在他看来，我们需要反思作为客观真理的道，并看到道已经体现在我们自己的存在中——我们的道德情操。然而，即使我们的自然道德情操是我们本质的一部分，我们仍然需要通过反思来看到所有人都是相互关联的，从而消除我们的自私。道德不仅仅是如休谟所言"被激情所支配（ruled by passions）"；但也不是对激情的拒斥。就此而言，王夫之认同了人类情感在道德修养中的作用，但他的道德心理学并没有转向任何形式的情绪主义（emotivism）。

小　结

王夫之对理学道德心理学的贡献，正在于他对人的生物存在的重视，以及他在人的道德本质与其生物存在之间建立的关联。道德修养不是要人们否认自己的生理需要和物质欲望；反之，它是基于所有人都有这些需要和欲望这一事实的。正如当代学者张立文所解释的，王夫之"把人的饮食男女的生理欲求的普遍需求作为欲的内涵，这种大欲是人们共同的、一般的欲求，而不是个别的人或小人的欲求。既然是人人共同的欲求，就具有自然的合理性，因此，欲就不是非理"（张立文2001，386）。

王夫之的人性论及其道德心理学重申了人类情感和人欲的价值。人们不需要遵循佛教的戒律，斩七情、断六欲以求开悟；也不需要听从程朱学派的教导，灭人欲以显化天理。正如另一位当代中国学者陈赟所言，王夫之对道德生活的设想，既是感性的（sensible）也是理性的（rational）：

> 在宋明时代的哲学意识中，存在被化约为理性的存在，而去欲构成了回归存在的实践方式。但是，王船山却努力表明，只有在感性的彻底解放中，理性才能够真正得以呈现，宋明人去欲的观念与实践在本质上是对于真实存在的颠覆，它培育了一种衰微、脆弱的时代意识。因为，在人道的意义上，真实的存在是感性存在与理性存在的统一，感情与理性同样构成了人之为人的本体论的规定。（陈赟2002，350）

原始文献

王夫之，1967. 张子正蒙注 [M]. 台北：世界书局.

王夫之，1974a. 读四书大全说 [M]. 1665，台北：河洛图书出版社.

王夫之，1974b. 诗广传 [M]. 台北：河洛图书出版社.

王夫之，1974c. 黎州船山五书 [M]. 台北：世界书局.

王夫之，1975. 尚书引义 [M]. 台北：河洛图书出版社.

王夫之，1977a. 礼记章句 [M]. 台北：广文书局.

王夫之，1977b. 周易外传 [M]. 台北：河洛图书出版社.

王夫之，1980. 船山易传 [M]. 台北：夏学社.

王夫之，1996. 船山全书 [M]. 长沙：岳麓书社.

英文选译

Chan, Wi, 1963. A Sourcebook in Chinese Philosophy [M]. Princeton, NJ: Princeton University Press.（陈荣捷，1963. 中国哲学文献选编 [M]. 普林斯顿：普林斯顿大学出版社.）

Part III
The Cultivation of Virtue, Moral Personality, and the Construction of a Moral World

第三部分
德性的培养、道德人格以及道德世界的建构

第八章
张载论道德人格的培养

引 言

在认知科学和道德心理学的语境中重新阐释儒家道德哲学是一项相当新颖的尝试。这个研究方法似乎属于一个更大的运动：亦即要使伦理学理论得到经验上的验证（empirically warranted）：伦理应该奠基于人的实际存在，而不是建立在关于完美人类存在的乌托邦理想（utopian ideals）之上。这一运动被称为伦理学的经验转向（the empirical turn in ethics）。[①]根据这一运动的支持者，伦理学家应该"学习我们当前关于人类思维如何运作的最佳经验解释，并受这些解释的约束（来发展理论）"，而伦理学应该成为森舸澜所说的"经验上负责任的伦理学（empirically responsible ethics）"（Edward Slingerland 2010, 2011b），或者成为一般称为"奠基于证据（evidence-based）"的伦理学。

---

① 这一趋势在生物伦理学中最为明显，尽管也不乏批评之声。

伦理学的经验转向也改变了规范伦理的辩争环境。针对人类道德决策过程的经验科学研究"对道德的'认知控制（cognitive control）'模型——亦即义务论（deontology）和功利主义（utilitarianism）——的心理合理性（psychological plausibility）提出了质疑"（Slingerland 2011a, 391）。义务论和功利主义是西方规范伦理学的两种主要进路，它们认为道德主体的道德行为或者受到其道德责任感的管束，或者应当服从考量各方利益的享乐主义计算（hedonistic calculus）。美德伦理学——虽然这一传统可以追溯到亚里士多德——在20世纪下半叶作为规范伦理学的第三大进路重新出现。[①]伦理学的经验转向使美德伦理学成为当前伦理话语的焦点，因为大量的经验研究显示，人类的道德行为通常不是理性慎思（rational deliberation）的结果。美德伦理学既不过分强调人对抽象道德规则的遵守，也不注重仅仅由理性作出的计算性（calculative）道德慎思。美德伦理学与其他规范伦理学形式（义务论和功利主义）的区别在于，它没有给出以行为为中心（act-centered）的规范性规则，而是以行为主体为中心的（agent-centered）：美德伦理学强调行为主体的德性或道德品格。因此，它考虑了行为主体的心理状态和人格特征。与其他专注于制定和遵守一套既定的道德规则的其他规范伦理学家不同，美德伦理学家专注于培养良好的道德习惯和塑造道德品格，以此作为道德教育的目标。当代认知科学与道德心理学的研究可以丰富并支持美德伦理学家的理论假设。因

---

① 参见 Rosalind Hursthouse 2012，斯坦福哲学百科全书"Virtue Ethics"词条。(http://plato.stanford.edu/entries/ethics-virtue/)。

此，美德伦理学是与认知科学和道德心理学相结合的最可行的伦理学进路。它也是我们重新诠释理学的最佳模式，因为儒家道德哲学从根本上讲是一种美德伦理学。[①]张载的道德哲学也不例外。

在本章中，我们将在认知科学和道德心理学关于道德品格发展的语境中重构张载的道德哲学。用来与张载的理论进行对比的，是由 Daniel K. Lapsley 及其妻子 Darcia Narvaez（2004a，2004b，2005，2009），Daniel K. Lapsley 以及 Patrick L. Hill（2009），Narvaez, Darcia 等（2006），Augusto Blasi（1983，1984，1999，2005），Carol Dweck 与 Ellen Leggett（1988）等心理学家发展出来的社会认知模型（socio-cognitive model）。这些道德心理学家提出的首要问题是："为什么有些人倾向于选择那些他们认为是道德的行为，而另一些人却不这样做，或者没有同样的频率（frequency）和一致性（consistency）？"（Blasi 1999, 1）社会认知理论家（socio-cognitive theorist）认为，答案在于行为主体的道德自我认同（self-identity）或行为主体的道德人格境界（moral personhood）。

张载的道德规划同样关注个人的道德自我认同，同样关注

[①]参见以下文章：May Sim 2007. *Remastering Morals with Aristotle and Confucius*. Cambridge: Cambridge University Press; Van Norden, Bryan W. 2007. *Virtue Ethics and Consequentialism in Early Chinese Philosophy*. Cambridge: Cambridge University Press; Jiyuan Yu 2007. *The Ethics of Confucius and Aristotle*. New York: Routledge. 这一趋势的其他代表性支持者，包括 Philip J. Ivanhoe，黄勇，安靖如以及 Wai-ying Wong，等等。

道德人格的发展。张载最重要的作品《正蒙》是关于如何教育青年的。这可以看作是张载提出的道德教育和知性教育的建议规划。张载把人的自然倾向区分为"天地之性"与"气质之性"。前者包括我们的道德品质，而后者包括我们所有的生理属性和人格特征。张载强调学习的重要性，并宣称："为学大益，在自求变化气质。"（张载 2006，274）很显然，张载的道德哲学并不是简单地将某些道德戒律认定为规范性的伦理准则；反之，他的兴趣在于制定一个旨在把人们的整个生理的/生物的人格转变成一个道德人格的道德规划。张载认为这种转变是一个渐进的过程，需要反复的践行和最终的习以为常。他将"礼"定义为"时措之宜（acting appropriately in accordance with the given situation）"（张载 2006，192）。张载道德规划的核心要素与社会认知模型的核心特征是相匹配的。接下来，我们将从介绍道德人格发展的社会认知模型开始。

培养道德人格的社会认知模式

道德人格发展的社会认知模型认为道德人格境界是能够为外界影响所塑造的。这种进路的重点不是在定义人类心理或道德构成的内在特征，而是强调即使人类具有某些天生的能力或天生的道德意识，行为主体的道德人格在出生时是未完成的。道德人格可以在人的一生中逐步培养；因此，个人的生活经历和他在生活中做出的多样选择构成了他道德人格境界中不可或缺的部分。这种渐进发展包括以下几个步骤：（1）建立对于自我的道德意识，包括自我应该做什么（oughts）和不应该做什么（ought-nots）的概念；（2）个人目标的转变（个人目标可以随着人的成熟而改变）；（3）拥有行为主体道德发展最终状态的完美道德人格之概念。

正如这本书的引言所解释的，对美德伦理学的一个巨大挑战来自情境主义（situationism），此理论论证指出，人们没有任何整合的（global）性格特征，可以被经验科学家用来作为个人道德行为的解释基础。根据情境主义，人们通常会因为情境因素而改变他们的道德行为。很少有人能在不同的情境中保持稳健的道德人格。换言之，**情境永远比性格更重要**（*situations trump character*）。因此，美德伦理学家要培养道德品格或稳健的道德特质的目标是错误的。然而，社会认知模型则可以为培养可靠稳健的道德品质提供可靠的方法。

品格与**情境**何者为主之争将道德基础问题归结为道德内在主义（moral internalism）或道德外在主义（moral externalism）之争——道德行为的决定因素要么是人们自身的道德品格和德性，要么是外部环境的多重情境因素。社会认知理论则是第三种选项。社会认知模型走的是中间路线——它主张"交互决定论（reciprocal determinism）"，即把"人与环境的相互作用"作为道德行为的决定因素（Lapsley 和 Hill 2009，188，202）。按照这一观点，我们的人格特质并不是"静态的、非发展性的、不可改变的**本质**（essences），而是在与环境的互动中动态运作的组织结构"（Lapsley 和 Hill 2009，188，202；黑体为作者所加）。社会认知理论关注的是道德人格的培养，而不是道德特质。尽管它是美德伦理学的一个版本，但它并不是一种整合主义（globalism）的形式，因为它没有列出一个道德人（moral person）必须在各种情境下都加以维持的一系列稳健的特质。在社会认知理论家的概念中，道德人格境界是一个整体综合的道德人格，后者是灵活的、可塑的、可改善的。

社会认知模型关于道德人格发展的一个主要假设是：道德是在社会环境中产生的。人们的道德自我认同（moral identity）的转变是一个渐进的过程，在这个过程中，个人浸润于适当的社会背景之中——家庭关系、完善的学校教育、社团以及向道德榜样学习。这种社会认知模式并不必然排斥先天的道德特质，但它强调长期性（chronicity）沉浸于道德氛围（moral atmosphere）对培养道德人格的重要性。尽管社会认知理论和情境主义都承认环境影响的力量，但前者看到的是人们道德成长的持续塑造（continual molding）和一贯性的发展（consistent development），而后者则否认这种一贯性。

由于社会认知进路把道德看作是一种发展性的成就（developmental feat），它也为在不同的情境下人会有所变化预留了空间。道德主体的道德目标可能会在他的一生中有所改变，而这种改变可能是为了更好的目标，但也可能会导致更糟的目标。社会影响——无论是通过父母的指导、学校教育、朋友的影响、模仿他人，还是关于道德榜样的阅读——在塑造行为主体的道德人格方面都发挥着至关重要的作用。随着在生活中的不断成熟，行为主体可能会选取不同的道德目标。正如 Colby 和 Damon 所言：

> 目标转变背后的核心理念是，人们的信念和行为的发展是通过社会影响过程（它会逐渐转变人们的目标）实现

的。当社会影响与个人目标相协调从而引发个人目标的重新制定时，发展变化的条件就确定了。我们把这个过程（通过社会来影响个人道德目标的转变）看作是人生大部分时间中道德发展的关键推动者。(Colby 和 Damon 1995, 343)。

然而，最终，只有行为主体的道德行为变成了他/她面对眼前情境的自发性反应（spontaneous reaction）时，这种道德转变才可能被整合到个人的自我认同中。

在社会认知模式中，这种自发性（spontaneity）经常被称为"不假思索性（automaticity）"。社会认知进路与另一种重要进路类似，即乔纳森·海特所倡导的社会直觉主义（social intuitionism）。我们将在第十一章把这一进路作为王阳明道德哲学的比较模式。社会直觉主义认为，人们的道德判断往往是文化和社会影响的结果，但它更强调直觉（intuition）而不是理性（reason）的功能。[①]海特认为道德判断是快速的、不假思索的道德直觉的结果，而道德理性则是行为主体在事后的自我辩解或合理化。海特还强调了道德的社会面向，但在他的评价中，关乎个人道德倾向的社会影响是来自个人与他人共存的生活方式。按照他的说法，"人类长期以来都是极端的社会化生物

---

①社会直觉主义与王阳明的道德直觉主义的不同之处在于，后者认为道德洞察力（moral insight）是人与生俱来的能力，而前者认为道德洞察力是道德发展的结果，深受社会的影响。我们将在第十一章中考察王阳明的观点。

(ultrasocial creatures），深埋在责任网中……需要不断地为自己的行为辩护，监控他人的行为，并说服第三方的信任和支持"（Haidt 2010，183）。是以，在这种观点下，道德理性在因果上（causally）不具有因果的相关性，它只与行为主体的自我辩护以及与我们作道德的褒贬在解释上具有（explanatorily）相关性。

社会直觉主义和社会认知理论一致认为文化会影响个人的道德决策和道德行为；然而，两个理论在道德决定如何导致行动的过程上存在分歧。社会认知理论认为，个人在特定情境下的道德行为是他所选择的道德人格的表现，而这种道德人格则取决于他想成为什么样的人。相比来说，社会直觉主义认为个人的道德行为是其无意识的、不假反思的"当下直接感受（gut feelings）"或直觉的表现。社会直觉主义淡化了道德推理的效果和道德教育的重要性。正如海特所言："因为行为很大程度上是由不假思索的过程控制的，通过改变人们的社会环境，让他们更为自己的行为后果负责，或触发他们其他无意识的过程……**比通过教他们独立思考**更容易让人们变得诚实和无私。"（Haidt 2010,184；黑体为作者所加）因此，社会直觉主义与早期儒家的道德规划是不相容的，因为古典儒学的基本原理正是教导人们独立思考。张载的道德纲领继承了这种强调思考和学习的古典儒学思想。他提出的建议与社会认知模型的主要观点惊人地相似。

Lapsley 和 Hill（2009）列出了社会认知模型关于发展道德人格的五个特征。我们将把它们概括为互动（interactions）、道德自我认同（moral identity）、道德榜样（moral exemplars）、不假思索性（automaticity）和习惯（habits）。

（1）[人与环境的互动]社会认知模型断言人们的人格特质绝不是一成不变的本质，而是可以被社会环境改变的。从这一角度看，人们的道德人格的形成，既有其自身的内在特质，也有其所处环境的外在影响。

（2）[道德自我认同]这一模型认为人们的道德认同对他的自我理解至关重要。在社会认知模型看来，人在成熟的过程中，逐渐采用一定的道德范畴来建构自己的道德自我，并最终根据自己的道德信念来识别事件的意义。

（3）[道德榜样]社会认知模型从"长期性道德建构（chronically accessible moral constructs）"的角度解释了道德榜样的充足道德准备（moral preparedness）。道德模范感受到对于自己道德信念的"道德明晰性（moral clarity）"，而且对自己的道德决定感到有一种"必要性（necessity）"。根据这个理论，道德榜样是道德自我认同建构的长期过程的最终产物。他们变成道德专家（moral expert），就有如其他领域的专家。

（4）[不假思索性]社会认知模型假设人们的道德行为并不总是周密的道德思考的结果；反之，人们的行为往往是自发的和直觉的。然而，这种不假思索性并非基于任何与生俱来的道德直觉；正相反，它是发展的结果，是通过"重复的经验、教诲、有意的指导和社会化"的过程来实现的（Lapsley 和 Hill 2009，203）。

（5）[习惯]这一模式把人们的道德行为解释为一种习惯，而不是预先固定的性格表现。道德发展的一个必不可少的组成部分是实践。人们的行动指南脚本（action-guiding scripts）"变成了反复练习、学而再学、常规化、习以为常和不假思索的",这是"道德专长发展（moral expertise development）"的一种方法（Lapsley 和 Hill 2009，204）。

根据社会认知模式，道德品质形成的最重要形式是"基于幼儿日常家庭和社会生活中的平淡事务（prosaic transactions）"（Lapsley 和 Hill 2009，204）。因此，家庭结构和父母的指导对道德人格的健康发展至关重要。在道德人格的培养中，儿童社会认知发展的初始阶段包括与看护者（家长、老师）的早期对话，因为正是他们帮助孩子"以类似脚本的方式复习、构建和巩固记忆"。然而，在某个阶段上，这些他人给予的特定情景记忆"必须整合成一种涉及故事所在之自我的叙述形式"（Lapsley 和 Hill 2009，203）。换句话说，透过日常生活的琐事，孩童的行为指导和道德准则的形成最初依赖于看护者。不过，他们很快就能够形成一种关于他或她自己的道德自我概念：他或她会基于自我选择的道德基础而决定什么应该或不应该去做。可以想见，道德成熟的过程将会持续到成年，因为"成为一个有道德的人意味着什么，这是一个关涉终生的问题"（Lapsley 和 Hill 2009，206）。在日常生活中遇到道德上重要或不重要的情境时，人们做出的决定，部分是基于他或她先前的自我许诺和自我理念，部分是基于情境的种种变数。道德自我是一个具有发展和变化空间的实体；因此，他或她的行为在不同的情境下并不总是相同的。

通过道德行为的反复实践，有道德的人可以逐渐成为"道德专家"。社会认知模式从道德专长的角度来解释道德榜样的充足心理准备（psychological preparedness）："专家的形成证明了所有人都可以将重复的行为常规化,而这些行为随后即在无意识下运作。经过长期的练习,专家的决定会变得更加不假思索,也会越来越不会自觉到他们做决定的思考过程。"(Ericson 和 Smith 1991,引自 Narvaez 和 Lapsley 2005,152)道德模范"拥有道德专长"的比喻,可以解释他们如何能够没有内心挣扎、自发地,或者用社会认知模式的术语来说,"不假思索地",一贯性地做出正确的行为。然而,这并不意味着道德专家的行为没有经过思考,或者他们只是道德机器人(moral automata)。道德专长是一个长期的道德修养过程的最后阶段。当人们到了这个阶段,他或她已经习惯于在任何情况下做出合乎道德而且适当的行为。这时候他们的道德洞察力就不需要进一步地深思熟虑而能轻松地获得。

现在我们将转向张载的道德哲学,看看按照社会认知模式的这些特征,我们如何理解他的见解。在张载的哲学中,我们将解释的关键概念包括:学、克己、集义、志、圣贤、时中,以及以礼为基础的社会规范。我们将把张载思想中的这些核心观念编织成一个关于道德人格培养的系统性哲学,并为它可能受到的来自情境主义的挑战进行辩护。

建立道德自我认同
——如何通过"志"来定义道德自我

张载道德哲学的目的既不是要去定义一些普遍的规范规则,也不是要作为道德思考的指南,更不是要作为评价道德价值的标准。他的道德哲学是关于培养道德人格和道德自我认同的发展规划。人们道德自我的重要性在于自我认同会强化个人的道德决定，即使这些决定最初看起来可能很困难。在社会认知进路的理念下，道德主体之所以能在各种情境下都能始终如一地行动，并不是凭借任何稳健的德性。能够保证他们在不同情境下都维持道德行为的一致性，也不是他们有牢固的道德信念或道德原理。事实上，行为主体的道德自我认同才是使他们能够按照自己选择的道德信念行事的原因。Augusto Blasi（1984）认为道德行为的问题是一个自我一致性（self-consistency）的问题，因为行为主体的道德自我认同是他的道德知识、他的实际道德决定以及他的行为之中介。Colby 和 Damon 也认为："最终，道德行为取决于一些超越道德信念本身的东西。道德行为取决于个人对于自己的道德关怀如何，以及在何种程度上，认为自己'何以为人'这一自我意识是重要的。"（Colby 和 Damon 1995，365）

尽管张载信奉孟子关于性善的信念，但他并不专注于孟子用来证明性善的四种先天道德情操：恻隐、羞恶、辞让、是非。取而代之的是，他关注通过学和克己来实现道德转变的重要性。在这种意义上，张载并不是一个道德情感主义者，而是一个道德理性主义者。

对张载而言，自我修养开始于行为主体主动地"立志（firming up volition[①]）"和"正心（rectifying mind）"。正心的

[①] 中文的"志"字有时被翻译为"will"。我们这里选择用"volition"来代替"will"，以避免与"自由意志（free will）"问题产生错误联想。

开始步骤在于严格的自我警戒:"正心之始,当以心为严师,凡所动作则知所惧。如此一二年间,守得牢固则自然心正矣。"(张载 2006,280)我们可能生来就已经具有道德倾向(正如孟子所言),但我们的道德修养并不是由我们与生俱来的道德本质所保证的。道德需要努力,而努力始于正确的志。按照张载的说法,"有志于学者,都更不看气之美恶,只看志如何"(张载 2006,321)。换言之,我们并不是天生的道德行为主体。我们的道德转变必须是出于自我意志(self-willed),而且需要一生的努力。

道德行为主体的目标可以用张载著名的"四句教(four-lines slogan)"来表达①:

> 为天地立志;
> 为生民立道;
> 为去圣继绝学;
> 为万世开太平。

(张载 2006,320)

这个口号描述了对于所有道德主体而言的规范性普遍志向。张载向道德行为主体提出的要求是,通过采纳"民吾同胞"这一信念,来转变他们对自身和家人幸福的第一序自然意愿(first-order natural desire)。换句话说,要培养利他的志向(altruistic

---

① 这一引文来自他的《语录》。在《张载集》中,表述小有出入。

volition），人们必须有适当的信念：相信世界上的每个人都是作为同一祖先的后代而相互联系的。然而，张载并不是在字面意义上理解"祖先"一词的，因为他把我们共同的祖先视为天与地（"乾称父，坤称母"）。我们应该将他的观点理解为如下主张：人类作为一个自然物种（natural kind），所有人类成员都应得到平等的考虑，因为我们都有相同的生命起源。这样一种"民吾同胞（shared fellowship）"的信念是我们从过去圣人的行为和教导中学到的。对张载来说，接受这种普遍亲属（universal kinfolk）的信念是人们成为道德主体的必要的道德转变之一。

通过"学"来实现道德人格的转变

张载更进一步指出，虽然孔子从十五岁时便志于学，而在他的晚年，他仍然悲叹自己随着年龄的增长而壮志衰退。张载说："如有成性则止，则舜①何必孜孜？仲尼何必不知老之将至，且叹其衰不复梦见周公？由此观之，学之进德可知矣。"（张载 2006，308）是以，在张载的道德规划中，学习和终身不懈的努力对人们的道德修养至关重要。

在张载看来，道德就是把人们的生物存在转化为道德存在，把人们的物质欲望提升为一种利他意愿——对他人幸福的意愿。这种高尚的道德境界叫作"仁"，一个所有理学家都珍视的完美德性。道德修养主要在于塑造道德品格，而其成功的潜在保证，

---

① 舜是一位传奇的圣人，他为早期儒家树立了最高的道德典范。

就是我们与生俱来的道德本质——我们的"天地之性"。然而，光是天地之性并不足以保证道德上的成功。天地之性也不是道德所能依赖的，因为道德乃是依赖于人们改造气质之性的努力："天资美不足为功，惟矫恶为善，矫惰为勤，方是为功。"（张载 2006，271）张载认为，如果人们不学习，就无法避免破坏他们与生俱来的本性（张载 2006，21）。换言之，我们与生俱来的道德意识并不足以使我们成为道德主体。道德不是先天的；反之，它是通过学习来培养的。

按照张载的说法，"领恶而全好者，其必由学乎"（张载 2006，24）。学习的目的就在于自我修养与自我转化："勤学所以修身也"（张载 2006，269）；"为学大益，在自求变化气质，不尔皆为人之弊，卒无所发明，不得见圣人之奥"（张载 2006，274）。换言之，对张载来说，学习并不是为了获得知识，而是为了达成个人的道德改良。如果学习不能带来行为的改变和最终的人格提升，那么这种学习就不是真正的学习。

张载所讲的学习包含以下内容：（1）阅读经典；（2）研究古代圣人的言谈举止；（3）与朋友讨论学习的本质。就阅读而言，张载说："读书少则无由考校得义精。"（张载 2006，275）阅读具有两种功能：一是"维持此心"，另一个是"释己之疑，明己之未达"（张载 2006，275）。通过阅读，人们能获得新的想法和新的见解："学者观书，每见每知新意则学进矣。"（张载 2006，321）；通过研究经典，人们可以学习古代圣人的言谈举止。最后，为了更好地学习，我们需要学友的帮助，与他们讨论文本的精要，以消除任何困惑或不解："一日间朋友论著，则一日间意思差别，须日日如此讲论，久则自觉进也。"

(张载 2006,286)

通过"集义"和"习"来培养道德专长

张载强调努力保持向善这一正确方向,以及保持行善习惯的重要性。道德是"集(accumulate)"出来的,而不是一夜之间的转变。道德的形成过程离不开有意向性的努力(intentional endeavor)——他称之为"勉勉"——它需要最初的立志、需要长期保持最初的意向,并需要不断地自我反省:"人须常存此心,及用得熟却恐忘了。……若能常存而不失,则就上日进。"(张载 2006,266)人们只要努力,即使看不到自己的进步,也可以保证一定会有进步:"常人之学,日益而不自知也。"(张载 2006,40)

这一努力从确立正确的方向开始,而张载则以孔子的准则为目标:人必须好仁而恶不仁。这种心态必须包括道德上的偏好和厌恶,而后者是不可或缺的:"徒好仁而不恶不仁,则习不察,行不著。"(张载 2006,29)换言之,只是像孟子对人性的定义那样,人仅仅"有一种与生俱来的仁爱倾向"是不够的。道德必须是在善与恶之间进行有意抉择的结果,人们对坏人坏事的感情必须像憎恶(disgust)甚至极度反感(revulsion)一样强烈。这种强烈的恶恶之情感保护人们免受情境因素的干扰(situational distraction)或暂时的诱惑(temporary temptation)。人们应该对任何违背礼的事情都感到憎恶。这种憎恶感源于孟子所说的"羞恶之心"。它可以看作是人们的道德指南(moral compass)。没有它,人们就不能成为自发的道德主体,被自己的道德意识所引导。张载将这种仁与不仁之间的情感性抉择（affective selection）称之为"养心之术（the method for cultivating the mind）"（张载 2006，284）。

其次，人们必须在日常行为中贯彻自己为善去恶的意图。张载阐述了孟子关于"浩然之气"的学说："集义然后可以得浩然之气。"（张载 2006，279）他把"浩然之气"定义为一种宏大的道德能量，并建议可以通过"积善（repeated good deeds）"来培养这种道德能量（张载 2006，281）。与此同时，要避免道德上的错误，就必须遵守情境中的时宜，即以礼为表现形式的社会规范。张载认为这种谨慎的自我监控和自我调节，即是孟子所说的"闲邪（shunning evil）"（张载 2006，280）。

从上面的讨论我们可以看到，对张载而言，道德成就是一个立志、善恶抉择和重复的实践。道德主体性不是人与生俱来的。不过，当一个人最终获得道德的专长技术，使其道德努力融入心的"不自觉过程（implicit processes）"时，这种努力可能就不再需要了。在关于道德榜样的研究中，心理学家Davidson 和 Youniss（1991）观察到，关于道德模范人的行为最值得注意的一点是，他们的行为"不是通过对精密的信仰体系做出逻辑应用而产生的。他们几乎是习惯性地完成的，就像自动驾驶（automatic pilot）一样。他们很少有怀疑、犹豫或内心挣扎"（引自 Colby 和 Damon 1995，363）。张载也把圣人的心理状态描述为"不思不勉，从容中道"（张载 2006，40）。换言之，经过反复的实践和终身的善习，道德主体逐渐"内化"为他所养成的道德习惯。他的道德人格成为他自我认同的一个不可或缺的组成部分。张载称这一境界为"成性（the realization of one's nature)"（张载 2006，266）。人们的自我至此才算完成。这就是道德专家的层次——用张载的概念说，即是我们修身成圣的道德榜样。

确定道德目标：道德榜样以及圣人的非凡道德承诺

社会认知论心理学家 Colby 和 Damon（1995）通过对可以被认为是"道德榜样"的人的经验研究发现，几乎所有的模范榜样都有三个共同特征。第一个是确定性（certainty）：道德榜样对于他们所认为正确的事情，以及他们按照这些信念行事的个人责任，有着异常明确的肯定；第二个特点是积极性（positivity）：道德榜样能够积极地对待生活，享受工作。最后，道德模范的第三个特征是他们的自我和道德目标的统一（unity of self and moral goals）：这些人把他们的道德目标放在他们自我认同概念的中心位置（Colby 和 Damon1995，361—362）。在儒家传统中，最高的道德典范是圣人，而他们与现代意义上的道德榜样一样具有上述特征。因此，将张载的圣人观与社会认知理论家的道德榜样观联系起来是恰当的。

研究古代圣人的言行，就是要向道德榜样学习。人们需要将自我认同于自己最敬仰的道德榜样。一个完美自我的建立是以人们关于道德榜样的理念为基础的。根据 Lapsley 和 Hill（2009）的研究，人们的道德自我认同可能会变成"一种让人们在这个世界里的存在变得有意义的自我叙事（self-narrative）"（Lapsley 和 Hill 2009，206）。在一篇被誉为张载道德想象之缩影的短论《西铭》中，张载呈现了一种完美道德主体（以及他自己）的"自我叙事"。在这一叙事中，道德行为主体将自己视为"存在于这个世界之中（being in the world）"，与全体人类（包括圣人、贤人、普通人以及社会上的弱势群体）都具有亲缘关系：

> 乾称父，坤称母；予兹藐焉，乃混然中处。故天地之塞，吾其体；天地之帅，吾其性。民，吾同胞；物，吾与也。……圣其合德，贤其秀也。凡天下疲癃残疾、茕独鳏寡，皆吾兄弟之颠连而无告者也。（张载 2006，62）

这种自我叙事把完美道德主体置于一个世界大家庭（global family）的氛围之中——道德主体与作为家庭的世界中的每个人都有关联，并培养了对每个人的普世关怀。Colby 和 Damon（1995）发现"道德榜样与大多数人之间的巨大区别在于，榜样们在处理远远超出日常道德参与的事情时毫不犹豫。他们会置一切于不顾，不是只为了看到自己的孩子安全地穿过街道，而是为了喂养世界上贫穷的孩子，为了安慰垂死的人，为了治愈生病的人，为了争取人权。这并不是说榜样们的道德关怀取向不同于寻常人，而是说因为他们关怀的范围很广泛，他们道德参与的范围也非常广泛"（Colby 和 Damon 1995，364）。我们在张载所说的道德榜样（即圣贤）那里发现了同样的道德情操。根据张载的说法，圣贤对每个人的苦难产生普遍性的关注。通过对人类同源共体的反思，我们可以想象所有的人都是天地之子，因此人类之间有一种普遍亲缘关系（universal kinship）。一旦人们获得了这种理解，他们就将不再会仅仅拥有基于利己的欲望，而是会发展出一种对所有人的普泛关怀。

上述心态在培养利他主义（altruism）方面的有效性也可以通过当代心理学研究得到验证。根据 Kristen R. Monroe（1998）的研究，利他主义者确实有不同的看待事物的方式。"我们一般人看到的只是陌生人，而利他主义者看到的则是人类同胞（fellow human beings）。"（Monroe 1998，3）Monroe 在这里所描绘的与张载所倡导的非常相似。有了这样的心态准备，一个道德主体就可以更容易采取利他行为。这种利他主义的心态需要道德主体扩大他的同情能力和关怀的范围（sphere of concern）。张载在这里为人们如何将所有人类都纳入家庭关怀的范围提供了一种理性化思考。我们可以见到这种心态不仅表现在古代圣人身上，也表现在当代利他主义者和英雄身上。

在选择圣人作为自己的终极道德目标后，个人还需要找到一个阶梯帮助他接近这个目标。这就是适当的环境建设这一外界影响发挥作用的地方。

礼与时中

在古典儒学那里，仪和礼提供了一个重要的社会调节功能。礼仪是公民社会（civil society）的基础，其制约力远远超越了法律与秩序的约束范围。按照孔子的说法："道之以政，齐之以刑，民免而无耻；道之以德，齐之以礼，有耻且格。"（《论语》2：3）儒家强调个人的道德修养与表现为社会礼仪规则的社会规范之间的联系。然而，问题在于：社会礼仪规则在人们的道德修养中扮演着什么样的角色呢？如果人们为了符合社会规范而以某种方式行事，他们的行为可以被认为是社会可接受的，甚至在道德上是可原谅的，但这是道德的吗？是什么将道德与单纯的符合规范（conformity）区分开来的呢？

张载认为，人们对社会礼仪规则的尊重必须来自本身的认知能力：人们必须认识到这种情境，以及在这种情况下需要采取什么适当的行动。换句话说，我们不会盲目地做我们在特定情境下被他人期望做的事情；反之，我们是做我们自己判断在那种情境下正确的行为。前者是让外界规则为人们的行为设定规范，我们可以将其描述为世界对心灵（world-to-mind）的监管。后者是基于个体对情境适当性的认知以及个人在这种情境下做适当事情的意愿。我们可以把它描述为心灵到世界（mind-to-world）的"自我规范"。这一差异已经表现在告子和孟子关于"义外"还是"义内"的争论（见《孟子》6A：4）中。张载认为，"礼""义"等德性必须符合情境的需要——如果人们的道德上值得赞赏的行为不适合特定的场合，那么它就不再是一种道德行为。他将这一要求称之为"时中"（张载 2006，85）或"时措之宜（the appropriateness of a timely act）"（张载 2006，192，264）。

张载将"礼"定义为"时措之宜"（张载 2006，192）。他进一步将"时中"定义为"无成心"，并宣称"成心忘然后可与进于道"（张载 2006，25）。换言之，人们需要在不同的情境之间保持灵活性，并适应情境的要求。要做到这一点，就需要断绝孔子本人曾经成功断绝的四种心理状态：意、必、固、我（《论语》9：4）。张载经常把这四种心理状态列出来，把它们看作是人们最终成圣之路上的障碍（张载 2006，318）。一旦人们消除了这些心理障碍,他们就能开始如其所是地感知情境,并能够识别出什么样的行为可以被认为是时中。如果我们只是执行仪式或礼节,而不了解其本质,那么我们有时就会错过时中(张载 2006,193)。当行为主体的行事是根据自己的理性和无偏倚的判断决定这是在当下情况中的适当行为时,这种行为就是来自行为主体自己的道德判断和意志。这才是一种有道德价值的行为。

在某些情况下,有些礼节行为本身可能确实没有什么道德价值,例如进入教堂时脱帽或参观清真寺时脱鞋等礼节。特定礼节的内容往往是偶然的、约定俗成的,很可能缺乏内在的道德价值。如果人们仅仅因为社交礼仪是既定的规范就按照社交礼仪行事,那么他的行为是否真的出于道德确实是值得怀疑的。然而,如果有人对既定的社交礼仪有所认知,却没有很好的理由而故意违反或无视之,那么他的行为在道德上的确应受谴责。张载认为,这个人的错误在于他缺乏恭敬之心。张载说:"敬,礼之舆也;不敬则礼不行。"(张载 2006,36)由此可见,张载的道德评价并非以行为为中心,而是以行为主体的心理状态为中心。它是一种以行为主体为中心(agent-centered)而不是以行为为中心(act-centered)的道德评价。

拥有诸如表现在礼仪中的社会规范,可以为在任何社会中文明与和谐地共存所必需的行为设定一个客观的,或至少是主体间共通(intersubjective)的标准。儒家的一个显著特征是对古代圣人礼制的信赖。他们认为这些礼制不是烦琐或武断的。礼制不仅对旨在维系公民社会的个体教化(enculturation of individuals)至关重要,而且对个人在其成长过程中的道德转化也至关重要。张载特别强调礼的后一种功能。他认为由先贤所制之礼"本出于性",因此,礼的功能主要是"持性"(张载 2006,264)以及"滋养人德性"(张载 2006,279)。在张载看来,"礼者,圣人之成法,除了礼天下更无道矣"(张载 2006,264)。在张载看来,礼并不仅仅是形式主义的仪式(formalistic ceremonies)和随意的约定俗成(arbitrary conventions)。它们是天理的体现,因为它们的合理性和功能性得到了制定它们的古代圣人的保证。他还认为一个社会的规范系统(如其机构、礼仪等)能够以某种方式调节人们的行为,以培养特定的、可欲的道德特质。例如,他建议我们应该采用《周礼》"田中之制"的盖屋方式(将房屋盖在邻近农田之中央),使"民相趋如骨肉……谋人如谋己,谋众如谋家"(张载 2006,282)。这是一个绝佳的例子,显示出社会规范不仅规范了个人的行为,也改变了个人的心理状况。

礼进一步在自我管理和自我约束方面也担当指导的角色。张载经常引用孔子的座右铭:非礼勿言,非礼勿动。道德主体的自我审查和自我告诫被称为"克己"。

克己与欲

张载对人的私欲(self-centered desires)的道德价值给予了很低的评价:"盖人人有利欲之心,与学正相背驰,故学者要寡欲。"(张载 2006,281)他区分了"可欲之欲(desirable desires)"与"非可欲之欲(undesirable desires)",并称前者为"善":"(依孟子之说)'可欲之谓善',凡世俗之所谓善事皆可欲，未尽可欲之理。圣贤之所愿，乃为可欲也。"（张载 2006，324）普通人有很多物质欲望或其他私欲；德高望重之人则有更多的利他欲望（altruistic desire）。从张载对圣人境界的解释看，这种利他欲望的内容体现为如下目标：给予普泛的人道主义援助（humanitarian relief），照顾其他处于困境中的人的福祉。

按照法兰克福（Harry Frankfurt）的经典区分，"当某人想做或不想做这件事或那件事时，他有一个第一序欲望（first-order desire）"，而"当他想拥有（或不拥有）某种第一序欲望时，他便有一个第二序欲望（second-order desire）"（Frankfurt 1971，7）。第一序欲望对行为具有直接的因果效力。如果第二序欲望转化为意愿，那么它就继承了第一序欲望的因果效力。法兰克福称增强的第二序欲望为"第二序意愿（second-order volitions）"（Frankfurt 1971，10）。第二序欲望需要与意愿相结合才能产生因果效力。用这个分类法，我们可以说利己的欲望和利他的欲望都是第一序欲望，而张载在他的道德规划中所提倡的是一种第二序欲望：想要拥有"圣贤之欲"。"圣贤之欲"只是欲"学孔子也"，想达到孔子那样道德完备的状态，可以从心所欲而不逾矩（张载 2006，324）。

按照张载的观点，一个道德主体应该有"圣贤之欲"，想要像孔子那样具有高尚的情操，而不应该有对自我满足的欲望——张载称之为"私欲"。换言之，一个人一旦先通过自己的意愿拥抱了圣贤之欲，他就会渴望能减轻他人的苦难。在张载的道德动机理论中，当欲望是一种利他欲望并伴随以"圣贤"为理想人格的第二序欲望时，欲望就能够激发道德行为。我们可以说，在这一语境下，欲望不是"什么是我自然地欲望的"这一描述性意义（descriptive sense）上的，而是"什么是值得被欲望的"这一评价性意义（evaluative sense）上的，以及"什么是应该被欲望的"这一规范性意义（prescriptive sense）上的。

终极目标：道德榜样的"不勉"

对张载来说，道德修养是一个攀登"道德阶梯"的过程：人们首先达到的是"君子"层次，但道德修养的终极目标则是达到圣人境界。按照张载的说法，"所谓圣者，不勉不思而至焉者也"（张载 2006，28）。他对于"不勉（effortlessness）"和"不思（unreflectiveness）"的描述正是社会认知学家所说的道德专家的"不假思索性"。圣人拥有的道德专长变成了一种"技能（skill）"、一种"程序性知识（procedural knowledge）"或一种"不自觉的过程（implicit process）"。它被圣人内化，而成为圣人道德人格的重要组成部分。

在孔子对自己人生道德进步的自我叙述中，他说："七十而从心所欲不逾矩。"（《论语》2：4）这句话表明，即使对孔子来说，"不勉"也是一种在他的道德发展的后期才能实现的心理状态，这当然不是所有道德主体所能共有的心理状态。正如森舸澜所指出的：《论语》明确地把不思不勉描述为**只有经过长期的密集训练和个人改造之后**才能达到的目标。"（Slingerland 2010，268；黑体是作者所加）。就此而言，张载的道德规划是符合关于自我修养的儒家方案之精神的：从"勉（effort）"到"不勉（effortless）"。

张载社会认知理论在当代话语中的最终评价

综上所述，我们可以说，张载的道德哲学是一种将道德发展描画为"渐进的、主要是认知的，并且根源于自主意志的"道德规划。道德主体在选择正确的目标时必须自我管治；他们必须通过阅读、与朋友讨论、效法最高的道德榜样（亦即圣人）以向他人学习。他们的道德发展部分是适当的社会影响（如学校教育和社会礼仪规范）的结果，部分是自我管理和自我规范的实现。不同的人从不同的气质之性（包括智力、脾气、性情等）出发，与不同的偶遇情境互动，而且带着不同的决心去执行他们最初所立之志：只行善。因此，人们的起点并不相同，而终点也不会在道德阶梯的同一根横档上。简单地说，人们的道德成就不是均等的（not equal）。

现在我们回到社会认知理论家开始的问题："为什么有些人倾向于选择那些他们认为是道德的行为，而另一些人却不这样做，或者没有同样的频率和一致性？"（Blasi 1999，1）张载的理论为我们提供了许多线索，来解释为什么某些人比其他人更具一致性：他们意志更坚定，有更多的反复实践，有更好的学习习惯，有更强的自我管治能力。张载的道德规划是规范性的，它详细说明了人们应该如何做以达到最终的目标：圣人境界。我们可以把圣人身上所体现的那种道德人格称为一种"深透稳固的人格（engrained personality）"，这种人格不会屈服于情境压力。换句话说，道德的最终目标是拥有一个具有稳健道德特质的道德人格。当然，并非所有人最终都会达到这种终极状态。

相对来说，情境主义是建立在认知科学的经验研究基础上的，而认知科学把所有的行为主体都看作是均等的（equal）。Doris 在他的论证中求助于认知科学家和社会心理学家所做的统计分析，但这些实验数据通常只产生特定预期行为比相反行为更高的百分比，但从来没有产生压倒性的全面预测。例如，电话亭实验（the phone booth experiment）（Isen 和 Levin 1972）表明，如果能在电话亭意外地多找到一角钱，16 个人中有 14 个人会主动帮助在电话亭外有困难的陌生人；而如果没有多找到一角钱，25 个人中只有一人替陌生人提供了帮助（Doris 2002，30）。尽管只有很少人的行为与大多数人表现不同，但这些少数人确实没有依照情境提示（situational prompts）而行动。Nomy Arplay 指出，在著名的米尔格伦实验（Milgram experiment）中，并非每个人都服从权威人物，对另一个房间里的人进行痛苦的电击。"面对同样的测试，米尔格伦的一些实验对象相当早地离开了实验，一些在中间阶段离开，一些到最后离开，还有一些人——令我惊讶的是——竟然拒绝与实验者合作！这是一个关于不同的人对同样的情境做出不同反应的例子：这几乎可以说是反对情境主义的初步案例。"（Arpaly 2005, 644）的确，米尔格伦实验表明，大多数人会在情境压力下违背自己的良知行事，但我们感兴趣的是那些没有这样做的少数人。这一经验发现与张载的理论是一致的，即不同的人行为不同，是因为他们站在道德阶梯的不同横档上。统计概括（Statistical generalization）并不能反映不同道德人格之间的质的差异（qualitative differences）。

此外，运用张载的理论，我们可以为 Doris 引用的经验研究提供另一种解释。张载强调了我们的认知能力在识别什么是适合的情境，或他所说的"时中"的重要性。人们经常会评估自己所处的情境，从而决定自己应该做什么，但有时他们会在决定何种行为适合当前情境上犯认知上的错误。例如，在米尔格伦实验中，受试者表现出明显的心理挣扎迹象，即使他们还是按照指示对陌生人执行了痛苦的电击。这证明了他们并没有因为情境压力而突然变成施虐狂；而是他们在"这一特定的情境需要的正确行为是什么"这一问题上犯了一个认知错误。一方面，他们认为遵循实验精神，与房间里温和的权威人物合作是合适的（如果权威人物更强势、更权威，就可能会有更多的人质疑权威并反抗）。另一方面，他们的行为违背了他们自己的良知或他们的人类尊严感。这个实验并没有证明普遍的人格不一致性。它最多证明了人们在正常情况下更倾向合作而不是反抗。

当然，上述解释并不能消除这样一个事实，即人们有时确实会屈服于情境压力，做出一些日后会让他们感到羞愧或后悔的行为。然而，即使有教养的道德主体偶尔会在情境压力下做错事，这也并不表明他们没有内在（跨越时间的）一致的道德品质。社会认知理论的一个重要特征是它强调道德发展的逾越时间性。个人在情境压力下所采取的每一种道德行为，无论当时是对当下情境的反响或一时冲动，都将被加到行为主体的道德生命计划中，且按时间顺序排列出来（diachronically laid out）。如果行为主体由于情境压力采取了一个他后来深感后悔的行动，那么下次当类似的情况发生时，他就更有可能采取另一种行动。

随着时间的推移，他的道德自我认同在面对情境变化（situational variance）时将变得更牢固、更稳健。我们可以进一步补充说，张载的道德人格是建立在连续性（continuity）而不是一致性（consistency）的基础上的。张载的道德理论注重道德人格的长期发展。因此，它不会被 Doris 为支持情境主义而诉诸的、以一次性情境为基础而产生的实验结果所打败。①

由于道德人格是在人的一生中培养和发展起来的，每一次与道德相关的生活经历都会使道德主体成为更好或更坏的人。通过对奥斯维辛（Auschwitz）集中营的医生们和犹太人大屠杀现象（the Holocaust phenomena）的案例研究，Doris 指出，随着时间的推移，情境压力会把一个天真的人变成一个恶魔："随着时间的推移，曾经无法想象的事情变得再寻常不过了；当个人和群体逐渐适应了破坏性的常态（destructive norms）时，个人和国家都容易屈从于'道德沦丧（moral drift）'——向邪恶滑落（Sabini 和 Silver 1982，78）。"（Doris 2002，57）张载对"集义"的强调在这里可以发挥作用了。每一种会挑战道德的情境都对我们的道德修养构成障碍，也对我们的道德自我构成威胁。每一次我们都必须要努力做出正确的选择；否则，当世界充满敌意与残酷时，我们离"道德沦丧"就不远了。

---

① Doris 承认，他引用的经验数据不能反驳社会认知理论家关于连续性或内在一致性（continuity or intrapersonal coherence）的主张。然而，他认为，由于实际困难，如果不冒循环论证的风险，就很难找到连续性或内在一致性的证据，因为这主要是基于受试者的自我报告。在提供这些证据之前，他仍然怀疑社会认知理论家对性格的描述能否得到证实（Doris 2002，84—85）。

最后，我们必须回答 Doris 提出的这一问题：情境的差异对人的行为有超越其人格特质或道德品质的决定性影响吗？张载的回答会是：道德品质不是给定的，它也不能抵抗所有的情境压力。这就是为什么我们的意志，我们的努力，我们对"时中"的认知评估，以及我们"集义"的实践，对于我们道德人格的发展都是至关重要的。情境因素在很大程度上影响着人们的行为，但并不是决定因素。人与情境互动，而决定人们行为的是人们对情境压力的反弹。

小 结

终极来说，Doris 所引用的证据和他所提出的论点都无法击败张载提供的那种美德伦理学。张载的美德伦理学关注的是道德人格修养的过程，而不是其最终结果。它为德性的培养提供了一个可行的方案，在这一方案中，道德的发展是过程性的、渐进的。这种努力主要是认知的，而起源于道德主体的自主意志。整个道德进步需要对道德行为始终如一的习惯化，最终目标是"不勉"地沉浸于已确立的道德人格之中。这样一个完成了的道德主体（accomplished moral agent）就将不再受到情境变化的威胁。

原始文献

张载，2006. 张载集［M］. 北京：中华书局.

英文选译

Chan, W, 1963. A Sourcebook in Chinese Philosophy [M]. Princeton, NJ: Princeton University Press. (陈荣捷, 1963. 中国哲学文献选编 [M]. 普林斯顿: 普林斯顿大学出版社.)

第九章
二程兄弟的整合主义美德伦理学及德性认识论

引 言

本章主要介绍二程兄弟的美德伦理学与德性认识论。正如在本书的导论中所解释的,美德伦理学是一种强调道德主体的德性或道德品格的伦理理论。美德伦理学从行为主体的角度来定义行为的道德价值:一个道德行为是由有德性的行为主体(virtuous agents)做出的行为。作为规范伦理的一种形式,美德伦理学考察的是人们应该培养怎样的德性,或者应该发展怎样的道德品质。因此,美德伦理学家的一项重要任务就是确定人们要成为道德主体必须培养哪些最基本的道德品质。二程兄弟对定义他们所认为的个人道德修养所必需的德性特别感兴趣。

这一章进一步将二程兄弟的道德哲学解读为一种整合主义(globalist)美德伦理学,因为他们提倡特定的道德德性作为一个稳健的道德人格的基础。①根据 John Doris 的观点，整合主义把人格看作是"一种关于稳健品质（robust traits）的评估性综合联结"，而所谓"稳健的"道德品质，指的是那些能够帮助个人在面对情境压力时保持稳健和一致的行为模式的品质（Doris 2002，23）。二程兄弟的道德规划的主要目标正是在阐释那些"稳健的"（稳固而持久的）德性，而他们二人都特别强调的一个稳健的德性即"仁"。在整合主义美德伦理学家的概念中，即使在艰难的环境中，具有某种稳健道德品质的道德主体还是不会偏离彰显这些品质特征的行为模式。然而，经验告诉我们，诚实的人屈服于诱惑而偶尔说谎或欺骗是很正常的，而善良的人即使对那些最值得他们善待的人，也并不总是表现出善心。道德怀疑论（moral skepticism）对稳健的道德品质是否存在以及整合主义的美德伦理学是否可行提出了质疑。二程兄弟的整合主义能否经受住这样的挑战？除了阐述二程兄弟的道德理论外，本章还将探讨二程兄弟的美德伦理学是否能够经受对稳健道德品格的怀疑论挑战。

与张载的强调环境影响和向他人学习的社会认知模式不同的是，二程兄弟的美德伦理学更关注作为个体的道德主体自身的知性之德（intellectual virtues）、心理状态和道德德性。在他们看来，一旦道德主体拥有仁、诚和敬等德性，他们

---

①这种描述也适用于其他儒家学者，尽管程度不同。根据何艾克（Eric Hutton）的观点，"对于任何一位儒家学者来说，强调稳健的性格特征是儒家伦理的核心特征，这应该是毫无争议的"（Hutton 2006，40）。

就将能够抵抗情境压力，并保持一种稳固的道德品质，从而拥有一个一致的、稳健的和综合的道德人格。这种道德主体就会有如圣人或"仁人"一样而在道德上完备。

道德怀疑论和二程兄弟的整合主义美德伦理学

Gilbert Harman 是整合主义美德伦理学最强烈的批评者之一。① 按照 Harman（1999b）的观点，整合主义美德伦理学认为德性是完美道德主体所具有的品格特征：

> 按照这种观点，完美的有德者是坚定地倾向于做他们在道德上应该做的事情。其他人有义务尽量发展这种倾向，并在各种情况下效法有德者。在面临道德抉择的典型情境下，行为主体应该做一个有德者在那种情况下会做的任何事情。（Harman 1999b, 4）

这一描述与二程兄弟的美德伦理学完美契合。对程颢和程颐来说，完美的有德者就是仁人或圣人。圣人是达到最高道德成就的人；仁人是体现了仁德的人。这些完美的道德主体会

---

① 参见 Harman（2009, 2003, 2000, 1999a, 1999b, 1996）。Harman 承认有多种形式的美德伦理学，其中一些并不提倡稳健的品格特质。他对美德伦理学的怀疑只适用于那些建立在稳健的品格特质假设之上的人。Harman 用这一概括来描述当代美德伦理学的倡导者 Rosalind Hursthouse 所捍卫的美德伦理学。

"稳健地倾向于做他们在道德上应该做的事"。二程兄弟进一步主张,每一个道德主体都应该以达到这种人格的完美状态为目标。正如程颐所指出的,"君子之学,必至圣人而后已。不至圣人而自己者,皆自弃也"(二程 1981,1199)。换言之,要成为一名道德主体,仅仅总是以"做正确的事情"为目标是不够的;更进一步的要求是,道德主体的目标应该是能"稳健地倾向于(robustly disposed)"做自己应该做的事。一致性和稳健性这些条件已经成为道德主体性的内在要求。

Harman 进一步将他所要攻击的理论(target theory)描述为支持以下论点的理论:

(1)我们可以用这一品德概念来解释其他道德概念。

(2)道德的动机最好从"能够激励有德者的事物"的角度来理解。

(3)人类的德性或品格是有或者可能有,客观根据的。(Harman 2009,239)

以上概述也适用于二程兄弟的美德伦理学。在他们的德性观念中,完美道德主体(圣人或仁人)的性格特征可以用来解释一系列相关的道德概念。完美道德主体所体现的德性在绝对意义上是善的,因为这些德性在任何特定情况下都是值得从道德上加以推崇的。此外,在二程兄弟看来,道德动机就是根据圣人和仁人的动机来定义的。这些完美道德主体的动机纯粹是出于道德上的考虑,所以他们的行为动机肯定就**是**道德的动机。因此,任何道德主体都应该采用完美道德主体所认可的同一套动机。最后,在二程兄弟的观念中,人类普遍拥有的那一套德性是有客观依据的。这一套道德的客观依据存在于人的道德构成——人性之中。他们接受孟子的观点，认为人类道德的起源根植于人类与生俱来的道德情操。由于每个人在本质上都有这样的道德情操，客观的道德原理（道）就是人性所固有的。正如程颢所说："道即性也。若道外寻性，性外寻道，便不是……自家元是天然完全自足。"（二程 1981，1）。因此，二程兄弟的美德伦理学是牢固地建立在他们的人性形而上学的基础之上的。

接下来，我们将首先解释二程兄弟这一套道德德性和品格特质。之后我们将转到 Harman 对稳健美德伦理学的批判，并替二程兄弟回应它们。

仁：普遍利他主义

根据孟旦的看法，与西方伦理学对个人自由意志的强调形成鲜明对比的是，"理学的核心是互惠的利他主义（reciprocal altruism），源于紧密的家庭关系"（Munro 2002，140）。孟旦所说的互惠利他主义（reciprocal altruism）是进化生物学中的一个概念，即"相对于人群中随机的人，将来更有可能报答或回馈的人比较会成为受益者"（Munro 2002，135）。换句话说，利他的有机体（altruistic organism）更有可能将帮助行为扩展到那些在未来处于类似互惠位置的陌生者身上。孟旦认为儒家利他主义的本质是"互惠的"（Munro 2002，133）。他举了这样一个例子：君主待臣民以德，臣民就会报之以爱戴和忠诚。更进一步而言，在作为儒家伦理基础的五伦关系中，"每个人都对所在之伦的另一方负有责任，也对另一方给予自己好处拥有正当的期待（legitimate beneficial expectations）"（Munro 2002，

133）。

进化论生物学家利用互惠利他主义来解释，在自然选择的自我保存倾向（self-preservation tendency）占主导地位的情况下，非亲缘利他主义（non-kin altruism）是如何成为可能的。进化论生物学家 Robert L. Trivers 最先提出了这个解释模型，他认为，自然选择青睐利他行为，因为如果利他行为会得到回报，那么从长远来看，利他行为对执行这些行为的有机体是有益的。是以，互惠利他主义更有可能在由个体组成的小群体中得到推广，因为这些个体在他们的一生中会有机会多次彼此互惠。Trivers 用这个模型来解释人类社会普遍存在的利他主义倾向。社会生物学家 Edward O. Wilson 也认为，利他主义有利于亲属的生存。他指出，大量的证据表明，"相互合作的个体（cooperative individuals）通常活得更长，并留下更多的后代"。因此，在进化的过程中，使人们倾向于合作行为的基因"在整个人类群体中占据了主导地位"（Wilson 1998，253）。Trivers 和 Wilson 都将利他主义的进化模式与道德联系起来。Trivers 认为，许多使我们能够在社会上发挥作用的情感，如友谊、喜欢、不喜欢、感激、同情、内疚、羞耻和道义性攻击（moralistic aggression）等，都是"调节利他主义体系的重要生物适应表现（adaptation）"（Trivers1971，35）。Wilson 则认为，利他主义的进化过程"孕育"了我们的道德情操，如良知、自尊、懊悔、移情、谦逊和义愤（moral outrage）（Wilson 1998，253）。

然而，进化论生物学中的互惠利他主义是在物种发展（species development）层面定义行为与情感范式，它能否成为个体行为的道德模式还存在疑问。对于这种主义的伦理应用，有两个主要的保留意见：首先，如果人们的利他行为仅仅是因为他的基因倾向，那么他很难因自己的行为而获得赞誉；其次，如果利他的个体选择性地帮助那些更有可能回报的陌生人，而忽略另外一些人，那么他的利他主义就似乎是被利己主义驱动的，只会反映出经过计算的自我利益（calculated self-interest）。因此，表现在儒家仁爱观念中的儒家利他主义，不应被视为一种源于进化模式的互惠利他主义。对它的更好解释是"普遍的利他主义（universal altruism）"，这是一种关心那些属于非亲缘群体（non-kin group）的他人福利的态度，无论从长远看他们能否回报。

二程兄弟非常强调仁，他们将仁定义为一种作为"百善之首"（二程 1981，283）的德性。按照陈荣捷的说法，理学伦理学"在这一概念中达到了极致"：仁不仅是"所有特定德性的基础"，它也是"使善的行为成为可能的生成性力量（generative force）"（陈荣捷 1978，118）。这一德性能成为道德的唯一基础吗？基于这一概念的美德伦理学能否应对道德怀疑论的挑战？为了理解"仁"的魔力，我们将详细分析这个概念。

公元 2 世纪以来经典的中文字典《说文解字》对中文的"仁"字进行了如下的词源学分析："仁"字包含两个词根："二"和"人"，而这个字的一个古老写法是"忈"，它包含"千"和"心"两个部分。从这一分析中我们可以看出，中文的"仁"概念主要是一种人际德性（interpersonal virtue），而且它描述的是一种心理状态。"仁"常与爱联系在一起，但它是爱的一种普遍形式，而不是人们对自己最亲密的亲人所拥有的特定之爱。在清代康熙皇帝时期编撰的官方字典中（完成于 1716 年），"仁"

这个字还有其他几个含义。例如,"仁"代表果仁和种子的生命力,因此它与活力(liveliness)或效能(potency)有关。"仁"也代表四肢的动力(vigor),因为至少从公元 1 世纪开始,古代的医书就把手足痿痹描述为"不仁"。

在儒学的语境中,仁这一德性的最显著特征是对他人福祉的普遍人道主义关怀(humanitarian care),因此它被翻译为"humaneness"。在《论语》中,孔子把"仁"看作是任何道德主体(君子)都必须培养的基本德性,具有这种德性的人被称为"仁人"。按照孔子的说法,"夫仁者,己欲立而立人,己欲达而达人"(《论语》6:28)。因此,我们可以看到,仁不只是建立在怜悯或同情之上,也不只是伴随着减轻他人痛苦的愿望。反之,这种德性是建立在移情(设身处地为他人着想)之上的,而且对他人的关怀还包括他人的自我实现和他们人生目标的实现。按照孔子的说法,如果一个人能够下定决心发展自己的仁("苟志于仁"),那么他就不会有恶(《论语》4:4)。换言之,仁是道德主体性的充分条件(sufficient condition)。人们所需要做的只是以仁为志愿,同时具有正确的意图和决心,就不会做任何坏事了。在孔子的观念中,仁的确是一种稳健的品格特质——真正拥有这种德性的人即使是在很短的时间内也绝对不会背离它:"君子无终食之间违仁,造次必于是,颠沛必于是"(《论语》4:5)。不过,孔子也承认保持这种德性的稳健性是困难的。他说,在他的学生中,只有他的模范学生颜回能"其心三月不违仁",其他的学生只是"日月至之"罢了(《论语》6:7)。这表明,在孔子的评价中,仁是崇高的道德目标。现在我们要回过头来看看二程兄弟是如何以"仁"这一概念为基础，进一步发展他们的美德伦理学的。

程颢认为"手足痿痹为不仁"这一医学术语最能描述仁的状态。如果人们的手足痿痹，那么它感觉起来不像是自己的。在程颢的观念中，仁人能够把世界上的所有东西与他们的自我统一起来，有如处在同一个身体中。由于他人与自我在一个身体中一体相连，个体必然会对他人的需求和困境保持敏感。因此，要培养仁这一德性需要认识到一个形而上学事实，即世界上所有的事物都是作为一个整体的部分相互联系的。在程颢的著名论文《识仁篇》中，他把"仁"定义为"浑然与物同体"（二程 1981，16）。从这个定义中我们可以看出，在程颢的观念中，仁不仅仅是一种道德德性，它也是关于我们存在本质的一个本体论事实。如果我们真的和世界上的其他事物在存有上是不可分割的，那么我们自然会，也应该会对世界上的其他事物有真诚的关怀。也就是说，程颢的关于仁的美德伦理学是建立在他的"万物一体"的形而上学观念之上的。一旦人们接受了这种世界观，并认识到自己与他人的不可分离性，仁这一情操就会自然而然地产生。用程颢的比喻，我们可以说，人们感受到别人的痛苦，就像他感觉到自己手足的痛痒一样。这种情操应该是心理的自然反应。

而根据程颐的观点，仁这一德性的心理预备（mental preparation）是"公"。只要人能够心怀公正，他就能够"物我兼照"，这正是培养仁的方法（二程 1981，153）。程颐进一步指出，没有自私之心，是朝向仁德发展的一种相关心理预备。程颢解释了他弟弟的观点，进而指出，圣人以如下的方式致力于公正："公（impartiality）"这一法令并不是要求我们均等地对待一切事物，而是要"心尽天地万物之理，各当其分"（二程 1981，142）。从这一解释，我们也可以看到为什么程颐认为"有私意"会阻碍人们的道德修养。如果人们有任何基于自爱（self-love）、自负（self-importance）和自视（self-regard）的偏爱或偏见，那么他就不能准确地理解他人"各自的分位"（respective dues）。在第七章中，我们已经解释过，在中文中，（自私之）"私"（selfish）字常常与（公正之）"公"（fair）相对；这两个字也用来描述（私人之）"私"（private）与（公共之）"公"（public）。如果人们的关注总是局限于他的熟人圈子，那么他就无法获得仁。培养仁的第一步就是为他人或公共利益着想。程颐认为，"公"是体现仁德的一种方式，但它不等于仁本身，因为"公只是仁之理"（二程 1981，153）。我们或许可以把公看作是仁的必要但不充分条件。对程颐而言，人之心就像谷物之种，而使得谷物生长的正是仁（二程 1981，183）。换言之，仁滋养了道德主体的心灵，增强了他行善的决心。

对于程颢与程颐而言，仁德的培养奠基于"自我作为世界整体之一部分"这个理念。这一理念当然不是二程兄弟的首创。它可以追溯到张载关于普遍亲缘关系的道德理想，正如我们前章所解释的。然而，在二程兄弟的道德哲学中，仁与他们关于**一体**（oneness）的形而上学关系更为密切。正是因为道德主体认识到了他与其他生物是作为同一个整体的一部分而存在于世界上的，因此，他能够真诚地关怀他人的幸福。使得普遍的利他主义成为可能的，正是这个对"一体"的形而上学事实的知性体认。使得圣人、仁人成为"完美道德主体"的，也正是他们"以天地万物为一体"的心理境界（二程 1981，

1179）。①由于他们欣然接受了这一形而上学的自我概念,他们对他人的人道主义关怀是自然而然的,而且他们也可以将这种关怀持续下去。

要详细说明二程兄弟的道德哲学,我们可以说,在他们的理念下,品格特质或道德习惯的稳健性必须建立在一种关于人与世界关系的坚实的形而上学信念之上。我们的自我观与世界观影响我们的行为。二程兄弟关于仁的美德伦理学的目标并不是要确立仁这一德性的自身价值,它也没有为仁德的全面性提供任何论据。事实上,他们的整个伦理学只有在他们关于一体性与关联性的形而上学之下才得以可能。由于仁只不过是"万物一体",它是关于我们的存在的一种既有的(given)而不是后天获得的(acquired)特征。换言之,仁这一德性内在于我们的本性,因为我们先天的是与世界上的所有事物联结为一个整体的。由于仁不是一种后天获得的特质,它当然不会在不同的情境中丢失。这种道德特质的稳健性根源于一种坚定的关于自我的形而上学概念。如果一个人失去了这种道德特质,那么,他也就失去了自我尊重,甚至自我认同。这一道德观点从根本上是建立在自我认同模型的基础上的,而且尤其是建立在二程

---

① 最近几年,艾文贺正在发展一种他称之为理学语境中的"'一体'假说(the oneness hypothesis)"。艾文贺认为,"以万物为一体"的意识是根源于"万物的相互关联性(the interconnectedness of all things)",这一理学的形而上学信念能够更有效地激励人们去帮助他人。对这一理论的例证,他特别提到了张载和王阳明。参见 Ivanhoe 2013 和 Ivanhoe 2015。在第十一章,我们将对艾文贺的王阳明诠释给予一个更为全面的解释。

兄弟所接受的形而上学观点之上。

诚与敬

在程颢看来，即便在我们意识到仁是内在于我们的之后，我们仍然需要借助于另外两种德性来维持仁这一德性：诚与敬（二程 1981，16）。程颐也强调了把这两种德性看作不可分割的整体的重要性。诚是《中庸》①里的一个重要概念，在《中庸》里它既是一个形而上学概念，表示**实在**（reality）；也是伦理学概念，表示**真诚**（sincerity）。在程颢的理解中，诚并不是一个仅仅应用于如人类这种有情众生的道德或心理概念。反之，诚是"天之道"，因为天自然而然地完成其运行，无须做任何努力，也无须反思（二程 1981，1158）。换言之，程颢所说的"诚"只是自然世界中事物的运行方式。事物皆有其理，而按照程颐的说法，"诚者，实理也"（二程 1981，1169）。当有人向程颐询问这一论述何意时，他回答说，做一个真诚的人就是要"灼然见其是非可否"（二程 1918，1192）。因此，我们可以把诚理解为一种**知性之德**，表现在我们处理事物的认知的和意欲行动的（conative）能力之中。在二程的用法中，除了《中庸》所采纳的形而上学和伦理学维度之外，诚这一概念还获得了一种认识论维度。

程颢将**诚**与**实理**之间的概念关联阐释如下：

---

① 《中庸》与《论语》《孟子》《大学》一起构成儒家的四大经典。它据说是孔子的孙子子思所撰，最初是作为《礼记》的一章出现的。

> 实有是理，乃有是物。有所从来，有以致之，物之始也；有所从亡，有以丧之，物之终也。……夫诚者，实而已矣。**实**有是理，故**实**有是物；**实**有是物，故**实**有是用；**实**有是用，故**实**有是心；**实**有是心，故**实**有是事。是皆原始要终而言也。（二程，1981，1160；黑体为作者所加）

从当代的视角，我们可以说程颢这里所宣称的正是他的**实在论宣言**（Realism Manifesto）：既然事物确实存在，它必然有其存在之理，在这一意义上，任何存在的事物都是由其自身来**证实的**（authenticated）。程颢宣称自然界不存在"错误"或"虚构"（他称之"无妄"）（二程 1981，823）。事物不是人心的构造，而且事物的分类（individuation）也不是人类分类学和人类概念所创造的。自然物种是在自然界中本有的划分，因为每一物种都有其区别于其他物种之理。如果我们人类能够认识到每一种事物的本性（或理），并据此对待它们，那么我们就是诚于自然的，从而体现出**诚**这一德性。这就是为什么我们的私意会妨碍我们拥有这种知性之德。

从当代发展心理学（developmental psychology）的角度看，诚是在任何情境下都忠于自己。根据著名人格发展心理学家 Erik Erikson（1902—1994）的观点，人们"在行动中注重对自己真诚而且真实"构成了一种基本的德性，这种德性"与自我认同的发展有着内在的联系"（Blasi 1984，132）。二程兄弟也把诚看作是个人自我身份认同的基础，以及个人道德人格的必要条件。按照程颐的说法：

> 学者不可以不诚，不诚无以为善，不诚无以为君子。修学不以诚，则学杂；为事不以诚，则事败。自谋不以诚，则是欺其心而自弃其忠；与人不以诚，则是丧其德而增人之怨。……故曰：学者不可以不诚。（二程 1981，326）

如果诚是如此根本的德性，那么人们如何能变得诚呢？二程兄弟为培养诚提供了如下指导："闲邪则存其诚"，"敬是闲邪之道"（二程 1981，149，185）。他们所说的"敬"是一种投入（devotion）、坚持（commitment）和专一（concentration）的心理状态——程颐把这种心理状态称之为"主一"。个人注意力所应该集中的并不是外在对象，而是自己的精神投入（mental devotion）。因此，"敬"需要内省的心理活动。它是人们在处理日常生活中的繁杂事务时的内省并且保持的一种心理上的平静和纯洁。正如程颐所解释的：

> 主心者，主敬也。主敬者，主一也。……苟系心于一事，则他事无自入，况于主敬乎？（二程 1981，1192）

如果我们能够始终使我们的心灵处于一种"敬"的专注意识状态，那么我们就能够更好地处理我们手边的事务。对我们所做的事情以及我们对待事物的方式展示敬意，就是让我们的心灵处于一种纯粹的专注状态的方式，从而不让任何外来的想法污染我们的心灵。因此，二程兄弟所说的"闲邪"只不过是摆脱干扰、摆脱私意或私欲。正如程颐所说："一不敬，则私

欲万端生焉。害仁，此为大。"（二程 1981，1179）

根据前文的讨论，我们可以看到，对二程兄弟而言，仁、诚与敬三种德性是作为一套道德德性而关联在一起的，并具有形而上学、认识论、心理学等维度。它们的关系可以分析如下：诚是敬的充分条件，而敬是诚的必要条件。"诚则无不敬。未至于诚，则敬然后诚。"（二程 1981，1170）换言之，我们可以通过心存恭敬而达到诚的境界，但仅仅拥有敬的心理状态并不足以实现诚。在二程兄弟的概念中，诚代表了一种能够看清事物本相的更进一步的知性之德；也就是说，认知事物之理，穷究事物之**始**与**终**，"圣人自诚而明"（二程 1981，331）。这就是说，如果人们有诚，就可以与自身之理合而为一。由于"天下万古、人心物理，皆所同然"（二程 1981，1158），人们可以对万物之理获得明照性的洞察（illuminating insights），或者我们可以说，他会就此**开悟**（enlightened）。这种形式的知识是知识的最高形式，在二程兄弟看来，这是唯一重要的知识形式。程颐把这种形式的知识称之为"德性之知"，以区别于从感官知觉中获得的普通知识。二程兄弟的知识理论只涉及这一种知识；因此，他们的知识理论与他们的道德理论是紧密相连的。

按照 Harman 对整合主义美德伦理学的解释，完美的道德人格不仅在动机和行动层面具有稳健的品格特质，也具有"稳健的感知习惯"（Harman1999b，4）。换言之，一位完美的有德者不仅需要具备道德德性还需要具备知性德性。接下来，我们将转向二程兄弟的"德性之知"概念，包括他们列举的知性之德、他们所建议的方法以及他们关于知性主体的理想状态。

二程兄弟的德性认识论

按照 John Greco 关于"德性认识论"的描述，德性认识论的不同研究进路具有两个统一的主题：首先，他们把认识论看作是一门规范性学科（normative discipline）；其次，他们把"认知主体（intellectual agents）和群体（communities）"看作是认知价值（epistemic value）的主要来源和认知评价（epistemic evaluation）的主要关注（Greco 和 Turri 2011）。我们将看到这些主题也在二程兄弟的德性认识论之中。二程兄弟的知识理论包含着知识目标的规范性条件、"真知"的定义，以及全面性知识的满足条件。知识的目标涉及到认知的对象，而真知的规范性条件以及全面性知识的满足条件则是依据认知主体的知性以及道德德性来定义的。一个人是否具有真知，既不是由他对他所相信的命题所进行的辩护（justification）判断的，也不是由他用来认知的认知机制（cognitive mechanism）的可靠性判断的。反之，一个人是否具有真知是根据以下几点判断的：他是否具有认知所必需的知性之德，他是否通过自己的知识增强了对于终极实在的理解，以及他的行为方式是否因为他的知识而改变。

知识的目标

在二程兄弟的观念中，知识的目的不是简单地了解某一特定事物的性质，或者知道某一种事态在我们的世界中是否成立

(hold true);反之,知识的目标只在于一件事:**了解所有现象背后之理**。他们的观点与亚里士多德在如下评论中所表达的观点非常接近:

> 在每一个具有第一原理(first principles)、原因(causes)或元素(elements)的系统研究中,知识和科学都是由对这些第一原理、原因或要素的了解而产生的;因为,在我们看来,我们只有获得了关于根本原因、**最初的第一原理**直到元素的知识时,我们才认识了某个事物。因此,很显然,自然科学和其他领域一样,我们应该首先尝试确定有关第一原理的问题。①(《物理学》184a10-21,黑体为作者所加)

亚里士多德所说的第一原理当然与二程兄弟所说的天理或分殊之理不同。虽然如此,他们关于知识的终极目标的观点看起来是非常相似的:知识应该以达到普遍性(generality)的最高水平为目标,认知主体的目标应是把握事物最基本、最全面的原理——第一原理。

---

① 中译文参见亚里士多德《物理学》:"既然探究本源、原因或元素的一切方式都须通过对它们的认识才能得到知识和理解——因为只有在我们认识了根本原因、最初本原而且直到构成元素时,我们才认为是认识了每一事物——那么显然,在关于自然的研究中,首要的工作就是确定有关本原的问题。"(徐开来译,中国人民大学出版社,2003,第1页)这里的译文是译者根据本书英文版的引文译出的。——译注

按照二程兄弟的说法，知识的终极目标是一切事物的统合之理（unifying principle）：天理。这一统合之理表现在无数的分殊之理中；因此，通过研究分殊之理，人们可以最终把握这个统合之理。知识的目标最终是为了要理解世界以及人在其中的位置，从而可以知道人在既定的情境中如何作为。知识是为了**生活得更好**（living well），而获得真知能够使人成就圣人境界——完美的道德人格。按照程颐的说法，"随事观理，而天下之理得矣。天下之理得，然后可以至于圣人"（二程 1981，316）。因此，知识并不仅仅是为了认知，而是为了要正当地行为（acting correctly）和有德性地生活（living virtuously）。

我们已经解释过，二程兄弟区分了**德性之知**和**闻见之知**。前者是作为心灵功能的道德知识，而后者则包含着从我们的感官所获得的关于外在事物的所有经验性知识。对二程兄弟而言，德性之知是唯一重要的知识。在他们的眼里，那些专注于考察细节以及收集事物之间同异点的人（例如科学家，我们猜想）不过是在研究一些琐碎的东西。按照程颐的说法，"闻见之知，非德性之知。物交物则知之，非内也，今之所谓博物多能者是也。德性之知，不假闻见"（二程 1981，317）。更进一步而言，二程兄弟眼中唯一重要的一种知识即是对圣人境界的研究。这种知识是"根本的"，而不是关于自然对象的琐碎知识。对二程兄弟而言，知识的终极目标是成就圣人境界。然而，圣人境界并不仅仅表现为行为主体的内在德性（internal possession of moral virtues），还表现在行为主体在处理事务时的理想方式上。二程兄弟并不拒斥自然知识，而是把自然知识看作是圣人境界的总体要求的一部分。即便在研究自然世界，如认知动物、植物之名时("多识于鸟兽草木之名"),我们的目标也不是要获得繁杂自然知识本身("非教人以驳杂为功也"),而是要学会如何从事物的真相和本性去治理万物("所以由情性而明理物也")(二程 1981,1206—1207)。这种对德性之知的强调可能是二程兄弟的学说没有进一步产生自然科学知识的主要原因。我们将在第十一章看到,由陆象山和王阳明所领导的对立学派更进一步将研究转向内在:**心即理**,从而研究内在于心之理。因此,理学的认识论其实主要是道德认识论。

真知的条件

二程兄弟区分"真知"与"常知"。按照程颐的说法:

> 真知与常知异。常见一田夫,曾被虎伤,有人说虎伤人,众莫不惊,独田夫色动异于众。……真知须如田夫乃是。故人知不善而犹为不善,是亦未尝真知。若真知,决不为矣。(二程 1981,16)

从这一评论中,我们可以推导出常知与真知之间的如下区分[①]:

[常知]:A 拥有常知,当且仅当

---

① "知识"的中文定义并不一定是命题的形式。我们使用标准的西方格式只是为了突出这两种知识形式的差异。

A 相信 p

p 是真实的

A 在认知上有能力相信 p

[真知]：A 拥有真知，当且仅当

A 相信 p

p 是真实的

A 在认知上有能力相信 p，并且

A 的行为符合 A 在相关情境下对 p 的评估。

换言之，真知要求在适当的情况下个人行为的转换（behavioral alteration）。程颐认为，如果人们只是口头上说他学到了什么，那么他并没有真正学到。按照他的说法：

> 人不能若此者，只为不见实理。实理者，实见得是，实见得非。凡实理，得之于心自别。若耳闻口道者，心实不见。若见得，必不肯安于所不安。（二程 1981，147）

例如，烟瘾大的人常常承认吸烟有患肺癌的风险，但许多人仍然在吸烟。按照二程兄弟的评价，这些人并不"真正地知道"吸烟有害健康。他们只是掌握了这一信息，但他们并不真地知道。因此，在这里有一个对于认知的规范性标准（normative standard）：只有那种能够导致适当的行为改变的知识才可以被视作真知。按照二程兄弟的区分，真知与常知的区别还体现在行为主体的信念上。如果人们真地相信做某事对自己有害，那么他们就不会继续去做了。知识与德性以这种方式融合为一。在后面的第十一章中，我们将看到王阳明进一步将这一观点发展为他的著名的"知行合一"论。

我们可能会想，在这一区分下，我们的日常知识是否会被认为是**常知**呢？因为在涉及我们所拥有的许多日常知识时，比如了解地球的历史或学习数学定理，并不需要改变我们的行为。我们也可以想想那些在美国电视节目《危险边缘》（Jeopardy!）中或在玩平板游戏 Trivia 时获得成功的人所拥有的五花八门的信息。他们不知道他们所知道的吗？二程兄弟并不否定常知是知识。然而，在他们看来，这类知识在生活中并不重要。我们或许可以任凭我们的大脑中充满各种琐碎的信息，但是如果我们的存在没有因此变得更好，那么这些信息对我们就没有意义。按照程颐的说法，"无益于身，君子弗学"（二程 1981, 319）。

由于真知必须反映在认识主体的行为中，所以在这种认识论下，知识与行为是不可分割的。二程兄弟对知与行之间的关系似乎有两种理解。一方面，没有反思性行为（reflective behavior）的知识根本不是"真知"。按照程颐的说法，"知之深则行之必至，无有知而不能行者。知而不能行，只是知得浅"（二程 1981, 164）。然而，另一方面，他们也持有如下观点：知道 p 和按照自己对 p 的认知来行动是同一认知过程（epistemic process），而（在适当的情况下）如果没有相应的行动，这一认知过程就是不完整的。知是这一过程的开始，而行则是这一过程的结束。"知终终之，力行也"（二程 1981, 700）。换言之，二程兄弟可以用如下的方式来定义"知（knowing）"：

知＝拥有关于 p 的信息，并根据该信息行动①。

如此定义，则"知识"在其成功条件（success condition）中既包含了认识维度（cognitive dimension），也包含了行动维度（conative dimension）。根据这一定义，如果一个人不根据他关于 p 的信息而行动，那么他就并未真正**知道**。一个人的真知体现在他的行为之中；真知的成功条件是基于所获得的知识而做出真正的行为改变。

知识的方法论：格物

二程兄弟认可《大学》关于"致知在格物"的学说。按照程颐的说法，人们的研究对象，不仅是外在事物之实然，而且是被纳入到我们的生活经验中的外在事物。换言之，知道一个对象 x，就是要知道如何正确地处理 x。他以烹饪为例解释道，如果我们知道 x 和 y 的性质，那么我们就知道当我们把 x 和 y 混合在一起时，食物会产生什么味道（二程 1981，162）。因此，认知对象的方法被嵌入到关于对象的使用和应用中。"拥有关于 x 的知识"就在于"拥有对 x 的恰当处理"，这一点的最佳体现可以在传统中医对草药的研究中看到。比如说，要理

---

① 这一观点可以被解释为与 Ernest Sosa 的"知识即表现（knowledge as performance）"理论相一致：知道就是在相应情境中恰当地执行。来自中国台湾的米建国（Chienkuo Mi）一直在发展这一比较哲学的角度。

解某种根茎之性质，中医需要知道其与其他根茎或植物相互作用时的功能。同一种根茎，在与一些草药共同使用时是有疗效的，而在与另一些草药共同使用时则可能是有毒的。更进一步来说，为了恰当地处理根茎，中医也需要了解病人的身体状况——某组草药组合也许对一些人有益，但对另一些人则是有害的。因此，对单个物品（本例中的根茎）的知识需要对相关情况下的许多其他物品的知识。如果一个人不能在所有情况下都正确地处理 x，那么就不能说他真正了解 x 的本性。

　　对二程兄弟而言，思考是知识方法论的重要组成部分。按照程颐的说法，"为学之道，必本于思"（二程 1981，324）。一般而言，如果我们认真地思考某些事情，我们终将开悟。然而，思考并不是唯一的方法。有时，人们会被困于自己的研究：无论个人多么努力，他都无法弄懂。程颐建议道："若于一事上思未得，且别换一事思之，不可专守着这一事。盖人之知识，于这里蔽着，虽强思之亦不通也。"（二程 1981，186—187）这就是为什么二程兄弟会建议通过广泛地格物来学习最具重要性的根本之理：天理。我们对事物的研究必须力求多样性，以便在没有充分理解的地方，可以用我们在其他地方学到的东西加以补充。我们也不能仅仅通过静坐冥想来学习天理，因为静坐冥想不会给我们带来任何知识。

　　在思考之外，二程兄弟还提倡如下的知识方法论：

> 穷理亦多端，或读书，讲明义理；或论古今人物，别其是非；或应接事物而处其当。（二程 1981，188）

第三部分　德性的培养、道德人格以及道德世界的建构

换言之，二程兄弟的知识概念非常宽泛：它包含**命题性知识**（knowing-that）、**对象性知识**（knowing-about）和**能力之知**（knowing-how）。知并不是一种单一的心理功能，人们所能知的对象也不仅仅是命题，而是命题性真理、信息与技艺的结合。

对二程兄弟而言，知识主要有一种实用的功能（pragmatic function）：知 x 之理就是为了在相关的情况下恰当地处理 x。按照程颐的说法，"物则事也。凡事上穷极其理，则无不通"（二程 1981，143）。不过，穷理的要求，涉及的是研究的深度（depth）而不是广度（scope）。二程兄弟并不认为我们必须知道每一种分殊之理才能知道万物的统一之理。有时候，我们在积累了足够的个殊知识后会达到知性的飞跃（intellectual leap）："所务于穷理者，非道须尽穷了天下万物之理，又不道是穷得一理便到。只是要积累多后，自然见去。"（二程 1981，43）

关于这一方法论，程颐和一名学生的讨论被记录如下：

> 或问："格物须物物格之，还只格一物而万理皆知？"曰："怎生便会该通？若只格一物便通众理，虽颜子亦不敢如此道。须是今日格一件，明日又格一件，积习既多，然后脱然自有贯通处。"（二程 1981，188）

为什么我们对分殊之理的理解积累后会导致我们对统合之理的领悟呢？程颐解释说："只为万物皆是一理。"（二程 1981，157）在第三章，我们已经分析了程颐"理一万殊"的口号是什么意思。在这里我们看到二程兄弟的认识论也是以他们的形而上学为基础的——正是因为他们相信"万物皆是一理"，他

们才会将知识的目标设定为这个"一理"。由于我们的存在（我们的本性）都被赋予了这一理，我们的心必然能够把握这一理。程颐说，"物我一理，明此则尽彼，尽则通，此合内外之道也"（二程 1981，1272）。

二程兄弟对认知怀疑论（epistemic skepticism）的回答，就是对我们能力的信任。在第三章中，我们已经解释了他们的**规范实在论**。在这一实在主义思考中，世界和我们由相同的自然之理所支配。我们的性情，作为自然的产物，保证了认知成功（epistemic success）的潜在可能性。有了正确的态度（亦即不带个人偏见地忠实于世界），习惯性的实践调查，以及处理事物时积累核查正确性（accumulated verification），人们就可以真正地"知"。换言之，二程兄弟对怀疑论者关于"我们是否能真正地知道世界"的回答，就在于他们对认知主体的德性，以及认知主体与世界联系的信任。从旁观者的角度看，判断一个人是否真正地知道，其方法就是去观察他的品格和行为。如果这个人真正地知道，那么他的举止和行为将与他所处理的事物本性相符合。换言之，知识将由认知主体的**表现**（performance）来判断。即便在一切都是为了愚弄我们而编造出来的恶魔（*evil demon*）情境[①]中，如果行为主体在他的被操纵的世界中按照事物的本性而表现（perform）良好，那么他仍然可以被认为拥有真正的知识。当然，在二程兄弟的规范**实在论**（normative realism）中，这类场景在形而上学层面是不具备可能性的。

[①] 这里 evil demon 是指笛卡尔《第一哲学沉思集》中方法怀疑论的恶魔假设。

第三部分　德性的培养、道德人格以及道德世界的建构　*313*

现在我们应该回过头去处理怀疑论对整合主义美德伦理学以及德性认识论的挑战。

回应关于稳健品格特质的怀疑论

Harman（2009）对稳健的品格特质的存在提出了几点质疑。第一个问题是，人们常常缺乏自知之明。Harman 引用了萨特的观点：人并没有固定的品格，"也就是说，人们的品格其实只不过是他们外在表现出来的人格"。我们可以把这一问题称之为"伪装问题（the problem of pretense）"："有时甚至对自己，人们只是伪装（pretend）为某种人格而不是另一种人格。"（Harman 2009，236）

"伪装问题"引发了对人们真实地自我审视的能力以及人们自我认知（self-knowledge）的准确性的普遍怀疑。Eric Schwitzgebel 认为，就对自己的个性特质和道德品格的自我认知而言，我们是相当"无自知之明（self-ignorant）"的。他推测，"人们的实际道德品质和他们对自己道德品质的看法之间几乎没有相关性"（Schwitzgebel 2012，194）。然而，即便在一般人中这可能是一个普遍现象，但对我们的完美道德主体而言它不应该成为问题。在《论语》中，孔子强调了"自知"的重要性。孔子的学生曾子也强调他每天都要反省自己："为人谋而不忠乎？与朋友交而不信乎？传不习乎？"（《论语》1：4）。一个道德主体努力通过仔细而深思熟虑的自我审查来真实地认识自己。对二程兄弟而言，**诚**或**真**这一德性是道德主体必须培养的一个基本德性。人们没有这种德性，就不能说达到了成熟的道德主

223

体的境界。因此,"伪装问题"并不会对二程兄弟所描绘的、具有诚与真这种稳健的道德特质的理想道德主体构成任何威胁。

Harman 提出的另一个问题是"基本归因谬误(the fundamental attribution error)"问题:我们对人们品格特质的一般性归因"经常是被严重误导的"(Harman 1999a,316)。Harman 认为"没有经验支持人们有所谓人格特质的存在",因此,把品格特质归纳于道德主体正是犯了一个基本的归因谬误。Harman 认为性格心理学家(character psychologist)和整合主义美德伦理学家之所以会犯基本归因谬误,是因为他们只是把注意力集中在主体(figure)身上,而没有关注背景(ground);换言之,他们观察到行为主体的稳健性情倾向,但忽视了行为主体身处的情境。

归因谬误这一问题对二程兄弟构成了巨大的威胁,因为如果性格特征不存在,那么他们确立具有稳健德性的道德认同的整个规划就建基在一个道德幻象(moral mirage)之上。为了反驳基本归因谬误的指控,美德伦理学家必须在精心设计的社会实验中收集证据。二程兄弟当然无法提供反证。要替二程美德伦理学辩护的人则需要收集经验证据,以佐证诸如仁、圣等完美道德品格特质真正存在。正如我们在第八章已经看到的,这种经验证据不会在基于普遍大众的心理学实验中发现。普通人(ordinary people)经常屈从于各种情境压力,因此,他们的道德品格特质不可能像理想的有德之人那样稳健。另一方面,完美的道德主体之所以是**非凡**(extraordinary)的,正在于他们拥有稳健的道德倾向和一致的道德习惯。

不幸的是,历史上并没有多少道德榜样可以供我们援引,以作为稳健的道德品质的可能性的经验证据。达到完美道德主体的境界，是一项非凡的成就。二程兄弟在谈论圣人时通常想到的是孔子，而且他们还把孔子的杰出学生颜回作为仁人的典范。在程颢关于孔子的品格特质的描述中，孔子总是"致于公"，并且试图"尽万物之理"（二程 1981，142）。程颐把完美的实践智慧归于孔子："圣人与理为一，故无过无不及，中而已矣。""圣人知进退存亡而无过，则不至于悔也。"（二程 1981，307，697）不过，尽管孔子是非凡的，二程兄弟都没有把圣人作为一个无法企及的规范性目标。相反，道德行为主体自我选择的目标应该是达到**圣人境界**，而且每个人最终都可能成为圣人（二程 1981，1199）。

仁人的境界可以被看作是形成圣人境界过程中最接近的下一个阶段。程颐 20 岁时为太学的入学考试写了一篇著名的论文《颜子所好何学论》。在这篇论文中，他宣称颜回之所学只不过是圣人之道。而颜回有何方法呢？他严格遵守下列规范准则："非礼勿视，非礼勿听，非礼勿言，非礼勿动。"（二程 1981，578）我们可以看到，这个方法不过是持续的自我监管（self-monitoring）和自我约束（self-disciplining）。在程颐的理解中，正是这种持续的自我规训（self-regulation）担保了仁和圣这种稳健的完美道德特质。也正是因为这个方法，颜回才能够做到"三月不违仁"（按照《论语》的说法）。

培养稳健品格特质的正确心态是真实地面对自己的目标，做到"诚"。程颐将这种培养看作是一个缓慢的过程。按照他的说法：

> 诚之之道，在乎通道笃。通道笃则行之果，行之果则守之固，仁义忠信不离乎心，造次必于是，颠沛必于是，出处语默必于是。久而弗失，则居之安，动容周旋中礼，而邪僻之心无自生矣。（二程 1981，577—578）

换言之，理想的道德人格特质的稳健性是可能的，因为这正是道德主体所追求的：道德人格的发展和维持不被中断，而且规范准则不被违反。我们甚至可以得出这样的结论：完美的道德特质的稳定性或稳健性已经包含在**圣**和**仁**的概念中——圣人或仁人正是具有稳健的道德人格和公、仁、诚、敬等稳健的道德特质的人。这样的人当然不会在不同的情境下改变他们的操守。

程颢本人就实践了他自己的学说。根据他的学生和朋友们所编写的传记记载，程颢早年在一首诗中写到："中心如自固，外物岂能牵。"（二程 1981，328）这表明，即便在幼年，他已经开始强调道德倾向稳健性的重要性。后来在他十几岁时，他师从周敦颐，穷究性命之理。在与人相处时，他表现得"从容不勉"（二程 1981，328）。程颢一生经历了多次政治上的升降沉浮，但他从未改变自己的风度，也从未有失冷静。当他不能认同由王安石（1021—1086）所发动的、具有争议的政治经济变革时，他结束了政治生涯，并将余生奉献给了教学。虽然其他人为他感到不公，但他从未失去自尊与自律。一位学生写到："从先生三十年，未尝见其有忿厉之容。"（二程 1981，330）程颢的道德品格被描述如下："虽不用于时，然至诚在天下，惟恐一物不得其所，见民疾苦，如在诸己。"（二程 1981，330）有人将程颢最典型的道德品质描述为"诚"（二程 1981，331），而另外有人则写到："所谓完人，若先生是已。"（二程 1981，332）

这一对程颢个人生平的长篇论述，可以作为一个例证来反驳那些质疑稳健道德特质存在的道德怀疑论者。我们再回到这一问题：人们是否可以拥有稳健的道德品格，以使他们即便在最具挑战性的情境中也不会动摇？由于没有经验证据，我们无法确切地回答这一问题。然而，我们可以说，至少对二程兄弟而言这种可能性是实实在在的，因为他们忠于自己的学说：即便在政治压迫时期，他们也表现出了稳健的道德品格。

小 结

综上所述，二程兄弟的美德伦理学强调理想的道德人格和成熟的道德主体所具有的道德品格特质的稳健性。这里所讨论的品格特质并不是一般的人格特质，如外向或害羞，这一点一直受到社会心理学家的争议。二程兄弟的美德伦理学并不主张这些品格特质是普遍的或与生俱来的，相反，他们所强调的是那些需要以极大的决心来**培养**，并需要通过极大的努力来维持的品格特质，尤其是在个人遇到逆境或困难的时候。拥有这些道德品质应该是任何道德主体的规范性目标：任何想成为有德者的人都应该培养这些品格特质。这些品格特质是规范性的而不是描述性的，因此，它们的存在不能被基于研究普通人的品格特质的经验性数据所质疑。没有多少人能真正达到圣人的境界或拥有稳健的仁德。然而，圣人和仁人已经把这些规范的品格特质融入到他们的自我认同中,因此这些品格特质已经成为他们思考和行动习惯的一部分。这正是二程兄弟的道德规划:强调这些稳健的道德品质的重要性,并敦促每一个道德主体致力于将这些道德品质融入他们的人格。在 Harman 看来,既然没有证据表明人们可以拥有稳健的品格特质,我们就不应该浪费精力去培养道德品质。①然而,在二程兄弟看来,教育的目的就是要培养圣人。圣人境界是二程兄弟道德学说的最高规范性目标。我们将在下一章看到,朱熹是如何遵循他们的教导以发展他的圣人观的。②

原始文献

程颢,程颐,1981. 二程集:全四卷[M]. 北京:中华书局.

英文选译

Chan, W, 1963. A Sourcebook in Chinese Philosophy [M]. Princeton, NJ: Princeton University Press. (陈荣捷,1963. 中国哲学文献选编[M]. 普林斯顿:普林斯顿大学出版社.)

---

① Harman 认为:"就改变人类命运这一我们所感兴趣的课题而言,少强调一点道德教育和品格建立,多强调一点社会制度安排(social institution)或许更好,这样人类就不会处在会做出恶劣行为的情境之中了。"(Harman 2009,241)

② 在第一部分,二程兄弟和朱熹被放在同一章节,并被解释为程朱学派。尽管二程兄弟和朱熹在道德规划方面有着非常相似的观点,但朱熹值得单独用一章来突出他的独特思想。

第十章

朱熹的成圣方法论：
道德认知主义与道德理性主义

引 言

基于其对内在道德实在性的信念（参见第五章），朱熹认为道德的成就建立在每个人的**自我修养**之上（特别强调自我）。他的道德哲学致力于建立一套有效的方法论以达成道德的成就。他的关怀是实用性的和着眼于教学的，而不是理论性和理想主义的。按照黄秀玑（Siu-Chi Huang，1978）的说法，朱熹对格物致知的强调，表现出他从道德理想的建立转变到专注于道德培养的方法论（黄秀玑 1978，176）。本章的重点是朱熹的道德培养方法论，并突出他的道德理想：**圣人境界**。[①]

在朱熹看来，自我修养的方法论包含两个层面：主敬与穷

[①] 安靖如（1998，2009）已经对朱熹的圣人境界这一道德理想给予了特殊的关注。

理（朱熹 2002，9：301）。前者描述了一种特殊的心理状态，而后者则表示一种认知活动。这两者之间似乎没有关联，尤其是它们看起来都与道德无关。然而，朱熹解释道，虽然这两者看起来是两条路径，但它们最终是相互关联的——或者我们可以说，前者是后者的基础。他说："能穷理，则居敬工夫日益进；能居敬，则穷理工夫日益密。"（朱熹 2002，9：301）保持敬的心理状态能够使人获得对外物之理的洞察；因此，敬是"穷理之本"（朱熹 2002，9：301）。换言之，敬的心理状态是道德主体从事穷理活动的心理预备，而穷理则是道德修养的途径。由此可见，朱熹的道德修养方法论的主要特征是他的**理智主义**进路。他相信道德修养需要道德知识，而一个人的道德行为是他**知道**自己应该做什么的结果。朱熹的方法是理性的也是认识论的，即便他的主要目的是个人的道德进步。怀顿本（Allen Wittenborn）说得好："即使他的目的不完全是知性的，他的方法却一定是。不过，我们需要注意，知识和道德绝不是相互排斥的……知识的功能存在于任何道德议题之中。"（Wittenborn 1982，32）在上述基础上，本章将从考察朱熹的道德知识论开始。

朱熹的道德认识论：格物以致道德之知

道德认识论关注的是我们道德信念的真理性及其正当的理由（justification）。是什么使得我个人的道德**信念**，比如"我认为偷窃是不道德的"，成为一种肯定偷窃确实是不道德的道德**知识**？我能声称自己**知道**客观上什么是对的、什么是错的吗？

对道德真理我是否生来就具有某种特殊的感知或理解能力，与我经验和认识外在世界的方式不同？在理学中，证明正当性的问题几乎从来没有出现。就道德真理而言，理学也没有特别区分**信念**和**知识**。这是因为朱熹以及其他的理学家都确信道德真理是客观真实的，而我们也都生来就有认知这些道德真理的心智能力。

朱熹的道德认识论是建立在他的形而上学和人性论的基础之上的。他认为天理是人之性以及万物之性所固有的，因而，要认识这一天理，人们需要了解自己的本性，也需要研究事物的本性。在他看来，我们获得自我知识的方法，与我们获得关于世界道德秩序的知识的方法是一致的。借用当代的术语，我们可以说，朱熹采用一种认知主义（cognitivist）的进路以扩充我们的道德知识。在第五章中，我们已经解释了朱熹对道德实在论的坚定信念，而在这里我们看到，朱熹的道德实在论与他的道德认知主义（moral cognitivism）是密不可分的。道德认知主义认为，道德判断具有我们能够认知的客观和确定的真值。按照道德认知主义，道德判断并不仅仅是人们的情感或道德情操的表达，而是具有客观真值的。道德认知主义者（moral cognitivist）反对相对主义者（relativist）的观点，后者认为道德判断没有客观真假值，所有的观点都可能相对于不同的标准同时是对的或错的。道德认知主义者则相信有一个客观的标准，按照这一标准我们可以审定某个道德判断是对是错。按照 David Brink 的说法，"如果道德错误是可能的，那么道德辩论和慎思就是知性的活动，至少在原理上，它们总是有意义的"（Brink 1989，30）。换言之，道德判断具有**适真性**（truth-apt），而道德修养是一种知性的追寻。朱熹显然含蓄地支持了这一观点。

朱熹相信德性的成就始于对道德知识的追寻,而我们认知追寻的终极目标是**道**或天理。我们已经在第三章中分析了他的分殊之理理论,而现在我们来看看这一观点是如何影响到他成就圣人境界的方法论的。对朱熹而言,要成为一名道德主体,人们需要采取一种知性的进路来理解**道**;而要理解**道**,人们需要认知其分殊之理,从而知道如何以符合其理的方式处理每个事物。每一类事物都有其分殊之理,即其性,而在我们处理某一事物时我们需要学习其分殊之理。例如,如果我们不知道某一特殊植物之性,那么我们可能为了保持植物的水分而浇太多水,最终杀死了这一植物。这可能看来是一个与人的道德无关的琐碎例子。然而,朱熹把认知分殊之理的要求扩展到我们日常生活中每一次与他人的接触、每一次对他物的处理中。如果我们知道如何按照某种人际关系的分殊之理来处理我们的人际关系,那么我们就会知道如何与这种关系中的他人恰当相处;如果我们知道支配特定情境的理,那么我们就会知道如何在这种情况下正确地行动;如果我们了解我们遇到的每一个对象之性,那么我们将总是知道如何恰当地处理对象;最后,如果我们知道世间每一事物之性,并都能相应地处理它们,那么我们一定就是**圣人**了。由此我们可以看出,朱熹的分殊之理概念不过是**行为的规范**(the norm of conduct)——"理"即是对待事物的应然方式。因此,特定事物之理为人类处理每一特定的物件(thing)和事务(affair)的行为设定了准则。对于每一特定事物 x 而言,去认识 x 的分殊之理,就是去认识如何恰当地处理 x。正如朱熹所指出的,"理虽在物,而用实在心也"(朱熹 1986，2：416）。朱熹认为，通过了解如何对待每一具体之物和处理每一具体之事，我们最终将获得对**道**的整体性洞察。人心用来领悟**道**的认知功能——朱熹称之为"**道心**"——必须通过穷究特定事物之理来加以练习，直到心达到一种悟**道**的高级境界。

与此同时，朱熹也解释道，穷尽事物之理，就是要认识事物为何如此的**所以然**。而要想知道事物的所以然，就必须超越对特定事物之性的肤浅理解，去发现它在万物的宏大体系中的位置。在朱熹的世界观中，万物相互关联，构成了一个有序的有机整体（所谓的**太极**）。每一事物都天然地符合整体性体系（holistic scheme），而普遍之**道**正是这一有机整体的秩序。换言之，在他的宇宙论中，没有宇宙混沌（cosmic chaos）或随机性（randomness）。万事万物都有其存在的理由——万事万物都是依**道**而生的，因此其在世界上的生成与消亡都有其原因。要真正理解某一事物，就是要"表里精粗，无所不尽"（朱熹 1986，2：416）。这是格物的真正目标：彻底弄清它们存在的原因。这一点也同样适用于人类事务。例如，仅仅知道我们应该尊敬父母是不够的；我们还需要知道**为什么**我们的父母有资格得到我们的尊重。就我们在某一特定情境中应该做什么而言，朱熹的观点是，人际关系以及与每一种关系相关的道德义务，构成了一种相互关联的**道德网络**（moral web）。要认知事物**之所以然**，我们需要对我们在这一道德网络中的位置有更深层的反思和全面的认知。一旦我们理解了为什么在某一特定情境中某一行为是应然的，我们就将不再只是单纯地遵循外在的道德禁令。我们之所以会采取恰当的行动，是因为我们真正理解在特定情境下为什么需要采取这些行动。是以，我们的道德行动将是自动自发（self-motivated）而且是自我管束的（self-regulated）。因此，按照朱熹的说法，理解所有道德上要求的行动背后的所以然，可以使得我们成为自主的道德主体。

当然，有人可能会问，我们知道为什么应该做 x，但这种知识是否真的会导致我们做 x。人们的意志薄弱（weakness of will）、情感冷漠（apathy）和惰性恶习（inertia），都是我们耳熟能详的问题。人们很容易成为一个理性的非道德主义者（amoralist），根本不在乎成为道德人或是做正确的事情；或者人们可能像休谟描述的那样，以"一个明智的无赖（a sensible knave）"的方式思考和行动："一个明智的无赖……可能会认为，一种不正当的行为……会给他的财富带来可观的增加，而不会在社会联盟中造成任何可观的破坏……他会以最高的智慧为人处事，遵守一般规则，但是同时会利用所有规则的破例来从中获利。"（Hume 1983，第 9 节，22—25）人们的知与行之间的分隔是伦理理论中的一个恶名昭彰的问题。然而，在朱熹的乐观看法中，我们一旦理解了为什么应该做某些事情或以某些方式行动的原因，我们的行动就会是"不容已（unstoppable）"的（朱熹 1986，2：414）——一旦我们知道了，我们就不会再以任何其他离经叛道的方式行动。朱熹的信念是以他的人性论为基础的：人类是天生的道德生物，具有天赋的道德属性：仁、义、礼、智。我们天然地倾向于做正确的事情，但最常见的情况是，我们被自己对正确事情的无知所限制。一旦我们消除了无知，我们的行动就会符合我们的本性和理性。这样一来，我们的道德行为就会是"不容已"的。换言之，在他看来，所谓意志软弱只不过是无知——是一种知性的失败（a failure of the intellect）。

我们现在可以看到，在朱熹的道德哲学中，正如在他的人性论中一样，"理"概念也包含了两层内涵：描述性意义和规范性意义。朱熹把分殊之理的描述性意义称之为特定事物的**所以然之故**，把分殊之理的规范性意义称之为特定事物的**所当然之则**。他声称前一种理是"不可易"的，而后一种理是"不容已"的（朱熹 1986，2：414）。二者都是个殊事物的本性所固有的，但必须被人之心所理解，因为理的显现端在于人心。朱熹认为，"理"的这两层内涵对我们的道德追求而言是不可或缺的：**一旦我们理解了事物为什么是这样的**以及**事物应该如何被处理**，我们就不会再困惑于自己该做什么，而由此我们的行动也就永远不会出错。朱熹似乎相信，关于理的真知将自动地导致具有道德准备的个人——也就是那些忠于自己本性（"尽性"）的个体——做出自主的、坚定的、道德的行为。

在朱熹的道德哲学中，"所以然"与"所当然"是一样的。按照黄秀玑的说法，朱熹在这里是把**实然**的领域与**应然**的领域结合起来，力图从**实然**中衍生出**应然**："一个人对作为对象的'事物'（无论是兄弟、父母、朋友）之理研究得越多，他就越能理解他们以及他与他们之间的关系，也就越应该根据他们各自的能力采取相应的行动。因此，'应然'衍生于'实然'。"（Huang 1978，187）。然而，对于那些熟悉休谟对伦理学家关于如何从**实然**衍生出**应然**的解释提出挑战的人们而言，朱熹的"衍生"之说可能会很成问题。朱熹是不是将描述性的**事实概念**与规范性的**价值概念**混为一谈了？正如我们在第五章所看到的，朱熹的道德实在论并没有把事实界与价值界分开；正相反，朱熹的道德实在论将价值完全置于事实界内。朱熹遵循儒学传统，他没有割裂自然世界和人文世界。人是自然的一部分，因此，人的价值当然也是自然的价值。在朱熹看来，关于人们应该怎样行动或某一事物应该怎样存在的规范性陈述（normative statement）并不是主观的或人为设计的（projected）价值判断。在朱熹的概念中，这些规范性陈述是对自然界和人类生存的理想状态的描述。然而，不管怎样，理想状态的确是客观的描述状态，而且它应该是所有进化与发展的"终级状态（end-state）"。个殊事物之理既是事物之**所以然**，亦是事物应该被对待的方式；因为只有在被以符合其理的方式对待时，事物才能实现其理想状态。

就人类的存在而言，人的理想状态即是个人实现他或她的本性，并成为一个完美的人。在这个层面上，人的本性预先决定了个人正确的行动。然而，在本性的指令与道德行为的执行之间，仍然存在着间隙。这一间隙将由知性主义的进路来填补：穷理。要是没有这样一个缓慢的、累积的步骤，道德体现（moral realization）是不可能的。知与行的统一来自个人实现了道德的觉悟。换言之，对"所以然"的道德认知，只会在特定的完美道德主体身上才能引发自发的、坚定的道德行为。

黄秀玑把朱熹的道德方法论定义为一种道德理性主义（ethical rationalism）。[①]道德理性主义的观点是：道德真理和普遍的

---

①陈荣捷（1963）也将朱熹哲学的特征描绘为**理性主义**。

道德原理是不证自明（self-evidently）的真理，而且只有凭借理性才能**先验地**（*a priori*）知道。对朱熹的道德方法论，"道德理性主义"是个很恰当的描述。然而，朱熹并不主张一种直觉的把握（intuitive grasp）或先验的理解（a priori understanding）。从他对格物的强调中，我们可以看出，朱熹并不轻视经验研究的重要性。经验研究的目标不仅仅是考察个别事物的实然，而是要把个殊事物看作是普遍之理的具体范例。对朱熹而言，关于个殊事物之理的知识是一种道德知识，因为我们所学的一切都能提高我们的道德修养。这类知识需要一点一点地积累，但到了某一阶段，个人可能就会突然有一个理解的跳跃而领悟到普遍的道德真理。朱熹强调注重细节：从关于我们自身的最本质的、最基本的层面到世界上每个单一的事物或事务——每件事的细节都应该穷尽追究而且任何小地方都是值得关注的。他主张，尽管这样的学习看起来似乎没有实质性的进展，但经过长时间的积累之后，人们可能会浸润于关于个殊之理的知识，而获得广泛的和谐与深知，但自己却浑然不知。他以磨镜子为喻："今日磨一些，明日磨一些，不觉自光。"（朱熹 2002，15：228）

对朱熹而言，由于每一类理都代表着个殊事物的规范，道德修养依赖于心灵对分殊之理拥有广泛的知识，而且这种知识应该支配道德主体涉及各种事物时的行为。他这一观点把行为规范置于心之外，而内在于个殊事物之中。道德主体的认知能力使他能够"发现"（而非创造），在不同情境中处理不同事物时的恰当道德行为的客观标准。道德主体需要**认知**道德真理，以符合**独立于心灵的**（mind-independent）道德原理来行动，并容许自己的行为受到客观道德标准的评价。相对于陆象山和王阳明所倡导的"**心即理**"学说,朱熹的观点是,个体的心灵并不能决定理,而道德主体必须遵守客观的道德法则。换言之,我们并不是道德法则的制定者(maker),我们只是客观道德原理的理性遵循者(follower)。我们的道德知识应该是关于理的知识,而我们的行为应该是符合理的行为。对朱熹而言,心灵的价值在于其认知功能,并不在于它对道德真理的直觉把握。这就是我们看到的程朱理学与陆王心学的根本区别之所在。

朱熹对伦理学的知性主义进路可以追溯到孔子的《论语》。孔子明确地认为,要想在道德上端正自己的行为,就必须学习**道**。对道的知识的追求,是对真理的一种热切的知性追求。按照孔子的说法,"朝闻**道**,夕死可矣"(《论语》4:8)。孔子认为,在他的个人判断之外,存在着绝对的真理。因此,道德上正确的事物,并不仅仅是他自己判断是正确的事物。**道**是人类行为的道德标准;**道**确立了人类道德的规范。对孔子而言,知和德是不可分割的——知是对**道**的理解,而德是以符合**道**的方式生活。甚至孔子本人也认为直到他 70 岁时他才能够把知与德融为一体,因为那时他可以"从心所欲不逾矩"了(《论语》2:4)。

此种类型的道德认识论存在着这样一个问题:如果德性的培养依赖于道德知识的获得,而道德知识的获得依赖于人们拥有恰当的德性,那么我们不就陷入了没有起点的恶性循环(vicious circle)了吗?理学家通过假设每个人都有与生俱来的某种道德品质来回答这一问题,朱熹也不例外。对朱熹而言,这种内在的品质类似于镜子本身的光辉——人们只需对镜子进行磨拭,就能让它重新焕发出它固有的光辉。换言之,出发点就是我们内在的德性。我们对获得道德知识所需要的德性,从根本上说,是我们存在的一种"已然(given)"状态。这种内在的道德品质担保了我们对最高道德原理(道)的知性寻求上的成果,尽管我们仍然需要不断地努力去磨拭镜子——我们需要积累我们对固有于外在事物和事务中分殊之理的知识。一开始,我们可能没有敏锐的道德认知来把握事物的正确之理;然而,经过足够的积累,我们最终会完全掌握最高的普遍之理。

怀顿本(1982)对朱熹的道德认识论提出了一个有效的质疑:我们如何从自己的角度来确定自己认知的成功?在怀顿本看来,"如果我们一开始就错了,我们就永远不能完全肯定我们不会再错了。其逻辑上的结论是,我们可能总是犯错,因此,对我们而言,要完全正确地理解某一事物及其理是不可能的。或者即使我们是正确的,我们永远不能确定我们是正确的,因而整个理的概念都将受到质疑"(Wittenborn 1982, 15)。换言之,我们如何能同时扮演法官跟学生呢?如果我们已经是一个犯错的人,我们又怎么可能说我们自己的理解是**错误的**呢?为了捍卫朱熹的道德认识论,我们必须解释,在朱熹看来我们如何能达到道德认知的成功。

对朱熹而言,道德理解中的进步是一个渐进的过程,而且学习的行为主体在这一过程中发生了转变,以至于后来的自我在道德理解和道德成就方面都与以前的自我有所不同,而且应该是比以前的自我更好。后一个自我可以指出前一个自我的错误,因为他现在对事物固有的分殊之理有了更好的把握。朱熹的道德认识论把道德探究定义为一种经验性探究，但他的经验探究的方法论与现代科学中所使用的方法论有所不同。在朱熹的用法中，**认知**就是为了发现宇宙的模式（pattern），以便在那一宏伟的系统中恰当地**行动**。对朱熹来说，理解道德真理的前提是看到自己置身于一个道德世界、道德的实在之中。这一道德实在和道德真理客观存在，等着每个人去**发现**，但人们需要有适当的心理条件（mental preparation）以及适当的行为条件（behavioral preparation）才能实际地**看到**它。换言之，把握道德实在需要人们的存在状态与之调和（attunement）。查尔斯·泰勒（Charles Taylor）对"作为调和的理解（understanding as attunement）"这一概念的描述可以恰当地应用于朱熹的道德认识论：

> 如果不理解我在事物之中的位置，我们就无法理解事物的秩序，因为我们是这一秩序的一部分。而如果我们不爱事物的秩序，不把它视为善，我们就无法理解秩序和我们在其中的位置，而这正是我所要称之为"与之调和（being in attunement with it）"的东西。"不与之调和"是"不理解它"的充分条件，因为任何真正理解它的人都必须**爱**它；同时，不理解它是与"与之调和"不相容的，因为与之调和是以理解为前提的。（转引自黄百锐 [Wong 1986, 103]；黑体为作者所加）

朱熹的道德认识论也是这样一种知识与态度的融合（不过他所强调的态度并非如泰勒所定义的是**爱**）。如果我们不能领会宇宙的秩序以及我们在其中的位置，那么我们对事物及其理的研究就不会启发我们的智慧（enlighten us）。对外部事务与对象的考察是人们为了达到更高的道德境界（moral plane）而采取的渐进路径。

总而言之，朱熹关于格物的知性主义方案是用来达成自我内在转化的方式。朱熹拒斥了佛教的静坐冥想以及陆象山的发明本心的方法论，因为二者都不能给我们以知性上的启明，也不能把我们带到更高的道德境界。在我们的日常生活中，我们不可避免地会遭遇各种各样的事务。要恰当地处理某一单一事务，人们既要整体上把握事务的本质及其与其他人类事务的关系，也要深刻理解相关特定事物的本质/理。朱熹要求我们把对每一件事的处理都当作对我们的理解力、德性和道德品质进行自我提升的机会。人们之所以能够通过一件一件逐步渐进的格物而达到一个完全的道德转变，正是因为他们在每一种情况下对知识的追求，都已经包含了一个心理的以及行为的改变。这就是所谓的"功夫（sustained effort）"，它需要时间才能成功。随着知识以及心灵调和（mental attunement）的逐渐积累，人们最终会对自己在这个**道德宇宙**（moral cosmos）中的位置有一个圣人般的道德洞见。

由于朱熹的道德认识论是知识与态度的一种融合，除了这一知性主义进路外，他还强调人们需要拥有正确的心态来把知识与洞察力结合起来。我们可以说朱熹的道德认识论始于他的道德心理学。按照他的说法，人们要充分从事对道德知识的理智追求，必须具备的心理条件是心中的敬（reverence in the heart[①]）。接下来我们将讨论这一问题。

道德知识的心理条件：敬

朱熹把修养敬这一德性称作"圣门第一义"，而且是必须坚持到底，"不可顷刻间断"的（朱熹 2002，14：371）。按照安靖如的说法，对朱熹而言，敬是"最终实现从容圣境（sagely ease）的关键——人到了这一境界中无须着力而仍然会做他所该做的一切"（Angle 2011，191）。那么什么是敬？为什么它是培养圣人境界的基本德性？

朱熹将敬分为未发（pre-manifested）和已发（manifested）两个阶段，但宣称二者统一为一种心理状态（朱熹 2002，14：572）。未遇事时，其心常惺惺；遇事时，其心存于恭敬，而其神态整齐严肃。没有内心的惺惺警惕，人们将无法把握事物之理，从而也无法尊重外在事务；另一方面，没有神态的整齐严肃，即便个人不断努力，其心也无法永远保持警惕（朱熹 2002，14：571）。敬的心理状态是清除杂念，手头有任何事务时都只专注于其中一件（主一），不过这里的重点不在于单一的事务，而在于心的运作本身。另一方面，敬的行为状态则是保持整洁的外表和严肃的举止。前者是后者的准备，而后者反过来也能影响注意力的集中和头脑的清醒。

---

①怀顿本（Allen Wittenborn，1982）将"敬"翻译为"concentration"，这一翻译源于朱熹对这一心理状态的进一步解释，"主一"。在英文里我们采用的是这个词的字面英译：reverence。

按照朱熹的解释，敬是一种自然地由内而外表现在外表和行为上的心理状态。朱熹将"敬"定义为"此心自做主宰"（朱熹 2002，14：371），"内无妄思，外无妄动"（朱熹 2002，14：372）。换言之，朱熹将敬看作一种**向内**用力（inward effort）——目标是自身，而非他者。如果人们能够始终心存诚敬，他们就不会有任何叛道的思想和不当的行为。朱熹曾经以"维持家庭"之喻来解释格物、敬与克己之间的关联："敬是守门户之人，克己则是拒盗，致知却是去推察自家与外来底事……善守门户，则与拒盗便是一等事，不消更言别有拒盗底。"（朱熹 2002，14：302）朱熹主张，人们在克己方面需要谨慎和仔细，他意在表明，人们需要不断地省察自己的私欲从而彻底地消除它们。敬的状态能够使得人们的心远离那些令人分心的欲望，从而实现"吾心湛然，天理粲然"（朱熹 2002，14：372）。

在其近著《敬：重建一种被遗忘的德性》（*Reverence: Renewing A Forgotten Virtue*）中，保罗·伍德拉夫（Paul Woodruff）写道：

> 敬始于对人类有限性的深刻理解。由此产生对我们无法控制的一切——上帝、真理、正义、自然，甚至死亡——感到敬畏的能力。随着敬畏之心的增长，它也带来了尊重他人的能力，无论他们是否完美无缺（flaws and all）。这反过来又培养了我们的羞愧能力，尤其是当我们的道德缺陷（moral flaws）超出了正常的人类配额（human allotment）。（Woodruff 2014，3）

伍德拉夫将敬联想于畏（awe），一种面对我们无法控制的事物时所感受到的谦卑（humility）与忧惧（apprehension）。朱熹有时确实把敬等同于畏（朱熹 2002，14：372），后者常常与惧（trepidation）相关联。畏能够激发恰当的行为，例如，在《尚书》这一经典中，先王汤说："予畏上帝，不敢不正。"（引自朱熹 2002，16：2632）然而，畏通常是针对对象的（object-oriented），当对象在场时，这种情感才会被唤起。相比之下，朱熹的敬概念不是针对对象的，而是一种对自己的身心进行一种沉着而专注的**内向凝视**（inward gaze）。他说："'敬'不是块然兀坐，耳无闻，目无见，全不省事之谓。只收敛身心，整齐纯一，不恁地放纵，便是敬。"（朱熹 2002，14：369）敬意味着留心：对自己的意图、欲望、注意力的焦点、杂念、行为语言、举止风度、甚至穿衣打扮等等都有所留心。如果人们持续地处于敬的精神状态，那么他们就应该会完全地自我警惕、自我管控。我们甚至可以说，朱熹的敬概念，是对**如何做人**（how one should conduct oneself）心存恭敬。

与此同时，朱熹也强调由外而内地培养敬这一德性：他教导说，我们应该始终努力做到衣着外表整齐得体，行为举止庄重严肃，举足动步凝重端庄，等等（朱熹 2002，14：372）。他教导自己的学生：

> "坐如尸，立如齐"，"头容直，目容端，足容重，手容恭，口容止，气容肃"，皆敬之目也。（朱熹 2002，12：373）

心存恭敬之人,自然会以极其小心谨慎的行为来表达自己;同时,得体的着装、礼貌的举止等外在表现也会影响人们的心理状态。在《论语》中,孔子被描绘成一个内心恭诚,行为严肃的人:"过位,色勃如也,足躩如也,其言似不足者。"(《论语》10:4)"揖所与立,左右手,衣前后,襜如也。"(《论语》10:3)。在典礼仪式上,孔子行事庄重:"执圭,鞠躬如也,如不胜⋯⋯勃如战色,足蹜蹜如有循。"(《论语》10:5)孔子甚至对不同场合的服装颜色都很讲究:"红紫不以为亵服。"(《论语》10:5)这些例子的描述向我们展示了孔子本人是如何把外在的整齐严肃看作是内心之敬的不可或缺的表现。

一方面,我们可以说,这些外在的沉着严谨只不过是人们内心之敬的外在表现;然而,另一方面,这些外在的行为与穿着等方式也会逐渐向内塑造人们的心态,使其进入一种严肃、恭敬的心理状态。这种由外而内的影响是不可否认的。在社会环境中,我们很容易看到外界规则和礼仪内化的影响。当年幼的孩子被置于教室环境中,他们最初并不会理解为什么他们必须坐着不动,只有在老师叫他们时才能说话,或者要上厕所时必须先请求允许。然而,随着时间的推移,他们学会了尊重课堂规则,适应情境要求的行为,而且能够在一个安静有序的教室里学习新东西。如果他们的行为没有被改变,他们的思想就无法集中于学习材料上。这一点对成年人也是一样的。许多公司执行着装规定;许多组织,包括军队和小学,都要求穿制服。在宗教场所,如寺庙、教堂或清真寺,人们应该穿着得体,小声说话,避免跑、笑、吃东西,以及其他许多被认为是不尊重他人的随意行为。这些外在的规则都是培养恭敬的心理状态的各种手段。

为什么敬这一心理特质对我们的道德修养如此重要？对朱熹而言，这种心理状态的主要作用是不断地审视自己的内心，去除自私的欲望和错误的思想，而拥有这种纯净无染的心理状态对于我们的格物穷理工作是必不可少的。在他看来，"穷理以虚心静虑为本"（朱熹 2002，14：306）。在朱熹的道德方法论中，格物穷理必须在适当的心理状态下进行。因此，虽然格物似乎是指向外部的，但我们认知成功的基础实际上却是在内心本身。正如朱熹所言，"心包万理，万理具于一心。不能存得心，不能穷得理；不能穷得理，不能尽得心"（朱熹 2002，14：306）。如果我们能够全神贯注，那么我们就拥有了成功地以知性追求道德知识所需要的一切。认知的错误来自心清晰视野的失去，被不相干的想法或无节制的欲望分散了注意力。如果我们能保持心灵的固有清晰，那么我们就能确信我们的道德知识是正确的。正确性的标准在于人与对象的互动——个人能对手边事物做出适当的反应就是**真知**。

在当代道德认识理论的分类中，朱熹的理论属于基础主义（foundationalism），根据这种理论，所有合理的信念要么是基础性的（亦即无须更进一步的理由支持），要么是从一些基础性信念中衍生出来的。我们已经解释过，朱熹隐然接受道德认知论和道德实在论，因为他认为道德真理是关于客观实在的真理。他还认为，如果道德主体的道德信念是怀着恭敬之心并且彻底地格物穷理而获得的，那么这些信念就是有正当理由的。这种正当理由必须是内在于道德主体的，以便他们对自己的每一个道德信念都有充分的理解和理由。换言之，对朱熹而言，只有当道德信念是在描述客观的道德实在（世界上的**理**或**道**）时，它们才是真的。而个人的道德信念有了正当的理由，是当个人对事物的分殊之理有了足够的了解，并能保持一种不受外来观念或欲望所干扰的集中心态时。当道德主体达到对**理**和**道**有充分理解的纯净无染的心理状态时，其所有的道德信念都是基础性的——不需要找更进一步的理由辩护。这就是**圣人境界**。在这种状态之下，我们有不同层次的道德认知成就。我们的基础性道德信念是关于**理**和**道**。而我们其他道德信念的正当性则是来自于我们的知性探索，包括我们自己的格物和对事物之理的理解，以及我们通过阅读和从师来向圣人学习。在朱熹的道德认识论中，理是不证自明的真理，只要我们理解它们，我们就有理由相信它们。这一理由内在于我们，但它必须建立在我们自己对每一个个殊事物为何如此的原因（**所以然**）以及我们应该采取行动的方式（**所当然**）的双重理解之上。

朱熹的道德认识论包含对理的认知（知）以及根据已经获得的知识来采取行动（行）。他说："涵养中自有穷理工夫，穷其所养之理；穷理中自有涵养工夫，养其所穷之理，两项都不相离。"（朱熹 2002，14：300）对他来说，道德动机不是来自人们与生俱来的道德意识，不是来自人们的道德直觉，也不是来自人们的道德情操或自然情感。反之，道德动机是建立在道德知识的基础上的，而且人心具有辨别是非的认知能力。然而，朱熹纯粹的认知主义和知性主义取向可能导致一个严重的问题：知识如何导致行动？难道人们不会虽然完全知道某些道德真理，但又不那么倾向于付诸行动吗？朱熹如何提供一种道德动机理论呢？这是我们的下一个话题。

朱熹的道德动机理论：从道德知识到道德行动

朱熹深知行的重要性，虽然他强调道德知识，但他也宣称最终的目标是行动。按照他的说法："知、行常相须，如目无足不行，足无目不见。论先后，知为先；论轻重，行为重。"（朱熹 2002，14：298）。他认为知识先于行动，但是如果没有行动，人们的道德知识就是徒然无用的。然而，从知道自己应该做什么，到实际上去做正确的事情，还存在诸多与我们的道德动机和我们道德判断的因果效力有关的问题。在任何特定的情境中，我们是否倾向于去做我们的道德判断认为应该去做的事情？我们必然会遵循自己的道德推理和道德判断吗？如果我们没能遵循我们自己对该做什么和不该做什么的道德判断，这是我们理性的失败还是道德的失败？如果我们认为道德判断是行为主体在理想认知条件［亦即充分地了解具体事务之理、具有完全的理性和完善的意图、没有自我欺骗或自我放纵、不受自己自私的欲望或心理惰性（mental inertia）的干扰，等等］下做出的判断，那么，道德判断似乎会自然而然地激发行为主体去采取行动。正如 Connie S. Rosati 所言："也许道德判断的性质就是，没有人会真诚地判断一个行为在道德上是正确的，或者一件事情的状态是好的，却仍然**完全无动于衷**（wholly unmoved）不采取行动。"（Rosati 2014，9）然而，朱熹的道德理论是否为我们提供了关于"**知识激发行动**（knowledge motivates action）"这一主张的任何保证呢？

在当代关于道德动机的元伦理学争论中，动机内在论（motivational internalism)和动机外在论(motivational externalism)是争议的一个焦点。内在论者认为道德判断必然具有激发行动的作用;因此,只有当行为主体是出于自己的动机,并且按照他对正确行为的道德判断行事时,他的行为才是道德的。另一方面,外在论者认为"道德判断和行为动机之间存在的任何联系纯粹是偶然的,尽管这种联系可能最终奠基于人性的深层特征"(Rosati 2014,19)。按照信广来的说法,朱熹属于内在论者阵营。信广来之所以这样说,是因为对朱熹而言,"义行的必要条件在于行为主体完全倾向于这样做,而不仅仅因为它是正当的行为才采取这个行为"(信广来 2000,98)。Chan Lee 对这一分类提出了质疑,而认为朱熹的道德动机观点不应被定位为内在论或外在论,因为"朱熹试图在道德动机的内在与外在区分之间恢复一种认知平衡(epistemic equilibrium)"(Chan 2010,633)。然而,如果我们遵循上述对动机内在论跟动机外在论的定义,则朱熹的确是一个动机的内在论者,尽管他是一个**弱的**(weak)内在论者。按照朱熹的说法:"内外只是一理。事虽见于外,而心实在内。告子义外,便错了。"(朱熹 1986,723)对朱熹而言,对什么是人们应该去做的事的判断是内在于心的。他说:"义在内,非在外。义是度事之宜,是心度之。"(朱熹 1986,595)换言之,对朱熹而言,重要的是行为主体自己的道德判断。一个道德主体不应该仅仅是遵循外在的约定俗成之观点(conventional view)来判断对错。他必须有自己的是非标准,一旦他做出了道德判断,他的行为自然就会按照他的判断来进行。

朱熹认为,道德行为必须是由行为主体对是(rightness)和善（goodness）的道德判断所驱动的。"天下之理，不过是与非两端而已。从其是则为**善**，徇其非则为**恶**。……凡事皆用审个是非，择其是而行之。"（朱熹 2002，14：394）我们可以看到，朱熹将道德善（moral good）等同于有关是非的道德判断，而认为道德行为是根据行为主体本身的道德判断而进行的。然而，朱熹的观点远非个人相对主义（individual relativism）。在他看来，道德判断不是主观的，不是相对于个人标准的；它们是由客观的道德真理所规定的。朱熹认为对与错是对立的：对与错之间没有程度渐变（gradation），价值的分配也不会因人而异。他说："论**阴阳**，则有**阴**必有**阳**；论**善恶**，则一毫着不得。"（朱熹 2002，14：395）换言之，善与恶就像黑与白：它们之间有着明显的界限。

朱熹对道德实在论的维护使他倾向于把道德主体的道德判断看作是**表征世界的**（representational）：真正的道德判断所表征的是真正的道德属性，比如事务中的对与善；而且是否有些行为在规范性上是恰当的甚至是义务性的，属于事实的判断。我们可以说，道德属性外存于"充满个殊事物的世界之中"，而在人们处理每一件事务时所依据的客观道德标准，其实就是事物的分殊之理。这些分殊之理一旦被认知到了，就会促使行为主体去采取行动，而中间所需要的一个步骤，就是行为主体对这些客观道德原理的道德觉知（moral perception）。对朱熹而言，道德行为应该是一种深思熟虑的行为，而不是对特定情境的当下自发、直觉的反应。人们对特定情境背后之理的认知过程，有助于他们对道德真理的觉知，而个人的道德判断就是这个认知过程的成品。道德判断不需要靠进一步的欲望或意欲状态（conative state）就能对行为产生激发性力量（motivational power）。因此，朱熹应当被归类为一个动机的内在论者。

然而，朱熹只能被看作是一个**弱的**动机内在论者，这是因为他不认为道德判断与道德动机之间具有必然性关联。根据 Rosati 的定义，弱的内在论允许道德判断被其他道德干扰击倒（overriding moral interference）的可能性："虽然，一个做出了真诚的道德判断的人必然会感到**某种**去遵守这个判断的动机；但这种动机可能会被相互冲突的欲望所压倒，或者被各种各样的心理弊病（比如心情抑郁和意志薄弱）所击败。"（Rosati 2014，18）对朱熹而言，行为主体道德判断的"压倒性因素（overriding factor）"正是其自私的欲望。在行为主体知道他应该做什么而没有做的情形中，我们看到了知与行的分歧。因此，除非行为主体能够消除他的私欲，在他的心中保持恭敬，否则即使他觉知到道德真理并做出正确的道德判断，他仍然不会按照自己最好的道德判断来行事。在这个意义上，朱熹是一个弱的动机内在论者。

在这里，我们看到了朱熹道德动机理论的内在困境（internal gridlock）：如果行为主体判断他应该去除私欲，但他的欲望却阻碍他按照自己的判断行事，那么他的判断就没有任何因果效力。更进一步，如果他甚至不能被他应该去除私欲的判断所激发从而去消除他的私欲，那么他对他应该做什么的其他所有道德判断都是无效的，因为他的欲望总是会阻碍他的道德行为。所以，最终来看，如果道德主体不能首先处理自己内心的想法和欲望，那么他所进行的所有格物穷理的活动，他所拥有的对道德真理的所有觉知，他所做出的所有道德判断，都将是完全无用的。就道德追求而言,他是他自己最大的敌人。我们现在可以看到,为什么后来王阳明会提出一种只关注思想和欲望的方法论。要成为一位真正的动机内在论者,朱熹必须以对心灵的考察,而不是以格物,作为道德修养的开端。

小　结

在这一章中,我们看到朱熹是如何将知识和伦理结合起来,并采取认知主义、理性主义的进路来进行道德修养的。和其他的理学家一样,他也认为我们是道德生物,因为我们有一种能使我们成为道德行动者的与生俱来的道德品质。他没有将这种道德品质刻画为我们的道德意识、道德情操或道德直觉;相反,他认为我们天生的道德品质是一种能够真正地、充分地研究外部事务之理的道德认知能力。他的方法论注重细节,其过程缓慢而艰辛。然而,问题在于,这个方法论能否真的让我们在道德追求方面有所进展。

原始文献

朱熹,1986. 朱子语类:第 8 卷 [M]. 北京:中华书局.

朱熹,2002. 朱子全书:第 27 卷 [M]. 上海:上海古籍出版社,合肥:安徽教育出版社.

英文选译

Chan, W, 1963. A Sourcebook in Chinese Philosophy [M]. Princeton, N J: Princeton University Press. (陈荣捷, 1963. 中国哲学文献选编 [M]. 普林斯顿: 普林斯顿大学出版社.)

Gardner, D K, 1990. Learning to Be a Sage: Selections from the Conversations of Master Chu, Arranged Topically [M]. Berkeley, CA: University of California Press. (Gardner, D K, 1990. 学以成圣: 朱子语录选 [M]. 伯克利: 加利福尼亚大学出版社.)

Tiwald J, Van Norden B W, 2014. Readings in Later Chinese Philosophy: Han to the 20th Century [M]. Indianapolis, IN: Hackett Publishing Company: 168—230. (Tiwald J, Van Norden B W, 2014. 后期中国哲学选读: 从汉代到 20 世纪 [M]. 印第安纳波利斯: Hackett 出版公司.)

第十一章
王阳明关于先天道德意识与道德反身主义的直觉主义模式

> 苏格拉底，请告诉我，德性是通过教育还是实践而获得的？或者，如果既不是通过教育也不是通过实践，那它是来自于人性，还是有其他途径吗？（柏拉图，《美诺》，70a）

引　言

我们人类是否天生具有某种能使我们成为道德动物的道德意识或先天能力，是一个悬而未决的问题。毫无疑问，所有人类社会都发展了一些道德体系，尽管这些道德体系的内容可能因社会而异。对人类社会道德体系普遍存在的一种可能解释是实用因素或是明智的利己心态（enlightened self-interest）的进路：人们设计道德体系，是因为它们能帮助人们彼此和谐地生活，而从长远来看，和谐共存也有利于社会中的个人。按照这一解释，人类的道德发展是人类社会本质和共同生存需要的偶然性事实（contingent fact）。然而，另一种进路则是指出了人类的某些生理或心理构成,并声称人类社会都拥有道德系统是因为人类本来就是"道德动物(moral animal)"(Robert Wright 的术语)。①因此,当前进化心理学(evolutionary psychology)的一个主要课题就是研究我们道德行为背后的先天心理机制(psychological mechanism)。

在本章中,我们将把王阳明的道德哲学归为一种直觉主义(intuitionism)来进行分析。当代社会心理学家乔纳森·海特如此定义"直觉主义":"哲学中的直觉主义主张存在道德真理,而当人们把握这些道德真理时,他们不是通过一个理性化(ratiocination)和反思的过程,而是通过一个更接近于觉知(perception)的过程,在这一过程中,人们'只是毫无疑虑地看到它们是正确的、并且必然是正确的'(Harrison 1967, 72)。"(Haidt 2001, 814)另外还有其他版本的道德直觉主义认为,有些道德原理或道德公理或是具有**不证自明的**(self-evidently)真理性,或是可以立即感知的,或是可以直觉地认识的。王阳明的道德哲学建立在他的良知论的基础之上。他把良知,亦即内知自己的意念为善为恶的能力,看作是**先天觉知善恶的**能力,不需要推理和反思。他的道德直觉主义强调有些与自我反省有关的道德真理具有直接的可觉知性(perceivability)。

海特捍卫的理论是**社会**直觉主义,而王阳明的直觉主义则应该被称之为"**先天**直觉主义(*a priori* intuitionism)"。社会直觉主义把个体的道德洞察力看作是为他们的社会文化环境所逐

---

① 参见 Wright 1994。

渐浸润形成的,以致在这一发展的最后阶段,个人的判断或行为就不再需要进一步的反思,而是成为半自动的(semi-automatic)。如海特所言:"这一模式之所以是社会性的,因为它不强调个人的私人推理,而是强调社会和文化影响的重要性。"(Haidt 2001,814)相较之下,王阳明的道德直觉主义把道德洞察力看作是人们与生俱来的能力。他的方法是更加**个体化的**(individualistic):他认为每个人都有**先天的**道德直觉,只需要参考自己的道德直觉来判断对错即可。然而,他并不认为每个人的普通直觉(ordinary intuition)都可以作为道德上的正确直觉(correct intuition)。王阳明的道德直觉主义确立了一个规范性标准:这种道德直觉应该是纯粹的,不被任何自私的欲望或偏见所玷污。这一道德理论是建立在王阳明对人类道德的先天性(innateness)信念之上的。我们必须首先在更广泛的背景下解释这一观点,以显示他的道德理论的可信性(credibility)和他的道德方法论的可行性(feasibility)。

道德的先天性

在《人类的起源》(*The Descent of Man*)中,查尔斯·达尔文写道:"在人类和低等动物的所有区别中,道德意识或良知是最重要的。正如 Mackintosh 所说,这种意识'比起人类行为的其他所有原理来,都具有至高无上的正当地位'。"(Darwin 1871,67)达尔文认为良知是一种与智力密切相关的"关于对与错的感觉",因此,任何其他具有明显社会本能的动物,一旦其知性能力(intellectual power)像人类一样得到发展,就不可避免地会获得良知（Darwin 1871，68—70）。按照达尔文的说法，在所有的动物中，只有人类才能被确定无疑地看作是道德存在（moral beings）。"一个道德存在，是指能够比较他的过去和未来的行为或动机，并对自己的行为和动机采取褒贬的态度。"（Darwin 1871，85）达尔文认为正是我们的良知使得人类成为道德生物，因为它是一种回顾性省察（retrospective inspection）自己过去行为的能力："良知回顾过去，评判过去的行为，从而产生某种不满，这种不满如果比较弱，我们称之为遗憾（regret）；如果比较强烈，我们称之为悔恨（remorse）。"（Darwin 1871，87）换言之，良心与遗憾和悔恨的这种有关自我（self-regard）的情感相关联，而这种自我的告诫（self-admonishment）在未来类似的情境中可以作为我们行为的指导。在达尔文看来，人类之所以是道德动物，正是因为他们具有自我省察（self-inspect）和自我约束（self-regulate）的能力。

在《人类的与众不同之处：道德》（*The Difference of Being Human: Morality*）一文中，进化生物学家 Francisco J. Ayala 为达尔文的观点辩护："道德意识是人类与低等动物之间最重要的差异。"（Ayala 2010，9018）。Ayala 指出，道德意识是否为生物上决定的（biologically determined）这一问题应该与普遍的道德准则（moral codes）是否存在这一问题分开。Ayala 认为，一个普遍观察到的事实就是在不同文化之间没有普遍的道德准则；因此，"我们据以判断某些行为是好是坏的准则，在很大程度上是由文化决定的（culturally determined）"（Ayala 2010，9018）。然而，这一事实并不能被用来否定人类本质上是道德存在。在 Ayala 看来，道德是一种对是非作出价值判断的倾向，而人类之作为**道德人**（Homo moralis）是在于我们拥有一种道德意识，它是"我们的高级知性能力的一个必然的衍生，而这种能力使得我们能够事先预测我们行为的后果，做出评价性的判断，并相应地选择如何行动"（Ayala 2010，9019）。按照 Ayala 的说法，成为道德生物有三个必要条件，它们是：预测未来的能力，做出评价性的判断的能力和自由意志的能力。因此，人类的道德意识在进化过程中出现，并不是作为一种进化**适应**（adaptation）本身，而是作为一种扩展适应（exaptation）——作为人类智力进化的一种附加功能或一种必要的副产品。由于有智慧的**人类**（Homo sapiens）进化出如此高的抽象思维的智力，他们必然发展出将他们与其他动物区分开来的道德意识。因此，道德意识是人类与生俱来的。

在《道德的进化》（*The Evolution of Morality*）中，哲学家 Richard Joyce 认为，人类之作为道德动物，是因为人类具有一种**作道德判断**的先天倾向。他认为，人类的心灵在其原初状态就从来不是**白板**（tabula rasa）（Joyce 2007，7）。人类心灵在出生时就具有多种内在的心理能力，比如记忆力、情感、知觉、深思、意志和理解。Joyce 认为，我们与生俱来的能力之一就是判断对错的能力。当然，这并不是说人类一出生就知道什么是对的，什么是错的：我们道德判断的内容是从我们的经历和环境中后天**经验地**（a posteriori）推断出来的。我们并非生来就有一套固定的道德信念或天赋观念。然而，根据 Joyce 的看法，我们天生有能力作出道德判断，并具有获得道德信念的先天机制（innate mechanism）。正是这种先天能力使得我们成为**道德动物**。

另一方面，动物心理学家 Frans de Waal（2010）认为，使得人类成为道德动物的是我们经过漫长的进化历史而发展出的一种移情同感意识（empathy）。他声称，这一将人类道德锚定在道德情操上的方法，不仅符合进化论、现代神经科学（neuroscience），而且还得到了灵长类动物（primate）行为观察的支持。他反问道，"如果道德是来自于抽象的原理，那么为什么道德判断会是当下产生的呢？"（de Waal 2010，64）。按照 de Waal 的分析，"移情同感"是一种"感情进入（feeling into）"的感觉，其德语词"Einfühlung"意为"人们设身处地为他人着想的活动"（de Waal 2010，64）。他举了个例子："看到人们在痛苦中会刺激我们的疼痛神经循环系统（pain circuit），以至于我们会咬紧牙关，闭上眼睛，甚至如果我们看到一个小孩跌破膝盖会大叫一声'啊!'。我们的行为符合他人的处境，因为它已成为我们自己的处境。"（de Waal 2010，78—79）这样的反应是自发的（spontaneous）、前于反思的（pre-reflective）、本能的（instinctive）；换句话说，移情同感是我们**与生俱来的**能力。他引用了心理学家 Martin Hoffman 关于这种本能性道德情操与道德之间关系的解释：移情同感"具有将他人的不幸转化为自己感同身受的特性"。因此，移情同感"可能特别适合用来弥合利己主义和利他主义之间的鸿沟"（Hoffman 1981，见 de Waal 2010，84）。

中国道德心理学的先驱者无疑是孟子，他的人性观也是理学道德心理学的主要基础。孟子虽然没有从道德的进化起源来思考人类道德的先天性，但他会认同上述思想家的观点，认为人类具有一种与生俱来的道德能力。然而，孟子认为只有人类才有能力成为道德存在。按照孟子的说法,"人之所以异于禽兽者几希,庶民去之,君子存之"(《孟子》4B:19)。孟子所据以主张人性本善的证据是四种与生俱来的道德情操:恻隐、羞恶、辞让、是非。他认为这四种道德情操构成了人类道德的基础;因此,它们被称之为"四端"。对他而言,人类之天生具有这四种道德情操是一个**先天成立的**事实。这一形而上学的主张既不是来自经验观察或科学数据,也不是能够被任何反例所驳倒的。孟子认为,要是有人没有以上这些道德意识,那是因为他没有去"**存之**"。因此,存在道德沉沦之人的例子并不会对他所说的"所有人生来就具有这些道德意识"这一观点构成任何威胁。

本书所涵盖的所有八位理学家都信奉孟子的心智形而上学(metaphysics of mind),包括他对人的先天道德端芽的信念。然而,王阳明可能是唯一一位把孟子的理论推演为一种关于人类先天道德性的纯粹**先天**论的理学家。按照王阳明的说法,"至善是心之本体(the original state①)"(王阳明 1975,2)。对王阳明而言,人类道德的先天性在于人类具有一种能够立即在自己的思维中感知对错善恶的内在能力。这就是他的良知说。

---

① 这里我接受艾文贺的翻译。王阳明所说的"本体"有时也被表述为"substance",但它并不是构成意义(constitutive sense)上的一种实体。换句话说,他并不是说人类的心灵是由至善构成的,而是说人类的心灵**本来**(originally)就是至善的。因此,将**本体**翻译为"the original state"是更好的选择。

一种先天的道德指南：作为先天道德直觉的良知

"良知"这一术语来自孟子。按照孟子的说法，"人之所不学而能者，其良能也；所不虑而知者，其良知也"（《孟子》7A：15）。孟子给的例子是婴儿本能地爱父母和弟弟，本能地尊敬哥哥。当然，这些例子可能会受到经验的挑战，但正如我们已经解释过的，孟子的信念是基于他的心智形而上学——他的四端理论。孟子在这里所主张的不是这些道德端芽的实际表现，而是万百安（Bryan Van Norden，2008）所说的"初始趋向（incipient tendency）"。王阳明也同样使用了《孟子》中的"良知"一词，然而，他将孟子关于**良知**的主张从初始趋向推进到"一种充分发展了的、同时具有道德洞察力和道德动机的能力"（万百安 2008，175）。王阳明的完整的道德理论，包括他的伦理目标和道德方法论，都是以他的良知理论为基础的。

王阳明的良知除了作为道德的坚实基础而不仅仅是一种道德端芽，还有一个不同于孟子的良知的功能：它不是一种直觉性道德情感（instinctive sentiment），而是一种直觉性的判断（instinctive judgment）。孟子注重婴儿对父母的自然之爱以及幼童对哥哥的自然之敬，以此作为仁与义的基础。这两者都是**情感性的**（affective）。我们已经在第八章看到，张载更多地处理了仁、义、礼三德的问题，而不是智。在第九章我们也看到，二程兄弟更多地关注仁与敬。然而，对王阳明而言，最本质的先天能力是关于是非的道德意识，也就是我们道德之智的基础。他说："是非之心，不虑而知，不学而能，所谓'良知'也。"

(王阳明 1975，65）按照王阳明的说法，我们与生俱来的道德直觉是关于对与错的直觉性觉知（intuitive perception）。这种觉知表现为我们对于对或错的直接认可（immediate acknowledgment），而不是一种深思熟虑的道德判断。道德觉知不同于感官知觉，也不依赖于经验学习。正如他所言："知是心之本体。心自然会知。"（王阳明 1975，5）

直觉是一种不依赖于理性和客观理由的洞察力。至于直觉是一种情感还是一种判断还没有一个明确的答案，也许我们可以说，道德直觉是一种关于对与错的自发性判断，而与某些情感（如爱憎、赞否）联结。赫伯特·斯宾塞（Herbert Spencer）把道德直觉的能力称之为"对于对或错的行为做出反应的某种情感，在个人的实用性经验（experiences of utility）中并没有明显的基础"［写给约翰·斯图亚特·密尔（J. S. Mill）的信，引自达尔文 1871，97］。这表明斯宾塞认为直觉主要是情感性的。乔纳森·海特把道德直觉定义为"道德判断意识的突然出现，包括一种情感的评价（affective valence）（善–恶，爱–憎），而没有自觉采取'研究、权衡证据或推断结论等步骤'"（Haidt 2001，818）。换言之，对海特而言，道德直觉主要是关于对与错的当下判断（instantaneous judgment）。

王阳明的良知观较接近于海特所定义的道德直觉，但他拥有一种更进一步的规范性成分：他的良知是**恰当的**反应。王阳明认为我们生来就具有关于道德觉知或直觉性道德知识的能力。只要我们的心灵中没有充斥着私欲私念，我们就能立即知道什么是对的，什么是错的，什么是应该做的，什么是不应该做的，而不需要学习或推理作为中介。按照王阳明的说法："心自然会知。见父自然知孝，见兄自然知弟，见孺子入井，自然知恻隐。此便是良知，不假外求。"（王阳明 1975，5）正如我们将在本章后面看到的，对王阳明而言，**知识**包括在适当的情境下的反应性情感和行动。如果人们没有根据自己的知识或判断做出适当的反应，那么他就还是不**知**。这类知识就是王阳明所说的良知。

对斯宾塞而言，道德直觉可能"于个体是**先验的**（a priori to the individual）"，但实际上"于族群是**后验的**（a posteriori to the race）"，因此，"族群经历的是在个人身上表现为直觉的"（Hudson 1904，63）。这就是说，人类过去的集体经验塑造了人类的心灵，进化史上一些变化的痕迹传递到新一代，就成为新一代个体在获得任何个人经验之前就拥有的知识。因此，对于个人来说，一些直觉可能先于任何经验，并表现为先验的。当代进化心理学通过研究，认为人类的内在心理机制是一种"适应（adaptation）"——"自然选择的产物——它帮助我们的祖先在世界中走动、生存和繁衍"（Downes 2008）。可以说，我们的道德直觉也属于这些进化适应之类。如果是这样，那么它就是斯宾塞所认为的，对个体是**先验的**，对族群是**后验的**。这意味着人类作为一个物种已经经历了各种各样的文化进化，从而发展出他们的心理机制的适应性。

乔纳森·海特的社会直觉主义强调社会互动（social interaction）在人们发展一套特定的道德直觉中的作用。根据海特的理论，"社会直觉主义模型假定道德推理通常是在人际间而不是私下完成的"（Haidt 2001，820）。海特认为人们的道德判断通常不是由他们有意识的道德推理引发的，而是一种"快速、自动的评估（直觉）的结果"（Haidt 2001，圆括号内容是原有的）。这些直觉部分是"一种密集群居的物种高度进化适应的结果，并构建在大脑和身体的多个区域"（Haidt 2001, 826）。这就解释了为什么人们会没有自觉意识地进入产生他们道德直觉的自动化过程（automatic process）。另一方面，道德直觉部分也是个体**社会化**（socialization）过程的结果，海特列举了三个与社会化相关的过程：选择性的丧失直觉（selective loss of intuitions）、浸润于习俗复合群（immersion incustom complex）和同侪社会化（peer socialization）。"选择性的丧失直觉"指的是一种文化选择某一套道德直觉而去除其他的道德直觉。"习俗复合群"是指一种文化的风俗习惯以及与之相关的信仰、价值、规则或动机等。"同侪社会化"指的是人们的道德判断常常受到周围人的判断的影响。作为社会化过程的结果，人们的道德判断"不仅仅是发生在个人脑海中的单一行为，而且是一个持续的过程，经常随着时间和不同的人而展开"（Haidt 2001, 828）。因此，海特的结论是，道德直觉"既是与生俱来的，也是文化适应的结果（enculturated）"（Haidt 2001, 826），我们也可以说，它既是**先天的**，也是**后天的**。

与前者相反，王阳明的道德直觉纯粹是先天的，而且独立于个人的或文化的经验。王阳明关于作为一种道德直觉的良知的理论，与斯宾塞和海特的观点都有差异。由于王阳明把这些直觉看作是个人所具有的一种先天知识，所以他不属于常识直觉主义者（commonsense intuitionist）的阵营，后者依靠"多数个体（collective individual）"的道德直觉来判断是非。王阳明认为，我们的良知的内容，即我们不经推理和学习而凭直觉所知道的东西,既不是社会性地建构的,也不是以经验为条件的。相反,良知可以宣称掌握（claim）客观、绝对的真理性,因为它正是天理本身:"吾心之良知,即所谓'天理'也。致吾心良知之天理于事事物物,则事事物物皆得其理矣。"（王阳明 1975,37）换言之,良知的功能对道德实在有着一种"直接追踪（direct tracking）"的保证——它不是仅仅凭借直觉判断对错,而是直接觉知对的为对,错的为错。特别是,在王阳明的理论中,这种觉知转而向内,以自己的意念和思想为对象。按照王阳明的说法:"尔那一点良知,是尔自家底准则。尔意念著处,他是便知是,非便知非,更瞒他一些不得。"（王阳明 1975,77）这就是说,我们的意念在道德上的对与错之间的界限有客观的划分,而对王阳明而言,良知的功能能够直接地做出与这种自然的道德划分相对应的判断。因此,他的**良知**理论奠基于他的人文主义道德实在论（参见第六章）。

王阳明的道德反身主义

以其良知论为基础,王阳明的道德方法论包含兢兢业业的自我检查和自我纠正。他的方法论背后隐含的心智理论是:人具有反身性的自我意识（reflexively self-aware）,能够真实地反省自己的心灵。按照 Jonardon Ganeri 对印度佛教自觉意识（self-consciousness）理论的分析,反身主义（reflexivism）的主张是"指所谓自我意识,即在于有意识的心理事件能够反身性地意识到它们自己"（Ganeri 2012, 166）。借用 Ganeri 的术语,我们应该将王阳明的道德理论归为"道德反身主义（moral reflexivism)"——道德在于自我有意识地对自我的心理活动进行反省,并对自我的想法做出反身性的道德判断。反身主义将人的经验分析为两个截然不同的"方面(aspect)"——客体方面和行为主体方面(Ganeri 2012,169)。同样地,在王阳明的道德反身主义中似乎有两个"自我":一个自我自然地产生意念、情感和欲望,另一个自我不断地监控那个自然自我的心理活动——"如猫之捕鼠,一眼看着,一耳听着。才有一念萌动,即与克去,斩钉截铁,不可姑容"(王阳明 1994,40)。在这一比喻中,进行监控的自我是猫,而心灵中被监控的意念则被比作老鼠。通过与眼睛和耳朵的类比,王阳明似乎在自我的自发流动的意念之上加设了一种"高阶知觉(higher-order perception)"。

在当代分析心灵哲学中,意识的高阶思想(higher-order-thought,简称 HOT)理论与意识的高阶知觉(higher-order-perception,简称 HOP)理论之间的主要差别是,前者将高阶心理状态看作是一种学习或训练的过程,而后者则将其看作是自发的、先天的。与其他意识的 HOP 理论一样,王阳明的道德反身主义也需要对内在感官如何能做到内向的知觉(inward perception)提出解释。他的解释仅仅是:心的良知就是执行道德内视(moral introspection)的能力。王阳明的良知学说强调人的心灵能直觉性地"见到"是非。它应该被解释为一种**道德觉知**(moral perception)或**道德意识**(moral sense),而不是像思维一样的道德反思或道德慎思。正如我们在第六章所看到的,王阳明的伦理知识的觉知模式是建立在他对道德实在论的坚持之上的:道德实在确实存在,而且是每个人都可以通过觉知和认知而进入的。我们生来就具备当下能觉知善与恶、道德与不道德之间差别的道德视角（moral vision），而不需要进一步地教育或学习："是非之心，不虑而知，不学而能，所谓'良知'也。良知之在人心，无间于圣愚，天下古今之所同也。"（王阳明 1994，173）

在王阳明的道德反身主义之下，道德是一种只要个人意向真诚、努力勤勉，就都可以完成的个人成就。道德**内在于**我们，它是关于**我们的事**（our business，借用 Pihlström 关于道德实在论的术语，参见 Pihlström 2005，30。黑体是原有的）。我们能否成为成熟的道德主体，完全取决于我们自己的努力。按照王阳明的说法："是非之心，人皆有之，不假外求。"（王阳明 1994，70）王阳明与他的理学前辈在方法论上的主要区别在于，他不提倡效法圣人等道德榜样。在前面的章节我们已经看到，张载要求道德主体多读圣贤之书，并学会以圣人之志为己志；而二程兄弟则训导道德主体向圣人看齐，识得圣人气象，获得孔颜之乐。王阳明坚决反对这种向外求索的进路。他说："'先认圣人气象'，昔人尝有是言矣，然亦欠有头脑，圣人气象自是圣人的，我从何处识认？……自己良知原与圣人一般，若体认得自己良知明白，即圣人气象不在圣人，而在我矣。"（王阳明 1975，48）王阳明捍卫个人内心道德指南的自足性。人们需要做的不是去向他人学习，模仿道德榜样，或以社会制约来做正确的行为；反之，人们需要与自己内在的道德自我建立**直接的**联系，并通过这种联系，来认识自己内心固有的天理。每个个体都有通向终极道德实在的先天通道，他只需反身内求，就能认识这一道德实在。有人可能会问：关于道德真理的知识是如何可能的？王阳明的回答是：道德知识之所以可能，是因为它已经在每个人的心中。

一次，一个学生从外面回来，王阳明问他看到了什么。学生回答说："见满街人都是圣人。"王阳明赞许地说："你看满街人是圣人，满街人倒看你是圣人在。"（王阳明 1994，255）在王阳明的评价中，圣人境界——这个对所有理学家而言的最高道德成就——是很容易实现的，因为我们生来就是圣人是一个既定的事实。我们只需要认识到这一事实，并通过反躬自省以保持我们的先天之善。

是以，王阳明的方法论关注的是**内视**（introspection），而非**外观**（extrospection）。他主张，人们不应该专注研究或格审外在的事物，而应该审视自己的内心，与自己的真实本性协调。这种对内观的专一强调，也是他远离程朱学派学说的另一个表现。王阳明的理论与中国禅宗的一个可信的关联，那就是他对**当下**的强调。知觉模式是要有对象在场时才能运用的；因此，良知作为一种道德觉知，也需要被感知的意念或思想的在场。只有当那些被感知的思想作为对象呈现时，人们对自己的思想才能进行反身性的道德觉知。这就解释了为什么王阳明的道德方法论要求我们时时刻刻进行自我监控和自我纠正，"无一息之或停"（王阳明 1994，40）。

王阳明的道德方法论：
恢复先天道德直觉的方法是去除私欲

虽然每个人都有与生俱来的本能性知识（良知）和本能性

能力（良能），但并不是所有的人都能根据自己的良知行事。按照王阳明的说法："良知良能，愚夫愚妇与圣人同。但惟圣人能致其良知，而愚夫愚妇不能致，此圣愚之所由分也。"（王阳明 1975，41）对普通人来说，要实现每个人与生俱来的内在道德准则，有一个道德阶梯要爬。王阳明把这一过程称之为"致良知"——它是良知的实现（realization），或者我们应该说，是良知的恢复（retrieval）。

然而，说到恢复，并不是暗示个人在任何时候实际上丢失了良知。王阳明认为，关于对与错的先天觉知是一直存在的，但这种能力可能会被个人的错误想法，如私意与物欲所遮蔽。他的典型比喻是云和太阳：良知好比太阳，错误的思想或私欲就像乌云遮住了太阳的光辉。即使看不见太阳的光辉，太阳也从来没有失去它的光辉。同样地，即使是最卑劣的人，其内在的善也从没有丧失；它只是隐藏在视线之外。学习的目的就是要学会清除这些障碍（王阳明 1975，51—52）。在这里，太阳和乌云的比喻再次支持了我们将王阳明的良知作为一种高阶道德觉知的诠释。当知觉对象被挡在视线之外时，我们会产生错误知觉（misperception）；同样地，当我们的良知被我们的私意所遮蔽时，它也就无法发现我们自己的错误。

王阳明建议，道德的方法论在于我们不断地思考去除欲望、保存我们与生俱来的天理（王阳明 1975，34）。对他而言，人欲与天理不能并存——个人只要心中有了欲望，他原初的道德意识就会从他的视野中消失。而良知所要去除的靶子正是**私欲**，即人们自私的欲望。他宣称："胜私复理，即心之良知更无障碍，得以充塞流行。"（王阳明 1994，16）他所说的"私"到底是什么意思？"私"为什么如此糟糕呢？

一些当代学者（Ivanhoe 2013；Tien 2012）把王阳明对"私"的拒斥看作是对"自我中心（self-centeredness）"的批判。例如，David W. Tien 认为所谓"自私"（selfishness），是指"几乎全心或过度地关注个己的欲望，但不见得是以自我为中心"；反过来说，所谓"自我中心"，则是"几乎全心或过度地关注自我，但不见得是以个己私欲为中心"（Tien 2012，57）。Tien 认为，对王阳明而言，妨碍人们道德修养的是自我中心，而不是自私。

然而，王阳明是否真的会认为以自我为中心在道德上应该受到谴责，这是很有疑问的。如果以自我为中心仅仅是"使个人的自我成为世界的中心"，那么这似乎是一种既常见又自然的人类心理特征。在道德思维中，我们经常需要从以行为主体为中心的视角开始——定位自己在这个世界上的位置，并理解他人与我们之间的关系。儒学的"爱有差等"要求我们把直系亲属放在我们情感的中心。孟子的"推"正是一个以行为主体为中心（agent-centered）的方法，它旨在将人们对直系亲属的爱扩充为对全人类的人道主义关怀。当王阳明在谈到"以天地万物为一体"时，他似乎并没有偏离这一"爱有差等"的学说，因为他承认我们对植物与动物、人类与禽兽或家人与陌生人之间，都应该区别对待。他说："至亲与路人同是爱的，如箪食豆羹，得则生，不得则死，不能两全，宁救至亲，不救路人，心又忍得。这是道理合该如此。"（王阳明 1975，133）

在更深一层意义上，"以自我为中心"可以看作是陆王学派的精髓。正如陆象山所言："宇宙内事，乃己分内事；己分内事，乃宇宙内事。"（陆象山 1980，483）在解释人与天地万物同体时，王阳明也说"我的灵明，便是天地鬼神的主宰。……天地鬼神万物离去我的灵明，便没有天地鬼神万物了"（王阳明 1994，273）。我们或许可以说，王阳明提倡一种"提升的（heightened）"自我中心意识，根据这一意识，天理的普遍性即存在于个体的心灵之中，而整个宇宙是以个人的纯粹心灵为中心的。因此，王阳明所拒斥的不是以自我为中心的想法，而是自私的想法。①

我们仍然需要去理解王阳明所谓的"私"是什么意思，以及他为什么谴责它。王阳明所拒斥的"私"不是利己主义（egoism）或自我利益（self-interestedness），而是个人对违背普遍天理之私意或私欲的自我执着（self-insistence）。在王阳明对一般人在"私"方面的道德瑕疵之批评中，他指出首要的瑕疵是"过度（lack of moderation）"。有一次，住在他家的一个学生收到家书，通知他说儿子病得很重，这个学生忧闷不堪。王阳明告诉他："父之爱子，自是至情。然天理亦自有个中和处，**过，即是私意**。"（王阳明 1975，56；黑体为作者所加）他给这个学生的建议是："此时正宜用功。若此时放过，闲时讲学何用？"（王阳明 1975，56）这一看起来很严厉的警告正表明了真正地摆脱一己之"私"的困难。王阳明认为这个学生之"私"不在于他爱自己的儿子，而在于他让自己被忧虑所困扰，以至于失去了自己内心的平静。它之所以是*私*，因为这种心理状态

---

① Tien 说他自己也"欣然承认王阳明有时会直接在'自私'的意义上使用这个词"（Tien 2012，61）。

违背了天理的普遍性。

对王阳明而言，过度是想得太多的结果。他说："喜怒哀乐，本体自是中和的。才自家着些意思，便过不及，便是私。"（王阳明 1994，52）从这一评论，我们可以看出，"私"的根源是多余的考虑（extra consideration），换言之，问题只是"想太多了（having one thought too many）"。由于王阳明主张行为主体在自己的思想中**直接觉知**对错，他自己的额外思虑就会阻碍了他的直觉道德觉知或先天道德知识。这就是为什么**私**是不好的。

王阳明偏向于直接道德觉知胜于道德慎思，这解释了他在对私的抨击中，为什么把重点放在行为主体对那些违背普遍道德原理的私意和私欲的执着上。在回答学生关于闲思杂虑为什么被认为私欲时，王阳明说："光光只是心之本体，看有甚闲思虑？此便是寂然不动，便是未发之中，便是廓然大公。"（王阳明 1994，64）他在这里所描述的正是我们的先天良知。**无思无虑**与**天理流行**正是同一枚硬币的两面。这就解释了为什么王阳明说，如果人们能去除自己的思虑，他就会立刻复归天理。正如他所言："心即理也，无私心即是当理，未当理便是私心。"（王阳明 1994，72）

与私心相反的是以"万物为一体"，而这正是王阳明的**一体**（Oneness）学说："圣人之心，视天下之人无内外远近，凡有血气，皆其昆弟赤子之亲，莫不安全而教养之，**以遂其万物一体之念**。"（王阳明 1994，129）艾文贺和 David W. Tien 都强调**一体**这一概念在王阳明道德哲学中的重要性。Tien 认为，"与他人、与世界其他部分、甚至与整个宇宙'合而为一'"构成了王阳明的自我概念（Tien 2012，52）。在 Tien 的分析中，"一体"感既是心理的又是形而上学的——它是"一种形上统一（metaphysical unity）的感觉状态，在这种状态中，人们与其说是丢失了自我意识，不如说是有了更扩展的自我意识"（Tien 2012，55）。伴随着自我的这一扩展感（expanded sense），人们会发现关心他人和世界上的事情是很自然的。Tien 认为，这种形而上的自我概念提供了强大的行为动力，因为"一体的状态使人体验到一种与整个天地（包括其他生物甚至无生命物）之间的情感认同和人际统一"（Tien 2012，68）。艾文贺（Ivanhoe 2013）进一步以这一概念为基础构建了一种关怀伦理（ethics of care），他将其定义为"一种自我与世界的同一性"（Ivanhoe 2013，8）。他认为，虽然理学家都共享这一"一体"概念，王阳明通过强调自我与世界"一体（corporeal unification）"这一譬喻，使得这一概念更为强大有力："大人者，以天地万物为一体者也，其视天下犹一家，中国犹一人焉。"（《大学问》，王阳明 2008，145）。艾文贺认为，这一概念构成了"一种扩张的（enlarged）自我意识"，可以使个体超越孤立隔绝的自我概念与自我关注。根据艾文贺的看法，他所说的这个"一体假说（oneness hypothesis）"，"比其他移情利他主义的假说更能提供一些重要的优势"，因为它让我们能够解释人类的关怀何以会超出我们能够感同身受的对象，例如无生命的物体，或甚至整个的生态环境（Ivanhoe 2013，23）。是以，"一体"这个关于自我的形而上学概念构成了一种更为全面的关怀伦理的基础。

王阳明曾经与一位朋友就良知与他的"一体伦理学（ethics of oneness）"之间的关系进行过长篇论述：

> 天地万物，本吾一体者也，生民之困苦荼毒，孰非疾痛之切于吾身者乎？不知吾身之疾痛，无是非之心者也。……世之君子惟务致其良知，则自能公是非，同好恶，视人犹己，视国犹家，而**以天地万物为一体**。（王 1994，173，黑体为作者所加）

在这一引文中，王阳明解释说，我们内心已经具备同情他人不幸的能力，即我们的良知。只要我们能够去除自己的闲思杂念，就能够与世界的其他部分融为一体。这显然是道德理论的一种直觉主义模式。

知行合一

王阳明还有一个独特的论题：知行合一论。他声称知识的一个重要组成部分就是**行其所知**（acting on the knowledge）："知而不行，只是未知。"（王阳明 1994，10）与他同时的人已经注意到，知行合一这一学说是他自创的，而有些人对它的真理性持怀疑态度。一位朋友给他写信说："自来先儒皆以学问思辩属知，而以笃行属行，分明是两截事。今先生独谓知行合一，不能无疑。"（王阳明 2008，193）王阳明在回答中明确表示，他所说的"行"是一种更宽泛意义上的行动，包括任何有意地"事态表现（performance of some affairs）"。是以不仅肢体动作是一种行，甚至如他的朋友所举的作为"知"的学、问、思、辩等心理活动，也是一种行。因此，王阳明的知行合一论可能是基于他与其他人在"知"与"行"的范围层面的一种术语争议（terminological dispute）。然而，王阳明之所以对这一命题如此热诚的倡导，因为他所关注的并不是对定义的修正，而是对人们的心态和行为的改变。

按照艾文贺所论，王阳明所关注的知是道德知识，而他的知行合一论的关键在于"没有哪种真正的道德知识不会引导人们去行动。人们如果没有恰当地从事道德行为，就不可能真正地拥有道德知识"（Ivanhoe 2009，113）。换言之，王阳明的知行合一这一命题提出了一种**规范性**主张，为"真正的"道德知识和"真正的"道德行为建立规范标准。王阳明在这里所提出的问题是：如果我知道应该做什么，但没有去做，那么我真的知道吗？例如，我知道我不应该偷税漏税，但我还是继续这样做。那我真的知道它是不好的吗？我知道善待他人是件好事，但我并不这样做。那我真的知道它是好的吗？王阳明会说，在这两种情况下，我的知识都不是真知。真知必须来自人们的实际作为；换句话说，知必须来自人们的表现（performance）。①

为了说明这一论点，王阳明以视觉和嗅觉来做类比：

---

① 我们已经在二程兄弟的德性知识论语境中讨论过"知识作为表现（knowledge as performance）"，参见第九章。对宋明理学家来说，真正对我们有意义的知识只是道德知识，而如果道德知识没有"表现"——没有行其所知，这个道德知识就是空洞的。换句话说，"知识"的成功条件取决于人们的实际行动。

> 见好色属知，好好色属行。只见那好色时已自好了，不是见了后又立个心去好。闻恶臭属知，恶恶臭属行。只闻那恶臭时已自恶了，不是闻了后别立个心去恶。（王阳明 1994，10）

260 在这一与视觉、嗅觉的类比中，王阳明所考虑的知识是体验性知识（experiential knowledge）。道听途说或借助他人描述的学习无助于真正的认知。王阳明还举过一个哑巴吃苦瓜的例子。这个哑巴不能告诉你苦瓜是什么滋味。为了了解他的经验的性质［或者用当代心灵哲学的术语，我们可以说是**感受的性质**（qualia）］，你必须自己吃苦瓜。换句话说，要知道 x，就必须经历 x，而一旦经历了 x，人们对 x 的自发反应就已经形成了。这是对事物的一种前于反思的、直接的、直觉的和半认知的（semi-cognitive）反应。我们可以从王阳明所举的味觉、嗅觉、视觉等例子中看出，他运用了一种道德知识的知觉模式（perceptual mode）。道德觉知与感官知觉反应（perceptual reaction）类似：它也是一种前于反思的、直接的、直觉的和半认知的体验。如果知的活动属于体验性知识，那么我们对体验的直接反应本身就是**行**。两者是不可分离的。

在另一些情况下，王阳明把知与行看作一个过程，以知为始，以行为终。正如他所言："知是行之始，行是知之终。"（王阳明 1994，11/33）没有行来完成这个过程，即使最初的知也不能被称为**知**。知与行形成一个整体，并不是因为现在把两种状态合并成一个整体；而是因为它们本来就是一体的："只说一个知已自有行在,只说一个行已自有知在。"(王阳明 1994,11)我们把这一知-行过程分别称之为知和行,只是为了确认整个过程的关键特征。按照王阳明的说法,"知之真切笃实处,即是行;行之明觉精察处,即是知"(王阳明 2008,204)。这一论述再次表明,王阳明在提出"知"与"行"是合一或应当合一的时候,他在"知"与"行"的语意范围和定义上与前人在术语上存在着歧义。

如果他的知行合一说只是一个术语上的重新分类,那么王阳明为何如此强烈地提倡它呢?王阳明隐藏在这一学说背后的动机主要是**实用主义的**,因为他希望转变人们对道德的态度。当有人问他知行合一时,他解释道:

> **此须识我立言宗旨**。今人学问,只因知行分作两件,故有一念发动,虽是不善,然却未曾行,便不去禁止。我今说个知行合一,正要人晓得一念发动处,便即是行了。发动处有不善,就将这不善的念克倒了。须要彻根彻底,不使那一念不善潜伏在胸中。此是我立言宗旨。(王阳明 1994,207,黑体为作者所加)

换言之,王阳明的道德教导是:**人不应该有任何一个不善之念**。王阳明的道德标准不仅是设在道德主体的行为上,而且是设在主体的内在心理状态上。当其他理学家强调行为的重要性时,王阳明却把重点放在思想上。当然,如果有人只是怀着善良意图,却从不付诸行动,他就不能被认为是一个合格的道德主体。但是王阳明的知行合一说是试图建立一个更强的要求:

如果有人有任何恶毒的意图，自私的欲望，或不可告人的想法，**即使他成功地抑制了这种冲动并约束了自己的行为**，他已经是一个不道德的人。由此可见，王阳明的知行合一学说进一步支持了本章前面所讨论的道德反身主义。他的道德理论可说是最纯粹的**完美主义**（perfectionism）。

对于王阳明来说，道德是建立在个人的心态上，而行为主体甚至在采取任何行动之前，已经要受到多重的道德评断。在王阳明的定义中，一个念头在心头浮起，无论是善的还是恶的，都被称为"意"。意所指向的世间之事务，被称之为"物"。他把《大学》中被广泛讨论的"格物"这一术语解释为"格物者，格其心之物也，格其意之物也，格其知之物也"（王阳明 1994，168）。格，并非如朱熹所教导的那样，是外向地去探究关于个殊事物之理的知识；反之，格只是**自我审查**和**自我纠正**。王阳明的道德教导要求人们把目光转向内心，因为要防止不道德的行为，必须从净化自己任何不道德的思想开始。

我们现在可以看到王阳明的道德意识理论与他的道德反身主义之间的关系。根据王阳明的说法，我们心灵的原初状态就是天理，这就是他所说的"真己（the true self）"："这心之本体，原只是个天理……这个便是汝之真己，这个真己是躯壳的主宰。"（王阳明 1994，95—96）也就是说，真己是我们身体的主宰，驱动着我们的行动。由于我们原初的心理状态就是这个纯粹的"真己"，所以当我们越成熟，思想越发展，我们就离原初的纯粹性越远（王阳明 1994，96）。因此，道德是一个回归（retrieval）而非前进（advancement）的过程：它是恢复我们最初的、像婴儿一般的原初纯洁心灵的过程。道德修养的首要条件是在一个私人独处的空间（private space）中完成的，亦即在人们独处、独思之时。王阳明发展了《中庸》中的"慎独"观念："道也者，不可须臾离也，可离非道也。是故君子戒慎乎其所不睹，恐惧乎其所不闻。……故君子慎其独也。"（《中庸》）关于慎独这一观念，王阳明说："学者时时刻刻常睹其所不睹，常闻其所不闻，工夫方有个实落处。久久成熟后，则不须着力，不待防检，而真性自不息矣。"（《阳明语录》，王阳明2008，129—130）换言之，对王阳明而言，道德更关切人们的心理状态，而不是人们的行为。人若心怀恶念，即便没有实际的不道德行为，也不能被看作是**善的**。而如果人的心灵是真正纯洁的，保持他先天的道德意识，并且所思与天理相一致，那么他无论在行为上还是思想上都不会不道德。在这种情况下，他也就可以说是**圣人**了。

王阳明向我们展示的是一个严格的道德教导，他关注行为主体的心态其私下想法与意念，并要求所有人表里如一，内外均纯。要想成为一个他心目中合格的道德主体，我们不应该追求名利、食色。个人的心灵必须是纯净无染的，只有对善恶的直接觉知。我们最后不得不问：这一学说是不是太理想化了？它真的可行吗？一般人真的在其内心是圣人吗？更进一步，我们要问：这种道德的生活真的是**一种好生活**（good life）吗？一个对自己的意念和欲望如此神经质而又有洁癖（neurotic and sanitary）的人很不容易做一个快乐的人。

另外一个可以针对王阳明和陆象山的道德普遍主义学说提出的问题，就是道德意见分歧（moral disagreement）这一无可争辩的事实。①陆象山和王阳明确信，只要我们的心灵纯净，我们就是圣人，我们的良知就会交汇在同样的道德真理上，因为所有过去、现在和未来的圣人都有同样的道德觉知能力。然而，即便是心灵纯洁的圣人，在某些道德判断上似乎也极有可能犯错误。而且，两位不同的圣人对道德真理的判断也极有可能产生意见分歧，尤其是当外在环境情况要求不同的解释或不同的反应时。更进一步来说，时代在变迁，视角也在变化，所以我们怎么能期望过去和未来的人们拥有和我们一样的道德觉知，何况现在的我们甚至也没有达成共识呢？如果两个圣人有明显不同的直觉答案该怎么办？当人们有道德分歧时，是否有什么**事实**可以凭借来决定对错呢？在陆王学派关于人类心灵的理想主义图像中，这些问题以及许多其他问题似乎仍然没有解决。

小　结

简而言之，王阳明的道德哲学关注的是行为主体的心态。要激励道德行为，并阻止恶的行为发生，我们需要净化我们的心，去除任何私意私念，不道德的意图，甚至是最轻微的坏念头。他认为不道德始于心灵，因此，我们需要像猫一样努力去捕鼠——亦即我们的坏念头。在王阳明的想象中，道德主体需要勤于自我检查、自我反省和自我纠正，而他首先需要采用的

---

①我想感谢 Kam-por Yu 首先提出了这一问题。

方法是内视。正如王阳明所言："只在此心**去人欲**、存天理上用功便是。"（王阳明 1994，6）这让我们想起了耶稣的教导："从人里面出来的，那才玷污人；因为从人心里发出种种恶念，如淫乱、偷盗、凶杀、奸淫、贪婪、邪恶、诡诈、淫荡、嫉妒、毁谤、骄傲、狂妄。这一切的恶都是从里面出来，且能玷污人。"（《新约全书·马可福音》7：20—23）我们可以把这种对心灵制裁的态度称为"道德纯粹主义（moral purism）"。然而，我们很自然地会想知道这个道德标准是否太严格、太崇高和太不切实际。如果有人觊觎邻居的妻子（或他最好朋友之女友），但从来没有采取任何不适当的行动，他也是不道德的吗？我们难道不应该赞扬人们在压制自己任何不道德行为的冲动方面所表现的自律和自控吗？难道我们还必须指责并要求他们彻底消除任何私欲或邪念吗？正如 Owen Flanagan 和 Amélie Rorty 指出的："传统的道德理论近来被批评为无药可救的乌托邦式，是因为它们要求对我们的心理进行不可能的重建。"（Flanagan 和 Rorty，1990，2）基于王阳明对道德纯粹性的要求，我们也可以得出这样的结论说：王阳明的道德理论也是一种**乌托邦式的道德理论**——高度理想化而难以实现。

原始文献

王阳明，1975. 王阳明全书［M］. 台北：正中书局.

王阳明，1994. 传习录［M］. 台北：商务印书馆.

英文选译

Chan, W, 1963. A Sourcebook in Chinese Philosophy [M]. Princeton, N J: Princeton University Press. (陈荣捷,1963. 中国哲学文献选编 [M]. 普林斯顿: 普林斯顿大学出版社.)

Ivanhoe P J, 2009. Readings from the Lu-Wang school of neo-confucianism [M]. Indianapolis, IN: Hackett Publishing Company. (艾文贺,2009. 理学陆王学派读本 [M]. 印第安纳波利斯: Hackett 出版公司.)

第十二章

建构道德世界：王夫之的社会情感主义

引 言

本章以王夫之所提出的道德修养的社会伦理学（socioethical）方案来总结宋明理学的道德理论。王夫之这一方案背后的主要思想是：要构建一个道德世界，仅仅关注道德主体孤立的道德良知、道德理性或道德情操是不够的，个体的道德情操必须融入整个社会，从而使得道德行为成为一种社会规范。道德不应只属于宗教圣徒或儒家圣人，道德要求也不应超出人类心理的共同模式。本章考察了王夫之如何从孟子的思想出发，而提出一个对构建道德世界更为现实的建议。①

王夫之受张载道德形而上学的影响最大，但在道德动机方面，王夫之采取的是情感主义进路，而不是张载的理性主义进路。我们在第八章已经看到，张载强调学习和研究的重要性：道德修养必须通过教育来实现，特别是通过研究古代圣人的著

---

① 本章部分内容基于作者以前的论文。参见刘纪璐 2012。

作，学会吸收他们的思维方式。在道德教育的帮助下，人们最终超越了自己的自然倾向，与圣人为伍，以成为一个纯粹的道德主体。张载认为，对于人际中普遍亲缘关系存在的适当道德信念，加上个体"欲学孔子""欲以圣贤之欲为己欲"的二阶次欲望，将足以激发个人的利他行为。在张载的道德动机理论中，欲望确实可以激发道德行为，但只有当它是利他欲望，并伴随着欲成就"圣贤"人格这种二阶次欲望时，此欲望才能激发道德的行为。从理智性的转化（transformation）和同化（assimilation）开始，人们最终可以发展出愿意帮助有迫切需要的陌生人的意志。张载的道德理论试图将对家人之爱扩展为对世人之关怀，并且在人们对自己和家人幸福（wellbeing）的自然欲望的基础上去产生利他的欲望。要想培养"圣贤之欲"这种二阶次欲望，必须接受这样一种信念——即整个世界是天地之间的一个大家庭，而每个人都是这个大家庭的成员，息息相关。在张载看来，只要道德主体以圣人为模范，他对旁人幸福的真正关心就可以建立起来。

由于张载把道德上正当的利他欲望称为"圣贤之欲"，明显可见，他认为道德教育的目标就是把自己转变为圣贤。一旦道德主体产生了这样的转变，他的道德信念本身就足以激发正确的道德行为，而不需假借额外的欲望。在当代美国伦理学家David Brink 关于另一位伦理学家Michael Smith 道德动机理论的讨论中，他承认对有德之人而言，道德信念本身确实具有激发行为的作用，但是"这只是因为一个有德之人**具有一套**由多种认知和意欲状态所构成的而且**充分发展的心理图谱**（psychological profile）"（Brink 1997，15；黑体为作者所加）。张载的理性主义道德动机理论也可以如此理解。道德主体可以完全为"民吾同胞，物吾与也。凡天下疲癃残疾、茕独鳏寡，皆吾兄弟之颠连而无告者也"（张载 2006，62）这一信念所激励，但是先决条件是他们**已经**被圣人同化了。我们可以把张载关于圣人境界的道德戒律理解为一种关于自我的理想形而上学概念。这种道德理论强调的是理想人格，它是人们在其一生所追求的目标。根据 Flanagan 和 Rorty 关于理想人格的解释："这些理想性包括一种人生策划或根本的规划，在生活中做出不断演变的一系列计划，以及个体坚定维持信念的程度。"（Flanagan 和 Rorty，2010，4）在张载看来，理想的人格是圣人，而我们都应该努力实现的道德目标是要**思**如圣人、**欲**如圣人、**行**如圣人。

然而，这种完美的道德主体一定是凤毛麟角。张载的理论也许可以解释为纯粹利他心态之道德主体的道德动机，但不能为人类社会实现利他主义提供一个切实可行的策略。我们可以把托马斯·内格尔（Thomas Nagel）对其他"奠基于欲望的利他道德动机理论（desire-based motivational theory of altruism）"的批判运用到张载的理论上："如果人们想要保证这种理论的普遍可行性，就必须使利他行为的理由建立在**一种存在于所有人心中的欲望**之上。"（Nagel 1970，28；黑体为作者所加）但是我们很难相信一般人对自己都有这样一种理想的形而上理念，而都想要培养"圣贤之欲"。是以，张载的理论缺乏普遍的可行性。张载理论的基本问题在于其道德主体概念的过度理想化。而我们已经在第十一章的结论中也看到王阳明的道德方法论也是极端理想化的，甚至到了乌托邦的地步。宋明理学的道德方法论很可能都属于乌托邦道德理论的范畴。不过，最后这一章所介绍的王夫之的道德理论，并没有这一乌托邦倾向，而是由对人类心理的一种合理阐释所支持的。

王夫之关于道德动机的情感主义理论

在第七章我们已经解释过了，王夫之将道德植根于道德情操之中，而道德情操有别于自然情感，并为之主导。在他的理论中，使利他行为之所以可能的，是来自个人道德情操与自然情感的结合，更加上个人的反思。他的理论既包含道德理性又融合道德情操。

王夫之对孟子所说的"四端"这四种道德情操的功能，做了更为详尽的分析。他指出，对陌生人苦难的恻隐之情是仁这一德性的初步心理准备（initial psychological readiness）。恻隐之情操和爱这个自然感情都包含着心情的激荡和想要给予他人关爱的冲动；然而，这两者有着不同的根源。爱源于父母对孩子的基于生物性的情感，王夫之称之为"儿女之情"；而恻隐则是基于一种普遍的先天禀赋。它并不局限于人的生物性亲缘关系（biological kinship）。正如王夫之所言："恻隐是仁，爱只是爱。情自情，性自性也。"（王夫之 1974a，10：674）因此，体现仁的利他行为必须是被我们的先天恻隐之情所驱动，去怜悯那些没有血缘关系的陌生人的苦难。

其次，羞恶之心既包括对自己做过的错事（个人的作为）或是对自己未能做正确的事情（个人的没有作为）感到羞耻，也包括自己对他人做过的错事产生的厌恶感。羞耻感（孟子所言之羞）应该与伯纳德·威廉斯（Bernard Williams）所说的"行动者的遗憾（agent-regret）"区别开来，后者"表示虽然人们可能对未履行某项要求没有过错，但他仍然感到有某些程度的责任"（Sherman 1990，151）。羞耻感跟遗憾感不同的是，前者比消极的遗憾要强烈得多。羞耻感可以促使人们采取某些行动或避免采取某些可预见的行为。Gabriele Taylor 也在"**感到惭愧**（feeling ashamed）"（她将其等同于遗憾）与"**感到羞耻**（feeling shame）"之间做了一个有意的区分："一个人很有可能会真诚地说，他为自己说过或做过的事情感到**惭愧**，而这只不过是意味着他对自己的行为感到遗憾，但并不意味着他对自己做了那件事感到羞耻。"相对之下，**羞耻感**涉及"行为主体对自己声望的信念"（Taylor 1985，53；黑体为作者所加）。换言之，羞耻感与个体的自我价值感（self-worth）密切相关。人们不会愿意贬低自己去做他认为是可耻的事情。

至于厌恶感（孟子所言之恶），则应该和那种与卫生清洁或美学有关的不能自主的身体反应分开。恶，特别是一种道德上的厌恶（moral disgust），可以被理解为一种看到别人的错误行为或不恰当的建议时立刻感到"不赞许"的情绪化态度（emotionally charged attitude）。羞与恶是密切相关的。按照朱熹的说法："羞，耻己之不善也；恶，憎人之不善也。"（《四书章句集注》）也就是说，羞源于对自己不道德行为的自我批评，而恶则以他人的不道德行为为目标。人们对自己行为感到强烈的羞耻与他们对别人的行为感到义愤填膺，这两者往往是密切相关的。伯纳德·威廉斯对希腊语中羞与恶两个概念之联结也有同样的观察。据威廉斯所言，希腊语中表示"羞耻"的词 aidos，与希腊语中表示"义愤"的词 nemesis 是一对"反射词（reflexive pair)"(借用 James Redfield 的术语):"人们当下就有自己的荣誉感和对他人荣誉的尊重;当荣誉受到侵犯时,无论是对他们自己还是对其他人,他们会感到义愤或其他形式的愤怒。这种情感在相似的对象中可以共享,而正是这种情感将人们聚集在一个情感社区(community of feeling)之中。"(Williams 2008,80)

虽然我们道德厌恶的内容可以受到社会文化的影响和修正,但厌恶感本身却是我们与生俱来的道德倾向。按照王夫之的说法,羞恶之心是"人皆有而各自有,彼此不能相袭"(王夫之 1974a,8:538)。这种道德情操是我们正义行为的动机基础。即使要求我们采取正义行动的情境可能来自各自的生活经验,然而,我们的心中已经包含了义之准则,就如王夫之所言:"义因事而见,而未见之前,吾心自有其必中之节。"(王夫之 1996,35:676)

第三,辞让之心包含对自己所处社会环境的尊重,对他人的尊重,以及对具有专业知识或权威人士的态度上的尊重。孟子认为恭敬之心是礼的基础。王夫之解释说,我们对长者的尊重最能体现辞让之心。所谓长者,只是指比我们年长几岁的人,这一自然事实本身并没有任何道德意义。然而,在人类社会(至少在中国古代社会),人们会自然地尊敬长者。王夫之认为,这是因为我们天生就有辞让之心,而当我们遇到长者时,这种情感就会被唤起:"吾心本有不敢不敬之心,本可天性,而敬由是生焉,亦由是生焉。"(王夫之 1996,35:687)。所以,尽管辞让行为的适当性(中节)可能取决于我们所遇到的对象,然而"所发者根于性也"(王夫之 1974a,10:670)。基于我们的辞让之心,我们会在不同的情境中,对不同的对象,都设法采取适当的行动;因此,这一道德情操是我们行为合礼的动机基础。

最后，是非之心是人们辨别对错是非的能力，我们在第十一章已经看到，王阳明称之为"良知"，而王夫之也认为它等同于良知。跟羞恶之心相似，是非之心也是我们与生俱来的，尽管有时人们对是非的判断可能会随社会文化不同而有所差异。拥有辨别对错是非的**能力**是我们的天赋，而不是社会影响或文化建构的结果。王夫之宣称心"具众理，应万事"，但是未必能为善，所以人必须培养道德情操，并存之于心，才能够正确地判断是非："须养其性以为心之所存，方使仁义之理不失。"这就是他所说的良心——辨别对错的先天能力："必须说个仁义之心，方是良心。"（王夫之 1974a，10：686）。换言之，他认为对与错的标准在于客观的道德原理（礼），而如果我们知道如何审视自己的内心，我们的道德判断就能够符合客观标准。

王夫之认为，自然情感只是人类对外界事物的自然反应，就它们本身来说，并没有任何道德价值。进一步而言，如果自然情感不加控制，它们可能导致邪恶。王夫之还对自然情感的动机力量和道德情操的动机力量进行了道德上的区分——只有由道德情操激发的行为才能被认为是有伦理上的正当性。然而，王夫之同时认为自然情感可以作为道德情操的动机基础，因为自然情感对人的行为有最强的驱动力："盖恻隐、羞恶、恭敬、是非之心，其体微而其力亦微，故必乘之以喜怒哀乐以导其所发，然后能鼓舞其才以成大用。"（王夫之 1974a，10：676）换言之，在王夫之的道德情感主义中，道德情操是道德上正当的道德动机，尽管如此，它们还是依赖于自然情感的力量以维持其因果效力。王夫之并不提倡在道德思考和道德动机中消除人类的情感，因为自然情感确实对道德有贡献。自然情感的影响不会破坏我们道德判断的认知担保(epistemic warranty);反之,自然情感帮助我们获得能量,将我们的道德判断转化为道德行动。

自然情感与人的生理层面存在的欲望相关联。正如情感是"动焉而不自待者",欲望一旦被激起,也是"不容已"的(王夫之 1974b,22)。与张载和其他许多谴责欲望的宋明理学家不同的是,王夫之把人的欲望看作是我们存在的自然和无咎的一部分。他的道德动机理论可以接受当代情感主义哲学家斯洛特(Michael Slote)所说的"自我关怀"——"对自身幸福的关怀"(Slote 2001,77)。对王夫之而言,道德始于认可人们的自然欲望,而所需要的只是推己及人,去认可他人的欲望。

我们已经在第七章看到,王夫之对人类生存的基本需要(我们的生理需要和物质欲望)有着基本的肯定。对他而言,最高的道德原理(天理)就体现在人类的食色之欲上:"终不离人而别有天,终不离欲而别有理也。"(王夫之 1974a,6:519)如果一个道德主体没有对物质的个人欲望,那么他甚至无法与他人有所关联,也不会对他人的物质匮乏感同身受。利他主义的基础在于理解人是生物性和社会性的存在,与他人拥有同样的基本生理需要和物质欲望。与张载仅仅考虑圣贤之欲不同,王夫之肯定普通的物质欲望的价值。圣人也有物质欲望,但是因为他们不以自我为中心,是以可以"以欲观欲"(王夫之 1974a,4:246)。这一观点是王夫之从孟子那里继承的,孟子建议国君如果好货、好色,那么他应该与民同之(《孟子》1B:5)。王夫之解释说:"于此声色臭味,**廓然见万物之公欲,而即为万物之公理**。"(王夫之 1974a,8:520;黑体为作者所加)在这一陈述中,他简洁明了地排拒了在他之前的整个宋明理学道德论述中占主导地位的天理、人欲二分法。①对他而言,天理、人欲的差异"只争公私诚伪"(王夫之 1974a,6:372)。换言之,道德区分不在于人们所认可的欲望之内容,而在于其所认可之欲望的普及范围。王夫之并不谴责人们的物质欲望的内容,他认为道德差异仅仅在于人们对他人欲望的权利的尊重或认可的态度上。

自然情感以及对个己欲望的满足具有最直接而强大的动机力量。然而,从动机到**合乎道德**的动机,个人所需要的步骤是认可别人对满足他们自己欲望的权利。如果人们对自己亲人的爱会导致对客观道德原理(道)的违背,那么在这个情况下的自然情感就是在道德上不被允许的。如果人们的自我满足会妨碍甚至剥夺了他人的自我满足,那么这种对自我利益的追求在道德上也是不被允许的。整体来说,如果人们不能够以道德上允许的方式表达自己的自然情感或满足自己的欲望,那么,在那种情况下遵循自己的情感或欲望就不再是**善**的了。在这一意义上我们可以说,对王夫之而言,自然情感与欲望是一种"有条件的善"。②它们必须受到外在的、客观的道德考量的制约,

---

①这种对人类欲望的道德价值的肯定后来成为清代理学家戴震(1724—1777)的道德哲学的一种重要论题。由于本书篇幅的限制,我们无法涵盖他的工作。

②这一术语源于康德的"无条件的善"这一概念:"某一事物如果在任何以及所有条件下都是善的,如果在任何背景下都是善的,那它就是无条件的善。要成为无条件的善,某物显然必须有它自己的价值——拥有它自身的善(成为目的本身)。"(Korsgaard 1996,257)。

而且王夫之认为，只有在不违背"公"的前提下，人们对它们的追求才是善的。

王夫之宣称："人人之**独得**，即公也。"（王夫之 1967，141；黑体为作者所加）"人欲之各得，即天理之大同；天理之大同，无人欲之或异。"（王夫之 1974a，4：248）换言之，他的道德理念不是去谴责每一个体的私人欲望以实现绝对的利他精神，而是让每个人公平地分享他或她的欲望之满足。对他人的欲望的同情共感以及愿意与旁人共享的心态，是人们能将自然情感提升至实现道德情操的关键。"盖仁者，无私欲也。"（王夫之 1974a，6：441）要从私欲中解脱出来，人们只需自我审查：自己对幸福的追求不会妨碍他人对其幸福的追求。我们需要平衡对自我的关切（self-concern）与对他人的关切（concern for others），使他人能公平地得到他们的幸福。这一自我审查就是王夫之所说的"思（reflection，反思）"。

王夫之将"思"看作是心之良能，其目标是区分是非与利害："思原是人心之良能……思者，思其是非，亦思其利害。"（王夫之 1974a，4：266）思与人的第四种先天道德情操——是非之心密切相关，但又不尽相同。是非之心是与生俱来的，它是天之所赋，但要运用这种天生的道德情操，人就需要付出自己的努力，这就是"思"的作用："仁义自是性，天事也；思则是心官，人事也。"（王夫之 1974a，10：700）王夫之由此总结到："凡为恶者，只是不思。"（王夫之 1974a，4：268）

对王夫之而言，道德德性不仅仅是一种高贵的精神品格，它还需要道德行动。王夫之将"德"定义为"行焉而有得于心"① (王夫之 1974a，1：47)。在这一意义上，人们的德性是好是坏完全取决于他们在生活中建立什么习性、如何为人处事以及采取过什么行动。王夫之继承孟子的观点，认为个人要获得道德德性，就需要扩大自己的关怀范围，即扩大自己的移情共感的对象。孟子（1A：6）认为，古人超越后人的地方，就在于他们善于"推"其所为。王夫之将孟子的"推"这一概念做了如下理解："所云'推'者，扩充也；所云'扩充'者，则'以不忍人之心，行不忍人之政'也。"（王夫之 1974a，512）"夫老吾老、幼吾幼者，岂徒有是心哉？**必有以老之、幼之矣**。则及人之老、及人之幼，亦岂徒心恤之哉？**必实有以及之矣**。"（王夫之 1974a，8：513；黑体是作者所加）由此可见，如何**实践**人们的道德意图于其行为中是王夫之道德学说的终极目标。

以孟子的道德情操理论为基础，王夫之提出这个主张：道德的动力始于认清自我以及自我的种种情感和欲望，再加上：

（1）对那些基本需要和权利被严重剥夺的人的恻隐之心；

（2）对自己未能按照自己的道德情操所要求的去行动而有羞愧感；

（3）遵从众人认为在特定情境下适合做的(亦即时中的)事情；

---

① 中文中对应 virtue 的字是"德"，对应 obtain 的字是"得"。这两个汉字拥有相同的发音，但意思不同。王夫之在这里利用语音上的相似性来连接这两个词。在这本书稿的评审意见书中，Kam-por Yu 建议"以得释德是非常普遍的，在中国学术史上有着悠久的历史。在王弼对《老子》的注释以及朱熹对《论语》的注释等众多著作中都可以看到。事实上，这正是《说文解字》中给出的定义（惠者，得也。内得于己，外得于人）"。我对他的修正表示感谢。

（4）自己对在那种情境中应该做的事情的是非判断。

然而，王夫之不是仅仅运用孟子的四端说，而是进一步将孟子的道德情操理论发展为一种**道德情操复合体**（complex sentiments）的理论：也就是说，他认为这四种道德情操并不是相互独立的，而是必须结合在一起，共同构成道德上正当的动力。例如，恻隐之心需要受到其他三种道德情操的核查。王夫之言："恻隐之心，元与羞恶、辞让、是非，同条互用，那得只任此一念一直做去，更无回顾？"（王夫之 1974a，8：551）行为主体的恻隐之心可能只是一种纯粹的主观心理状态——一个人是否会对旁人有恻隐之心，取决于他有多敏感，以及其他跟情境有关但在道德上无关的因素，比如这个旁人所在的地理距离、年龄和外貌等。然而，其他三种道德情操——羞恶、辞让、是非——则涉及行为主体的自我意识以及他对由社会规例所确立的规范性的意识。王夫之的道德情操理论不是一种**原子的**情感理论（atomistic theory of emotions），只关注关于恻隐之心这一个个人主观的道德情操；而是一种道德情操复合体的理论，包含个人对社会规范的认知与尊重。因此，他的理论不会导向一种极端的主观伦理学（radically subjective theory of ethics）。①

---

①在 Marcia Lind 对休谟的道德情操主义的辩护中，她提出休谟的道德情操理论应该被理解为一种道德情操复合体的理论，而不是原子的理论。Lind 声称："我认为休谟所说的情感可以分析为一种复合体然后，我将情感作为一种复合体的特殊观点再应用到休谟的**道德**情感中，并表明这种分析至少可以替休谟避免了常有的批评，指责他接受了一种极端的主观道德理论。"（Lind 1990，133；黑体为原文所有）。在此，我们对王夫之的道德情操理论也作同样的阐释和论证。

张载和王夫之都强调认可"他者之真实（the reality of others）"的重要；对他们而言，道德的可能性就在于对他者之真实的认同。但是他们两人提出了不同的想象模式：张载要求道德主体把他人想象成自己的兄弟姐妹，因为他们来自共同的生命源头——天地。这是一种以行为主体为中心（agent-centered）的进路，旨在使人们扩展他们对直系亲属的爱，以培养对全人类的人道关怀。王夫之则没有要求道德主体放弃以自己为主位（first-person point of-vie）的思考模式；他也没有要求道德主体要把自己提升到圣贤境界，以纯粹的普及人道关怀来主宰行动。由于王夫之是张载的仰慕者，他们俩的观点常常被混为一谈，而其间差异往往被忽视。但是如果我们阅读王夫之的《张子正蒙注》，我们可以看到，王夫之并没有完全接受张载的世界观。例如，在《西铭》中，张载写道"乾称父，坤称母"，王夫之在评论中则是用人们的亲生父母，而不是用抽象的天地，来解释父母的观念：

> **从其切者而言之，则别无所谓乾，父即生我之乾，别无所谓坤，母即成我之坤**……若舍父母而亲天地，虽极其心以扩大而企及之，而非有恻恒不容已之心动于所不可昧。（王夫之 1967，265—266；黑体为作者所加）

这一引文表明，在王夫之的看法中，个体首先且最主要的位置是在他们的血亲家庭（biological family）中。他要求道德主体想象他人与自己相似，有与自己相似的需求和欲望。这也是一种以行为主体为中心的进路，但它只要求道德主体将对自我的关注扩充到**对他人采取公平的考虑**。

张载和王夫之都把信念（理性）和欲望（情感）结合起来作为行为动力。张载的理论承认情感和欲望的促动力量，但却把理性作为情感和欲望的指导原理（guiding principle）。他的理论是理想人格理论的一个版本，以圣人为理想人格。王夫之的理论把情感和欲望作为行为的主要动力，但他主张平衡个人的自我关注和对他人的关注，以实现公平。公平观念是植根于理性的反思功能。因此，王夫之的道德动机理论是一种情感主义，而以理性为行为的终极监控者（ultimate monitor）。我们可以将张载跟王夫之这两种道德动机理论的区别表述为，一者是将动机建立在"**基于理性的欲望**（reason-based desire）"之上（张载），而另一者是将动机建立在"**基于欲望的理性**（desire-based reason）"之上（王夫之）。不过两者都强调道德行为的动力既离不开理性，也离不开情感所激发的欲望（emotion-prompted desire）。

本章的最后一节将以王夫之的思想为基础勾勒出一种道德动机理论，并在此基础上加以扩展，以构建一种不仅在经验上负责（empirically responsible）而且得到当代心理学研究支持的道德理论。我们将其称之为**社会情感主义**（social sentimentalism），因为这一理论强调道德情操的动力，并特别强调在羞恶以及辞让等道德情操中表现出来的社会情感作用（social affectivity）。

扩充我们的关怀范围
——对王夫之社会情感主义的拓展

宋明理学家都致力于扩充我们的关怀范围而为他人着想，他们所呈现的道德图景通常是一个宏伟愿景，如张载的"民吾同胞"、程颢的"视民如伤"，以及王阳明的"以天地万物为一体"等等。我们已经考察了他们所提出的不同理想方案，如何使每个道德主体都可能拥有这种心态：比如读圣贤书、学圣人之欲、培养稳健的德性、保持内心的恭敬，或进行严格的自我监控和自我纠正，等等。然而，王夫之的道德方案由常识心理学入手，并认可人们的自然情感和世俗欲望。

从人类心理学的经验科学研究中（Hoffman 1981；Darley 和 Latané 1968；Latané 和 Rodin 1969）我们知道，真正的利他行为往往是一种对他人当前痛苦或即将到来的伤害所做出的自发性反应（spontaneous reaction）。这些关于利他主义的经验研究是基于如下标准：所谓利他的行为，"是一种在缺乏有意识的考虑自我利益之下去促进他人福利的行为"（Hoffman 1981，124）。Martin Hoffman 引用他人（Darley 和 Latané 1968；Latané 和 Rodin 1969）以及他自己的实验证明，人们在帮助他人摆脱困境之前通常不会想太多。他说："当我问人们，当他们在现实生活中帮助别人时，他们的脑子里想的是什么；典型的回答或者是，他们没有思考就采取了行动，或者仅仅是因为对方明显需要帮助。"（Hoffman 1981，134）。这种自发性是同情或移情共感等道德情操的表现。Hoffman 引用了很多经验研究，显示人们在看到旁人处于痛苦时，会产生自然的移情共感的激动（empathic arousal）。他总结道：

> 这些研究的整体结果，表明（1）移情共感的激动先于助人的行为；（2）来自受害者的痛苦信号越强烈，观察者的共感激动就越强烈；（3）共感激动的强度与随后的助人行为有系统性的关联。（Hoffman 1981, 131）

这类经验数据表明，许多的（或者大多数的）利他行为都是由具有移情共感的道德情操激发的。道德理性主义所强调的有关自己长远利益的明智利己心态（prudential self-interest）或是以自我为中心的推理（egoistic reasoning）并不必然是利他主义的基础。

不过，很重要的一点是要强调同情或恻隐之心并不能单独起作用。同情心或许是自发地利他行为的必要条件（如果我甚至一点都不关心旁人的痛苦，那么我一开始就缺乏去帮助他人的动力），但它并没有足够的因果效力。以2011年日本发生的毁灭性地震和海啸为例。对那些失去生命、家人、房子、财产等的人的同情，肯定是那些看过新闻报道的人都会有的共同道德情操，但向慈善机构捐款的行为并不像感受到道德情操那么普遍。人们如何才会从有同情心转变为主动伸出援助之手，这正是社会情感主义研究的目标。

简而言之，社会情感主义并不仅仅把行为动力放在同情心这一道德情操上；反之，它提倡由孟子所提出、王夫之所发展的四种道德情操的综合力。社会情感主义所强调的是，七情和四端应该被看作是一个"复合体（complex）"，因为它们共同构成了人们道德行为的动力基础。例如，愤怒和憎恶等自然情感与羞恶这一道德情操紧密相关。如果人们能够把这些情感（道德情操）再与是非之心结合起来，并且对被自己的是非之心所判断的错误行为感到羞恶，那么，他们就至少会倾向于避免这样做。四端不仅包括人们自己的同情感和自己对道德善的感知，也包括人们对社会中人际交往模式的尊重和遵从的愿望，以及由于自己未能履行那些自己承认是社会所接受的行为而产生的羞耻感。因此，这四种道德情操综合起来构成了我们在社会中遵守共同道德规范的基础。社会情感主义是由社会心理学家的观察得来的，这些观察显示，在适当的社会背景下，个人的道德行为可以被相关的社会伦理模式提升或抑制。[1]换言之，社会情感主义不是一种个人主义的，而是一种社会伦理学的规划。在王夫之的情感主义道德动机论的启发下，以下我们对如何构建一个道德世界提出一些建议。

首先，要确立恻隐之心，我们需要用移情想象（empathetic imagination）来增强同情心。按照通常的用法，"同情感"是人们从自身所在的地位（vantage point）出发对他人所遭受的苦难发出恻隐之心，而"移情共感"则是把自己置身于他人的处境中，对他人的痛苦进行生动地想象。移情需要想象力。正如亚当·斯密（Adam Smith）所指出的："由于我们对他人的感受没有直接的经验，所以我们无法了解他们受到影响的方式，只能通过设想我们自己在类似情况下的感受来形成了解。"我们

---

[1] 下文将会给出一些社会心理学实验的例子。

的感官无法让我们直接进入他人的感受,而"只有通过想象,我们才能对他人的感觉形成相关概念"(Smith 2002,11)。移情想象比单纯的同情感能够为利他主义提供更多的动力。

为了增强移情想象,我们需要为生动地想象他人的悲伤和担忧找到基础,而家庭之爱是一种我们很容易能产生共鸣的自然激情。从王夫之的理论中所衍生出来的移情想象,建立在人们与其家庭成员之间的关系以及对家庭之爱的热情。按照法国哲学家吉尔·德勒兹(Gilles Deleuze)的说法,家庭是自然状态下的一种自然的关怀单位(a natural unit of care):"我们在自然界所发现的,无一例外,是家庭。自然的状态已经不仅仅是一种简单的自然状态。家庭是独立于一切人类立法之外的,家庭的存在是由性本能和同情感来解释的,其中包括父母之间的同情感和父母对子女的同情感。"(Deleuze 2001,39)如果自然状态的基本结构是家庭关系,那么个体从他**作为自己家庭的一员**的角度来考虑问题就是一种自然的人类倾向。移情想象的功能必须与个人在家庭的多重关系中的立场相联系。再下一步就是扩展("推")人们对自己家庭的情感,来培养他对陌生人的关怀。

在王夫之所启发的社会情感主义中,要实现这种移情扩展(empathetic extension),并不是要求人们**像爱自己的父母或孩子**一样去爱别人的父母或孩子;而是去想象如果他人的父母或孩子受到伤害,他人会有怎样的感受。换句话说,人们对陌生人的考虑不只是从一个独立个体扩展到另一独立个体,而是从**一个处于自己家庭关系中的个体**(one-individual-situated-in-one's-family-relations)扩展到**另一个处于他(她)的家庭关系**

中的个体（another-individual-situated-in-his-or-her-family-relations）。如果人们对自己的父母、兄弟姐妹和孩子有真诚而深刻的感情，那么他就能与这些陌生人建立情感上的联系，不是仅仅将他们当作陌生人看待，而是当作**其他人的父母、其他人的兄弟姐妹或其他人的孩子**来看待。媒体的一种常见做法可以看作是这种移情扩展的运用。灾难新闻报道往往选择采访家庭成员这一角度来谈论他们的损失。这种报道方法隐含的假设是，家庭的温情（family passions）是可以共通的，而且是可以领会的。如果我们想在我们的社会中增强利他主义，从而培育利他主义文化，那么我们可以鼓励用家庭故事和个人轶事来报道重大灾难。当远方的受害者不再是素不相识的陌生人或一串伤亡数据，而是我们所见过或听过的某个失去的亲人，我们就会更愿意为救灾机构捐款。这可能是一个简单的做法，但它已经一次又一次地被证明是有效的。

其次，羞恶之心对社会监管和行为矫正而言是一个有力的媒介。社会心理学家 Jennifer Jacquet 等人（2011）指出，羞耻感可以促进社会合作。在一系列实验中，他们证明，参与者对负面（就羞愧而言）或正面（就荣誉而言）声誉的预期，会促使他们在考虑公共利益时采取亲社会的行为（pro-social behavior）。这些心理学家的假设是，羞耻甚至可能"比荣誉更有效"，因为参与者"会特别努力避免负面影响，从而为公共利益做出更多贡献"（Jacquet et al. 2011, 900）。实验结果使他们得出结论："如果实验宣布会最后挑出占便宜的人来接受公众的评判，那就更可以促进整个群体在实验中的合作。"（Jacquet et al. 2011, 900）他们提出一个充满希望的结论：同时运用人们对羞辱的恐惧以及荣誉感"甚至可能有助于将一帮懦夫转变成一个社群"（Jacquet et al. 2011，901）。

个人自身的羞耻感还必须与他人对其的道德厌恶感相匹配。从情感主义者的角度来看，道德社会的最大敌人是**冷漠无感**（apathy）。若想确立以羞耻和厌恶为基础的社会制裁（social sanction）的力量，我们需要传播这样一种思想，亦即当他人处于困境时不伸出援助之手是可耻的行为。美国 1964 年 Kitty Genovese 的谋杀案引发了一系列关于旁观者冷漠现象（bystander apathy phenomenon）的心理学文章。Genovese 就在她家门前被袭击。她大声呼救，但没有人来帮助她，也没有人报警。十分钟后，行凶者返回现场，发现她还躺在地上。他又捅了她几刀。社区里共有 38 名邻居在窗帘后目睹了袭击，但最终只有一人报警。①而这对 Kitty Genovese 来说已经太晚了。两位社会心理学家 John M. Darley 和 Bibb Latané 着手调查，为什么目击者表现出"如此明显地缺乏良知和不人道的不干预"（Darley 和 Latané 1968，377）。Darley 和 Latané 的假设是，在紧急情况下，旁观者越多，就越不可能有旁观者介入去提供援助。他们的实验表明，当受试者认为他是唯一的证人，他更有可能采取行动去提供帮助（当他们以为自己是唯一的旁观者时，85％的人提供了帮助；与此相对，当他们认为其他人也在目睹同样的困境时，只有 31％的受试者提供帮助）（Darley 和 Latané 1968）。Latané 和 Rodin 进一步证明，"一个无动于衷的旁观者的存在会

---

① 这份报告是基于标准的教科书描述，但细节近年来受到了挑战。

强烈地抑制其他受试者们提供帮助"（Latané 和 Rodin 1969，194）。然而，Latané 和 Rodin 还有一个有趣的发现，即使当受试者没有对受害者的痛苦呼唤做出反应，他们也处于一种情感冲突的状态："受试者担心如果他们不帮助处于困境中的人，就会感到内疚和羞耻。"（Darley 和 Latané 1968，382）Darley 和 Latané 的结论是，旁观者的无动于衷并不一定是冷漠或其他人格缺陷的反映（Darley 和 Latané 1968，383）。旁观者实际上是同情处于困境中的人的，但他们只是没有被激发去采取适当行动来提供援助或呼救求助。这一观察结果将支持孟子的论点，即同情心是人类对他人痛苦的自然反应，但它也支持 Deleuze 推测，仅仅依靠同情心是**无济于事的**。

要在我们与生俱来的羞恶之心上建立一个道德世界，我们需要从评价行为是非的社会标准开始"改变底线（shift the baselines）"（Jacquet 之词）。会抑制见义勇为的社会因素可能是一种强调"各做各的事""不管闲事"的文化心态之表现。我们对冷漠的旁观者做出社会批判是培育一个更乐于助人的社会的一个方法。我们需要继续对冷漠心态（apathetic mindset）和不道德的无所作为（amoral inaction）进行社会省察，而把这种厌恶和愤慨的情感发展成我们的社会良知（social conscience）。要培育一个道德世界，我们首先需要灌输有关人际关系和人际交往的一种不同的社会态度：当（1）一个人有能力，并且（2）没有其他更重要的**道德**考虑时，他就显然在道德上有义务去帮助那些处于困境中的人。一旦这一规范性的道德原理根植于社会良知之中，行为主体不遵守这个社会规范就会让他产生羞耻感，同时让他人产生厌恶感。这些道德情操会促使行为主体去做正确的事情。

有人可能会质疑,一个建立在羞耻感基础上的道德规划,是否会过于依赖社会制裁和同侪压力(peer pressure)。然而,根据王夫之所发展的孟子学派的社会情感主义,羞耻感本身并不是受社会制约出来的(socially conditioned),而是我们每个人的先天倾向。按照王夫之的说法:"'无欲穿窬之心',人皆有之。"(王夫之 1974a,10:752)"'无欲穿窬',羞也……羞则固羞诸己,即此用之而义已在。"(王夫之 1974a,10:751)换言之,人们的道德行为中最重要的事是思考做正确的事情,而羞耻感就是避免我们做错事的最大功臣。这种情感是我们与生俱来的;要是本来没有羞耻感,没有任何社会压力能让我们感到羞耻。我们对自己所做的、或所要做的事感到羞愧,不是仅仅因为外在世界会以轻蔑或厌恶的眼光看待我们。而是因为如果我们那样做的话,我们就根本无法接受自己。羞耻感可以说是我们自己道德行为的内在防线。它在人们把自己的行为看作是道德上可接受的还是道德上无法容忍的之间设定了一个心理界线(psychological boundary)。羞耻感可以看作是人们的**道德指南**,没有它,人们就不能成为一个自主的道德主体,而被自己的道德意识所引导。

第三点与此相关的建议是,基于我们与生俱来的辞让之心,我们可以通过改变社会规范来调整个人对自己的道德预期(moral expectation),以及他对正当行为的看法。Darley 和 Latané 1968 以及 Latané 和 Rodin 1969 都表明,当看到某人处于困境时,每个旁观者都可能在采取行动前先从旁人那儿寻找行为的指导。在他们的实验中,其他旁观者的无动于衷往往会导致受试者不采取任何行动。然而,尽管一般来说,其他旁观者的在场会抑制援助的行为,但具有利他倾向的观察者或评估者的存在则会产生不同的效果。这些心理学家把这种因素称为"社会影响(social influence)"过程。他们的研究证明,当我们在判断什么是当下情境中适当的行动时,确实有听从他人的倾向。当别人不介入去帮助那些处于困境中的人时,我们也更有可能不伸出援助之手。正如社会心理学家 Ruben Orive 所总结的,"在类似群体中采取行动的可能性似乎不仅取决于当时流行观点的强烈程度,而且还取决于其他类似的人所提供的行动线索(action cues)。根据群体的情境倾向(situational inclination),这些旁人的行动线索可能起到促进或抑制个体行为的作用"(Orive 1984,736)。因此,要形成一个适当的社会影响过程以增强利他主义文化,我们需要建立以助人为常态而不是例外(a norm rather than an exception)的社会习俗。

儒家建立礼、仪等社会规范的方法论就是建立在人类与生俱来的辞让之心的基础上的。这种社会情感主义不同于其他关于道德动机的情感主义理论之处,在于它特别强调体现在文化习俗和礼仪规范之中的社会道德情操和社会背景。按照王夫之的说法,我们应该"以义制事,以礼制心"(王夫之 1974a,10:754)。辞让之心将公共领域与私人领域连接起来。从尊重他人在既定社会情境中所做的事开始,个人就会逐渐与社会道德情操调和,并发展对社会习俗的遵守(compliance)。因此,个人的辞让之心可以看作是人类社会合作(social cooperation)和公民服从(civil compliance)的心理基础。在我们先天的辞让之心之上,我们需要提倡正确的社会风气和道德态度。文化风情和道德规范可以结合在一起,当它们结合在一起时(**而且只有当它们结合在一起时**),个人之遵从社会习俗和既定规范才是善的。要构建一个以利他主义为社会规范的道德世界,我们就需要找到那些能在我们的社会中发挥作用的社会制度和礼仪规范,以减少人类之间的疏离(alienation),并增强个人向那些处于困境中的人提供援助的意愿。

最后,在个体的是非之心方面,我们需要在服从公论与独立思考之间找到平衡。遵守社会习俗和礼仪并不总是对的,因为人们可能会因此而迷失在群体中,盲目服从。Hagop Sarkissian指出了这一困境:"没有参与社会礼仪和习俗成规,个人甚至不能开始学习道德行为,然而礼仪的'仪式性(ritualistic)'层面也同时会使道德主体对特殊反应的需要变得麻木或视而不见。"(Sarkissian 2010,7)Asch 实验(Asch 1955,1956)提供了有名的例证,显示来自同侪的从众(conform)压力常常会影响人们的判断。受试者(Asch 称之为"单一的少数派[the minority of one]")被置于一组陌生人当中,这些陌生人一致就一个很简单的知觉事实给出了错误的答案。尽管受试者最初给出的答案是正确的,但他们中的很大一部分人(在一项这样的研究中的 50 人有 37 人)妥协了,屈服于大多数人一致给出的错误答案。Asch 写道:

> 这些屈服于大众意见的受试者……赋予多数派一种正确性(rightness)或权威(authority)的性质,远远超越了所讨论的直接问题,而使得大多数的意见具有一种普遍的、没有界定的优越性,能够压倒他们对自己在那个情况

下原本正确的信念。(Asch 1956, 50)

Festingei 等人（1952）以及其他人（Orive 1984; Prentice-Dunn, S 和 Rogers, R. W. 1980）将这种丧失独立性和批判性思考的现象描述为"去个性化效应(the deindividuation effects)"。去个性化效应有时是社会化（socialization）和群体同化（group assimilation）所需要的，但它也可能会导致个人批判性思考能力和对自己观点之自信的丧失，就像 Asch 实验中的受试者。这显示出遵从同侪压力和社会规范也可能会破坏个体的独立性（individuality）。因此，公共思考和个人思考还是需要分离开来。重点在于，只有当社会规范是好的时，个人才应该遵守它们，而不是盲目地追随社会上其他人的任何行为。人们需要有自己的道德判断，个体自身的道德意识和道德判断在衡量集体道德情操是否值得尊重方面发挥着重要作用。在 Asch 的一系列实验中，有相当数量的人仍然保持独立思考，即使面对大多数人一致反对的观点，他们也坚持自己的正确答案。按照 Asch 的说法，"有关这些坚持己见的人最重要的一点不是他们对大多数人的看法缺乏回应，而是他们有**一种从怀疑中恢复并重新建立平衡的能力**"（Asch 1955/1972, 7；黑体为作者所加）。要培养这种判断是非的自信能力，我们需要加强的就是个人的"思"。

孟子认为，"思"是心的一种能力，而正是这种能力的运用将"大人"与"小人"区分开来："心之官则思，思则得之，不思则不得也。此天之所与我者，先立乎其大者，则其小者弗能夺也。此为大人而已矣。"（《孟子》11∶15）基于孟子的观点之上，王夫之进一步强调了思的重要性。在他看来，思是人与禽兽的唯一区别:"思为人道,即为道心,乃天之宝命而性之良能。人之所以异于禽兽者,唯斯而已。"(王夫之 1974a,705)他将"思"的功能定义为对仁义的形而上学反思,而不假于耳目之觉知:"使其为思仁思义,则不因色起,不因声起,不假于视,不假于听,此心亭亭特特,显出他全体大用来。"(王夫之 1974a,701)同时,只有当人思考仁与义时,他才会运用自己的思;而他对物质欲望的考虑并不是"思":"唯思仁义者为思,而思食色等非思也。"(王夫之 1974a,702)王夫之将思与觉知区分开来,后者是通过我们的感官获取知觉性的知识。王夫之认为思的对象并不是可觉知的事物。在他看来,人们所反思的只是形而上之道:"盖形而上之道,无可见,无可闻,则为思为独效。"(王夫之 1974a,701)因此,反思的能力使个人能够确立客观正确的判断标准。对与错的区别最终取决于一个普遍客观的规范性原理:**道**。对错是非不是仅仅由社会习俗或社会规范来决定的。个人必须运用自己反思的能力来辨别社会习俗是否符合道,以及是否应该去遵守这一社会习俗。

个体反思的重要性在当代世界可以通过 Owen Flanagan 的分析得到进一步的说明:

> 反思具有两方面的好处:首先,它可以帮助极端自由主义者(ultraliberal)用更少的原子化术语(atomic terms)来理解他们自己,从而了解他们承担公共义务的根据;其次,反思是好的,因为它为人们提供了评估其生活形式(life form)的内容所需要的批判性工具,进而以之判断这种公共义务的**伦理**基础。(Flanagan 和 Rorty 1990,62;黑

体为原文所有）

　　个人有了对自己道德情操的反思，他就不可能盲目地屈从于群体的压力，也不可能轻易地**入乡随俗**（do what the Romans do）。正如 Flanagan 所指出的："如果人们所在的社区是好的，那么拥有社群情感（communitarian sentiment）当然是好的；但是如果人们所在的社区有不好的价值观，而由于这些社群情感又会激发他去保持和维护这些价值观，那么拥有社群情感显然就是不好的。这就是第二种反思的，有内容敏感度（content-sensitive）层面的，变得重要之时。"（Flanagan 和 Rorty 1990，62—63）

　　另一种避免盲从的方法是将王夫之对个体反思的强调与张载"学圣贤"之重要性的教导结合起来。在张载的用法中，圣人应该被看作一种理想人格，他是客观普遍的道德原理的阐释者（expositor）和制定者（regulator）。张载教导我们通过研究圣人们所写的书来向他们学习（他特别提到了《论语》和《孟子》）。他认为要是有人不学习而只是运用自己的智力，却认为自己比别人优越，那么这个人实际上就是个白痴："人不知学，其任智自以为人莫及，以理观之，其用智乃痴耳。"（张载 2006，272）"书所以维持此心，一时放下则一时德性有懈。"（张载 2006，275）。对张载而言，学习使我们的心灵保持在正确的道路上，是我们道德修养的重要成分。孔子强调学习和反思相结合的重要性："学而不思则罔，思而不学则殆。"（《论语》2：15）王夫之对此进行了阐述：

学于古，而法则俱在，乃度之于吾心，其理果尽于言中乎？抑有未尽而可深求者也？……盖吾心以度其理，乃印之于古人，其道固可据为典常乎？抑未可据而俟裁成者也？则学不容不博矣。（王夫之1996，7：301）

学习圣人与反思普遍的道德原理（道）两者共同构成了我们的道德理性（moral reason）。通过这种方式，我们看到了道德理性是如何补充我们的道德情操所能成就的事：道德理性在我们倾向于被社会同化的过程中重建了我们的个体性和独立思考。

下面扼要重述一下本章最后这一部分的内容：本章辩护了一种关于道德的社会伦理学动机理论（socioethical motivational theory）。这个道德理论的社会伦理学层面建立在由四种我们与生俱来的道德情操（四端）共同构成的复合体之上。同情或移情已经被Hoffman等心理学家挑出来作为道德动力的关键性道德情操。然而，仅仅有同情心是不够的，因为它经常被个人的其他道德缺陷（moral failing）如拖延、惰性、懒惰等打败；对道德而言仅仅有羞恶之心也是不够的，因为它也可能伴随着对他人苦难的完全冷漠。两种道德情操都需要道德判断（即完全以自我为中心而忽视他人的不幸是**错误的**）作为补充，从而，人们可以受到羞耻感的激发，以根据对他人的同情来采取行动。最后，在一个利他行为成为其他社会成员行为规范的社会环境中，每一个有能力的成员都可能被他们的辞让之心所推动，而采取与他人相同的行为。这四种道德情操构成了培养我们的社会性和伦理性存在的基础。这四种道德情操的心理"复合体"将人们对家庭成员的爱扩展为一种人道主义关怀。在此之外,我们还需要强调个人反思和学习的重要性,这样他或她的道德判断就不会变成对社会规范的盲从,或对规范的一种麻木的反应(a desensitized response)。

当他人受苦时,我可能会被恻隐之心这一道德情操所驱动,而渴望减轻他们的痛苦,但这种情感是转瞬即逝的,容易被忘记,因此往往是在因果性上无效的;然而,如果我处于这样一个社会文化之中,其他像我一样的人都采取行动来缓解陌生人的痛苦,那么,我将进一步被我的羞耻感、我想做正确事情的渴望,以及我对社会背景中被肯定为"恰当"行为的尊敬,而推动去采取行动。一个人未能符合自己社会的标准会带来他的羞恶之心,为了避免羞愧、尴尬或他人的轻视,他就可能会去遵循社会规范。如果利他主义成为一种社会规范,那么在这个社会中利他的行为就将会比其他社会更为普遍。换言之,利他主义的实现不能仅仅建立在个人的道德意识之上,还必须依赖于社会的道德期望。如果有人觉得自己在**道德上有义务帮助他人**,那么他的恻隐之心这一原初的道德情操就会得到进一步加强,而这是产生利他行为所必须的。凭借个人私下的恻隐之心这一道德情操不足以引发利他行为;进一步所需要的是一个**道德的世界**——而利他精神在其中是一种常态而不是例外。

小　结

其他的宋明理学伦理学关注于个体道德主体本身的道德理性、道德人格、道德品格、道德意志、道德德性或道德直觉;

概略来说，它们关注的是个体的自我道德修养能力。本章所表明的是，道德修养不仅需要个体自己的努力，还更需要适当的道德文化和社会环境。在王夫之的道德德性理论中，德性如果没有可实现性（realizability）则是空的，而德性的实现则需要一种道德文化。王夫之对四种道德情操的共同作用的强调促使我们看到，我们需要超越道德主体孤立的道德良知或道德情操，而建立一个社会伦理环境，在这一环境中，个人更有可能受到社会影响而采取正确的行动。个人的良知必须扩大到社会文化之中，这样一来，道德成就就不再被认为是超乎义务（supererogatory）的善行——那种是"好的"但不是在道德上一定被要求的行为。当道德作为一种共同的道德良知融入社会文化中时，它就不再是只有圣徒或圣人才能完成的理想壮举（idealistic feat）。我们经常看到，特定社会团体或宗教组织的成员在做出利他行为时很少有心理挣扎而是自然为之的，这表明，群体中其他人如何行动能够影响到个人如何行动。社会文化具有感染性，因此，我们需要以我们共有的、与生俱来的道德情操为基础，在我们的社会中构建一个道德世界。王夫之的社会情感主义已经为我们提供了一些如何构建这样一个道德世界的思路。

原始文献

王夫之，1967. 张子正蒙注释［M］. 台北：世界书局.

王夫之，1974. 读四书大全说［M］. 台北：河洛图书出版社.

王夫之，1974b. 诗广传［M］. 台北：河洛图书出版社.

王夫之，1977a. 礼记章句［M］. 台北：广文书局.

王夫之,1977b. 周易外传[M]. 台北:河洛图书出版社.
王夫之,1980. 船山易传[M]. 台北:夏学社.
王夫之,1996. 船山全书[M]. 长沙:岳麓书社.

英文选译

Chan, W, 1963. A Sourcebook in Chinese Philosophy [M]. Princeton, N J: Princeton University Press.(陈荣捷,1963. 中国哲学文献选编[M]. 普林斯顿:普林斯顿大学出版社.)

参考文献[①]

中 文

陈荣捷，1990. 朱熹［M］. 台北：东大图书股份有限公司.

陈荣捷，1964. 理的思想之进化［J］. 清华大学学报，4（2）：123-149.

陈来，2004. 宋明理学：第二版［M］. 上海：华东师范大学出版社.

陈来，2004. 诠释与重建：王船山的哲学精神［M］. 北京：北京大学出版社.

陈来，1991. 有无之境：王阳明哲学的精神［M］. 北京：人民出版社.

陈郁夫，1990. 周敦颐［M］. 台北：东大图书股份有限公司.

陈赟，2002. 回归真实的存在——王船山哲学的阐释［M］. 上海：复旦大学出版社.

程颢，程颐，1981. 二程集：全四卷［M］. 北京：中华书局.

程宜山，1986. 中国古代元气学说［M］. 武汉：湖北人民出版社.

[①] 为了方便中文读者查阅本书作者所使用过的英文文献，本参考文献中的英文著作和论文保留为英文，只将其中已经有中文译文的在括号中标注相关中文版信息。部分英文文献虽然没有中文译本，但其作者在中文学界有成熟译名的，则在括号中标注。作者所使用的中文文献，则全部重新翻译回中文。

秦家懿, 1987. 王阳明［M］. 台北：东大图书股份有限公司.

戴景贤, 1981. 周濂溪之《太极图说》［M］// 黄寿祺, 张善文. 周易研究论文集：第三辑. 北京：北京师范大学出版社, 1987：202-219.

丁为祥, 2002. 张载太虚三解［J］. 孔子研究（6）：44-53.

丁为祥, 2001. 张载虚气观解读［J］. 中国哲学史（2）：46-54.

丁为祥, 2000. 虚气相即：张载哲学体系及其定位［M］. 北京：人民出版社.

顾俊, 1980. 中国历代哲学文选：两汉—隋唐篇［M］. 台北：木铎出版社.

郭彧, 2004. 周氏太极图原图考［J］. 周易研究（3）：39-45.

郭彧, 2001.《太极图》渊源研究之我见［EB/OL］. http://www.11665.com/Philosophy/nationalstudies/201103/49399.html.

郭彧, 2000. 周易图象集解［M］. 北京：中国文联出版社.

韩非子, 2007. 韩非子［M］. 陈秉才, 译注, 北京：中华书局.

黄怀信, 2004. 鹖冠子汇校集注［M］. 北京：中华书局.

何祚庥, 1997. 元气学说是否真的影响到近代物理学"场"的观念的形成？［J］. 哲学研究（4）：60-65.

洪景潭, 2008. 魏晋玄学"以无为本"的再诠释——以王弼、嵇康、郭象为中心［D］. 台南：成功大学.

胡适, 1931. 淮南王书［M］. 上海：新月书局.

黄秀玑, 1987. 张载［M］. 台北：东大图书股份有限公司.

黄宗羲, 1975. 宋元学案［M］. 台北：河洛出版社.

黄宗炎, 1994. 图学辨惑［M］// 施维, 邱小波. 周易图释大典. 北京：中国工人出版社：1173-1192.

康中乾, 2003. 有无之辨：魏晋玄学本体思想再解读［M］. 北京：人民出版社.

劳思光, 1980. 中国哲学史：第3卷［M］. 香港：友联出版社.

李日章, 1986. 程颢. 程颐 [M]. 台北: 东大图书股份有限公司.

李申, 2001. 易图考 [M]. 北京: 北京大学出版社.

刘安, 1993. 淮南子全译 [M]. 许匡一, 译注, 贵阳: 贵州人民出版社.

刘牧, 1995. 易数钩隐图 [M] // 施维, 邱小波. 周易图解大典. 北京: 中国工人出版社: 1-33.

刘兆彬, 2010. 古代"元气论"哲学的逻辑演进 [J]. 东岳论丛 (6): 93-96.

柳宗元, 1979. 柳宗元集 [M]. 北京: 中华书局.

陆象山, 1981. 陆九渊集 [M]. 台北: 里仁书局.

牟宗三, 1999. 心体与性体 [M]. 上海: 上海古籍出版社.

牟宗三, 1979. 从陆象山到刘蕺山 [M]. 台北: 学生书局.

庞朴, 1995. 一分为三 [M]. 深圳: 海天出版社.

汤用彤, 2001. 魏晋玄学论稿 [M]. 上海: 上海古籍出版社.

王弼, 1980. 王弼集校释 [M]. 楼宇烈, 校释, 北京: 中华书局.

王充, 1990. 论衡全译 [M]. 贵阳: 贵州人民出版社.

王夫之, 1967. 张子正蒙注 [M]. 台北: 世界书局.

王夫之, 1972. 船山遗书全集: 22 卷 [M]. 台北: 中国船山学会与自由出版社.

王夫之, 1974a. 读四书大全说 [M]. 台北: 河洛图书出版社.

王夫之, 1974b. 诗广传 [M]. 台北: 河洛图书出版社.

王夫之, 1974c. 思问录 [M]. // 梨州船山五书. 台北: 世界书局.

王夫之, 1975. 尚书引义 [M]. 台北: 河洛图书出版社.

王夫之, 1977a. 礼记章句 [M]. 台北: 广文书局.

王夫之, 1977b. 周易外传 [M]. 台北: 河洛图书出版社.

王夫之, 1980. 周易内传 [M]. // 船山易传. 台北: 夏学社.

王夫之, 1996. 四书训义 [M]. // 船山全书. 长沙: 岳麓书社.

王海成, 2009. 张载太虚意义辨析 [J]. 唐都学刊, 25（2）: 88-91.

王阳明, 1975. 王阳明全书 [M]. 台北: 正中书局.

王阳明, 1994. 传习录 [M]. 台北: 商务印书馆.

王阳明, 2008. 阳明先生集要 [M]. 北京: 中华书局.

萧萐父, 许苏民, 2002. 王夫之评传 [M]. 南京: 南京大学出版社.

严寿澂, 2000. 思问录导读 [M]. 上海: 上海古籍出版社.

杨立华, 2008. 气本与神化: 张载哲学述论 [M]. 北京: 北京大学出版社.

杨立华, 2005. 气本与神化: 张载本体论建构的再考察 [J]. 哲学门 6（2）, http: //www.phil.pku.edu.cn/zxm/show.php? id=230.

易德生, 2003. 中国古代元气论对近现代物理的影响和启示 [J]. 新疆社科论坛（6）: 58-61.

曾昭旭, 2008. 王船山哲学 [M]. 台北: 里仁书局.

张岱年, 2005. 中国哲学大纲 [M]. 南京: 江苏教育出版社.

张岱年, 1996. 张载: 十一世纪中国唯物论哲学家 [M] //张岱年全集. 石家庄: 河北人民出版社: 230-280.

张立文, 2001. 正学与开新——王船山哲学思想 [M]. 北京: 人民出版社.

张立文, 1988. 周敦颐无极太极学说辨析 [M]. //黄寿祺、张善文. 周易研究论文集: 第3卷. 北京: 北京师范大学出版社: 220-229.

章启辉, 2004. 王夫之哲学的实学精神 [J]. 湖南大学学报（社会科学版）. 2004, 18（6）: 14-19.

张载, 2006. 张载集 [M]. 北京: 中华书局.

周兵, 2006. 天人之际的理学新诠释——王夫之《读四书大全说》思想研究 [M]. 成都: 巴蜀书社.

周敦颐, 1975. 周子全书 [M]. 台北: 广学社.

周学武, 1981. 周莲溪太极图说考辨 [M]. 台北: 学海出版社.

朱熹, 1986. 朱子语录: 第 8 卷 [M]. 北京: 中华书局.

朱熹, 2002. 朱子全书: 第 27 卷 [M]. 上海: 上海古籍、合肥: 安徽教育出版社.

郭庆藩, 1961. 庄子集释 [M]. 北京: 中华书局.

西 文

Adler J A, 2008. Zhu Xi's Spiritual Practice as the Basis of His Central Philosophical Concepts [J]. Dao, 7 (1): 57-79.

Adler J A, 1981. Descriptive and Normative Principle (Li) in Confucian moral metaphysics: Is/ought from the Chinese perspective [J]. Zygon, 16 (3): 285-293.

Angle S, Slote M, 2013. Virtue Ethics and Confucianism [M]. New York: Routledge.

Angle S C, 2011. A Productive Dialogue: Contemporary Moral Education and Zhu XI's Neo-Confucian Ethics [J]. Journal of Chinese Philosophy, 38: 183-203.

Angle S C, 2010. Wang Yangming as a Virtue Ethicist [M] // Dao Companion to Neo-Confucian Philosophy. New York: Springer, Dordrecht: 315-335.

Angle S C, 2009. Sagehood: The Contemporary Significance of Neo-Confucian philosophy [M]. New York: Oxford University Press. (安靖如, 2017. 圣境: 宋明理学的现代意义 [M]. 北京: 中国社会科学出版社.)

Angle S C, 1998. The Possibility of Sagehood: Reverence and Ethical Perfection in Zhu Xi's Thought [J]. Journal of Chinese philosophy, 25 (3): 281-303.

Armstrong, D, 2004. What Is Consciousness? [M] //John Heil. Philosophy of Mind. New York: Oxford University Press: 607-616.

Arpaly N, 2005. Comments on Lack of Character by John Doris [J]. Philosophy and Phenomenological Research, 71 (3): 643-647.

Asch S E, 1956. Studies of Independence and Conformity: I. A Minority of One Against a Unanimous Majority [J]. Psychological Monographs: General and Applied, 70 (9): 1-70.

Asch S E, 1955. Opinions and Social Pressure [J]. Scientific American, 193 (5): 31-35.

Ayala F J, 2010. The Difference of Being Human: Morality [J]. Proceedings of the National Academy of Sciences, 107 (S2): 9015-9022.

Bai Tong dong, 2008. An Ontological Interpretation of You (Something) and Wu (Nothing) in the Laozi [J]. Journal of Chinese philosophy, 35 (2): 339-351.

Behuniak Jr J, 2009. Li in East Asian Buddhism: One approach from Plato's Parmenides [J]. Asian Philosophy, 19 (1): 31-49.

Blasi A, 2005. Moral Character: A Psychological Approach [J]. Character Psychology and Character Education: 67-100.

Blasi A, 1999. Emotions and Moral Motivation [J]. Journal for the Theory of Social Behaviour, 29 (1): 1-19.

Blasi A, 1984. Moral identity: Its Role in Moral Functioning [J]. Morality, Moral Behavior, and Moral Development: 128-139.

Blasi A, 1983. Moral Cognition and Moral Action: A Theoretical Perspective [J]. Developmental Review, 3 (2): 178-210.

Brink D O, 1997. Moral Motivation [J]. Ethics, 108 (1): 4-32.

Brink D O, 1989. Moral Realism and the Foundations of Ethics

[M]. New York: Cambridge University Press.

Chan W, 2011. Mou Zongsan and Tang Junyi on Zhang Zai's and Wang Fuzhi's Philosophies of Qi: A Critical Reflection [J]. Dao, 10 (1): 85-98.

Chan W, 2000. Leibniz and the Chinese Philosophy of Nature [J]. Studia Leibnitianna, Supplementa, 33: 210-223.

Chan W, 1978. Patterns for Neo-Confucianism: Why Chu Hsi differed from Ch'engi [J]. Journal of Chinese Philosophy, 5 (2): 101-126.

Chan W, 1967. Reflections on Things at Hand [M]. New York: Columbia University Press.

Chan W, 1963. A Source Book in Chinese Philosophy [M]. [S.l.] Greenwood Publishing Group. （陈荣捷，2018. 中国哲学文献选编 [M]. 杨儒宾，等译. 北京联合出版公司.）

Chang, Carsun, 1962. The Development of Neo-Confucian Thought, Volume. II [J]. New York: Bookman Associates.

Chang, Carsun, 1957/1963. The Development of Neo-Confucian Thought, Volume I [M]. New York: Bookman Associates.

Cheng C Y, 2002. Ultimate Origin, Ultimate Reality, and the Human Condition: Leibniz, Whitehead, and Zhu Xi [J]. Journal of Chinese philosophy, 29 (1): 93-118.

Cheng C Y, 1979. Categories of Creativity in Whitehead and Neo-Confucianism [J]. Journal of Chinese Philosophy, 6 (3): 251-274.

Ching J, 1974. The Goose Lake Monastery debate [J]. Journal of Chinese Philosophy, 1 (2): 161-178.

Colby A, Damon W, 1995. The Development of Extraordinary Moral Commitment [M] //Walker L J, Pitts R C, Hennig K H, et al. Morality in Everyday Life: Developmental Perspectives. New York: Cambridge University Press.

Darley J M, Latané B, 1968. Bystander Intervention in Emergencies: Diffusion of Responsibility [J]. Journal of Personality and Social Psychology, 8 (4): 377-383.

Darwin C, 1871. The Descent of Man, and Selection in Relation to Sex [M]. New York: D. Appleton and Company. (查尔斯·达尔文, 2009. 人类的由来及性选择 [M]. 叶笃庄, 杨习之, 译. 北京: 北京大学出版社.)

Davidson P, Youniss J, 1991. Which Comes First, Morality or Identity? [M] //William M, Kurtines & Gewirtz J. Handbook of Moral Behavior and Development. NJ: Lawrence Erlbaum.

De Bary W T, Bloom I, Adler J, 1999. Sources of Chinese Tradition: From Earliest Times to 1600 [M]. New York: Columbia University Press.

De Bary W T, Lufrano R, 2001. Sources of Chinese Tradition: From 1600 Through the Twentieth Century [M]. New York: Columbia University Press.

De Sousa R, 2014. Emotion [M/OL] //Zalta E N. The Stanford Encyclopedia of Philosophy.https: //plato.stanford.edu/entries/emotion/.

De Waal F, 2010. The Age of Empathy: Nature's Lessons for a Kinder Society [M]. New York: Three Rivers Press. (弗朗斯·德瓦尔, 2014. 共情时代 [M]. 刘旸, 译. 长沙: 湖南科学技术出版社.)

Deleuze G, 2001. Empiricism and Subjectivity [M]. New York: Columbia University Press.

Deonna J, Teroni F, 2012. The Emotions: A Philosophical Introduction [M]. New York: Routledge.

Descartes R, 2004. Principles of Philosophy [M]. Whitefish, MT: Kessinger Publishing.

Doris J M, 2002. Lack of Character: Personality and Moral Behavior [M]. New York: Cambridge University Press.

Downes S M, 2008. Evolutionary Psychology [M/OL] //Zalta EN.The Stanford Encyclopedia of Philosophy.https://plato.stanford.edu/entries/evolutionary-psychology/.

Dweck C S, Leggett E L, 1988. A Social-Cognitive Approach to Motivation and Personality [J]. Psychological review, 95（2）: 256-273.

Ericsson K A, Smith J, 1991. Toward a General Theory of Expertise: Prospects and Limits [M]. New York: Cambridge University Press.

Feng, Youlan, 1983. A History of Chinese Philosophy, Volume 2 [M]. New Jersey, USA: Princeton University Press. (冯友兰, 2011. 中国哲学史 [M]. 上海: 华东师范大学出版社.)

Feng Youlan, 1966. A Short History of Chinese Philosophy [M]. New York: The Free Press. (冯友兰, 2009. 中国哲学简史 [M]. 赵复三, 译. 北京: 三联书店.)

Festingei L, Pepitone A, Newcomb T, 1952. Some Consequences of Deindividuation in a Group [J]. The Journal of Abnormal and Social Psychology, 47（S2）: 382-389.

Flanagan O, Rorty A O, 1990. Identity, Character, and Morality: Essays in Moral Psychology [M]. Cambridge, MA: The MIT press.

Flanagan O, Williams R A, 2010. What Does the Modularity of Morals Have to Do with Ethics? Four Moral Sprouts Plus or Minus a Few [J]. Topics in Cognitive Science, 2（3）: 430-453.

Frankfurt H, 1971. Freedom of the Will and the Concept of a Person [J]. Journal of Philosophy, 68: 5-20.

Ganeri J, 2012. The self: Naturalism, Consciousness, and the First-person Stance [M]. London: Oxford University Press.

Gardner, D K, 1990. Learning to Be a Sage: Selections from the Conversations of Master Chu, Arranged Topically [M]. Berkeley, CA: University of California Press.

Graham A C, 1999. Disputers of the Tao: Philosophical Argument in Ancient China [M]. Peru, IL: Open Court. (葛瑞汉, 2003. 论道者——中国古代哲学论辩 [M]. 张海晏, 译. 北京: 中国社会科学出版社.)

Graham A C, 1990. Being in Western Philosophy Compared with Shih/Fei and Yu/Wu in Chinese Philosophy [J]. Studies in Chinese Philosophy and Philosophical Literature: 322-359.

Graham A C, 1992. Two Chinese Philosophers: The Metaphysics of the Brothers Cheng [M]. LaSalle, IL: Open Court Publishing Company. (葛瑞汉, 2000. 中国的两位哲学家: 二程兄弟的新儒学 [M]. 程德祥, 译. 郑州: 大象出版社.)

Greco J, Turri J. Virtue Epistemology [M/OL] //Zalta E N. The Stanford Encyclopedia of Philosophy. https://plato.stanford.edu/entries/epistemology-virtue/.

Haidt J, 2010. Moral Psychology Must not be Based on Faith and Hope: Commentary on Narvaez (2010) [J]. Perspectives on Psychological Science, 5 (2): 182-184.

Haidt J, 2003. The Emotional Dog Does Learn New Tricks: A Reply to Pizarro and Bloom (2003) [J]. Psychological Review, 110 (1): 197-198.

Haidt J, 2001. The Emotional Dog and Its Rational Tail: A Social Intuitionist Approach to Moral Judgment [J]. Psychological Review, 108 (4): 814−834.

Harman G, 2009. Skepticism about Character Traits [J]. The Journal of Ethics, 13 (2-3): 235−242.

Harman G, 2003. No Character or Personality [J]. Business Ethics Quarterly, 13 (1): 87−94.

Harman G, 2000. The Nonexistence of Character Traits [C] // Proceedings of the Aristotelian society. The Aristotelian Society, Wiley, USA, 100 (2000): 223−226.

Harman G, 1999. Moral Philosophy Meets Social Psychology: Virtue Ethics and the Fundamental Attribution Error [C] //Proceedings of the Aristotelian Society. Aristotelian Society, Wiley, USA, 99 (1999): 315−331.

Harman G, 2001. Virtue Ethics without Character Traits [J]. Fact and value: 117−127.

Harman G, Thomson J J, 1996. Moral Relativism and Moral Objectivity [M]. New Jersey: Blackwell.

Hoffman M L, 1981. Is Altruism Part of Human Nature? [J]. Journal of Personality and social Psychology, 40 (1): 121−137.

Huang C H, 1987. Chu Hsi versus Lu Hsiang-shan: A Philosophical Interpretation[J].Journal of Chinese Philosophy, 14(2): 179−208.

Huang, Siu-Chi, 1999. Essentials of Neo-Confucianism: Eight Major Philosophers of the Song and Ming Periods [M]. Westport, CT: Greenwood Publishing Group.

Huang, Siu-Chi, 1978. Chu Hsi's Ethical Rationalism [J]. Journal of Chinese Philosophy, 5 (2): 175−193.

Huang, Yong, 2014. Why be moral? Learning from the Neo-Confucian Cheng Brothers [M]. Albany, NY: SUNY Press.

Huang, Yong, 2010. Cheng Yi's Moral Philosophy [M] // Makeham J. Dao Companion to Neo-Confucian Philosophy. New York: Springer, Dordrecht: 59−87.

Huang, Yong, 2008. "WHY BE MORAL?" The Cheng Brothers' Neo-Confucian Answer [J]. Journal of Religious Ethics, 36 (2): 321−353.

Huang, Yong, 2007. The Cheng Brothers' Onto-theological Articulation of Confucian Values [J]. Asian Philosophy, 17 (3): 187−211.

Huang, Yong, 2005. Confucian love and global ethics: How the Cheng brothers would help respond to Christian Criticisms [J]. Asian Philosophy, 15 (1): 35−60.

Huang, Yong, 2003. Cheng brothers' neo-Confucian virtue ethics: The identity of virtue and nature [J]. Journal of Chinese Philosophy, 30 (3-4): 451−467.

Huang, Yong, 2000. Cheng Yi's Neo-Confucian Ontological Hermeneutics of Dao [J]. Journal of Chinese philosophy, 27 (1): 69−92.

Hudson W H, 1904. An introduction to the philosophy of Herbert Spencer.revised [M]. London: Watts & Co.

David H, 1983. An Enquiry Concerning Principles of Moral [M]. Indianapolis, IN: Hackett Publishing Company. (休谟, 2011. 道德原理研究 [M]. 周晓亮, 译. 北京: 中国法制出版社.)

Hutton E L, 2006. Character, Situationism, and Early Confucian Thought [J]. Philosophical Studies, 127 (1): 37−58.

Isen A M, Levin P F, 1972. Effect of Feeling Good on Helping:

Cookies and Kindness [J]. Journal of Personality and Social Psychology, 21 (3): 384-388.

Ivanhoe P J, 2015. Senses and Values of Oneness [M] //Bruya B. The Philosophical Challenge from China. Boston, MA: The MIT Press: 231-252.

Ivanhoe P J, 2013. Virtue Ethics and the Chinese Confucian Tradition [M] //Angle S, Slote M. Virtue Ethics and Confucianism. New York: Routledge: 44-62.

Ivanhoe P J, 2010. Lu Xiangshan's Ethical Philosophy [M] // Dao Companion to Neo-Confucian Philosophy. New York: Springer, Dordrecht: 249-266.

Ivanhoe P J, 2009. Readings from the Lu-Wang School of Neoconfucianism [M]. Indianapolis, IN: Hackett Publishing Company.

Ivanhoe P J, 2002. Ethics in the Confucian Tradition: The thought of Mengzi and Wang Yangming [M]. Indianapolis, IN: Hackett Publishing Company.

Jacquet J, Hauert C, Traulsen A, et al, 2011. Shame and Honour Drive Cooperation [J]. Biology Letters, 7 (6): 899-901.

Jiang Yi, 2008. The Concept of Infinity and Chinese Thought [J]. Journal of Chinese Philosophy, 35 (4): 561-570.

Joyce R, 2007. The Evolution of Morality [M]. Cambridge, MA: MIT press.

Jullien F, 1993. Figures de L'Immanence: Pour Une Lecture Philosophique Du Yi King [M]. Paris: Bernard Grasset.

Kasoff I E, 2002. The Thought of Chang Tsai (1020-1077) [M]. New York: Cambridge University Press.

Kiehl K A, 2006. A Cognitive Neuroscience Perspective on Psychopathy: Evidence for Paralimbic System Dysfunction [J]. Psychiatry Research, 142 (2-3): 107-128.

Kim J, 1984. Epiphenomenal and Supervenient Causation [J]. Midwest Studies in Philosophy, 9: 257-270.

Kim J Y, 2010. A Revisionist Understanding of Zhang Zai's Development of Qi in the Context of his Critique of the Buddhist [J]. Asian Philosophy, 20 (2): 111-126.

Kim Y S, 2000. The Natural Philosophy of Chu His: 1130-1200 [M]. Philadelphia, PA: American Philosophical Society.

Korsgaard C M, 1996. Creeting the King of Ends [M]. Cambridge, UK: Cambridge University Press. (克里斯蒂娜·科斯嘉德, 2013. 创造目的王国 [M]. 向玉乔, 李倩, 译. 北京: 中国人民大学出版社.)

Lach D F, 1945. Leibniz and China [J]. Journal of the History of Ideas: 436-455.

Ames R T, Hall D L, 2003. Dao De Jing: A Philosophical Translation [M]. New York: Ballantine Books. (安乐哲, 郝大维, 2004. 道不远人: 比较哲学视域中的《老子》[M]. 何金俐, 译. 北京: 学苑出版社.)

Latané B, Rodin J, 1969. A lady in distress: Inhibiting effects of friends and strangers on bystander intervention [J]. Journal of Experimental Social Psychology, 5 (2): 189-202.

Lau D C, 1979. Confucius: the analects [M]. New York: Penguin Books.

Lapsley D K, Hill P L, 2009. The Development of the Moral Personality [J]. Personality, identity and character: Explorations in moral psychology: 185-213.

Lapsley D K, Narváez D, 2009. Personality, identity, and character: Explorations in moral psychology [M]. New York: Cambridge University Press.

Lapsley D K, 2004. Moral development, self, and identity [M]. London: Psychology Press.

Lapsley D K, Narvaez D, 2004. A social-cognitive approach to the moral personality [M] //Moral development, self, and identity. London: Psychology Press: 201-224.

Lapsley D K, 1998. An outline of a social-cognitive theory of moral character [J]. Journal of Research in Education, 8: 25-32.

Lee C, 2010. Zhu Xi on Moral Motivation: An Alternative Critique [J]. Journal of Chinese philosophy, 37 (4): 622-638.

Leibniz G W F, 1896. New Essays on Human Understanding [M]. New York: The Macmillan Books. (莱布尼兹, 1982. 人类理解新论 [M]. 陈修斋, 译, 商务印书馆.)

Liu An, Major J S, 2010. The Huainanzi: a guide to the theory and practice of government in early Han China [M]. Major JS, et all, trans, New York: Columbia University Press.

Lind M, 1900. Hume and Moral Emotions [J]. Identity Character & Morality Essays in Moral Psychology: 133-147.

Liu JeeLoo, 2015. In Defense of Chinese Qi-Naturalism [J]. Chinese Metaphysics and Its Problems: 33-53.

Liu JeeLoo, 2012. Moral Reason, Moral Sentiments and the Realization of Altruism: A Motivational Theory of Altruism [J]. Asian Philosophy, 22 (2): 93-119.

Liu JeeLoo, 2010. Wang Fuzhi's Philosophy of Principle (Li) Inherent in Qi [M] //Dao Companion to Neo-Confucian Philosophy.

New York: Springer, Dordrecht: 355-379. (刘纪璐, 苏晓冰, 2015. 论王夫之"理在气中"的哲学思想 [J]. 思想与文化: 250-277.)

Liu JeeLoo, 2005. The Status of Cosmic Principle (Li) in the Neo-Confucian Metaphysics [J]. Journal of Chinese philosophy, 32 (3): 391-407.

Marchal K, 2013. The Virtues, Moral Inwardness, and the Challenge of Modernity [J]. Dao, 12 (3): 369-380.

Marchal K, 2013. The Virtues of Justice in Zhu Xi [M] //Virtue Ethics and Confucianism. New York: Routledge: 192-200.

McDougall W, 2001. An introduction to social psychology [M]. Batoche Books.

McMorran I, De Bary W T, 1975. Wang Fu-chih and the Neo-Confucian tradition [M] //The Unfolding of Neo-Confucianism. New York: Columbia University Press: 447-458.

Miller A, 2010. Realism [M/OL] //Zalta E N. The Stanford Encyclopedia of Philosophy.http: //plato.stanford.edu/entries/realism/.

Monroe K R, 1998. The Heart of Altruism [M]. New Jersey, USA: Princeton University Press.

Munro D J, 2002. Reciprocal Altruism and the Biological Basis of Ethics in Neo-Confucianism [J]. Dao, 1 (2): 131-141.

Nagel T, 1970. The Possibility of Altruism [M]. Princeton, NJ: Princeton University Press.

Narvaez D, 2010a. Moral Complexity: The Fatal attraction of Truthiness and the Importance of Mature Moral Functioning [J]. Perspectives on Psychological Science, 5 (2): 163-181.

Narvaez D, 2010b. The Embodied Dynamism of Moral Becoming: Reply to Haidt (2010) [J]. Perspectives on Psychological Science,

5（2）：185-186.

Narvaez D, Lapsley D K, Hagele S, et al, 2006. Moral Chronicity and Social Information Processing: Tests of a Social Cognitive Approach to the Moral Personality [J]. Journal of Research in Personality, 40（6）：966-985.

Narvaez D, Lapsley D K, 2005. The Psychological Foundations of Everyday Morality and Moral Expertise [J]. Character Psychology and Character Education: 140-165.

Robinson R, Needham J, 1994. Science and Civilization in China: Volume 4 [M]. New York: Cambridge Universty Press.

Neville R C, 1983. The Unity of Knowledge and Action: A Study in Wang Yangming's Moral Psychology [J]. Review of Metaphysics, 36（3）：703-706.

Neville R, 1980. From Nothing to Being: The Notion of Creation in Chinese and Western Thought [J]. Philosophy East and West, 30（1）：21-34.

Orive R, 1984. Group Similarity, Public Self-awareness, and Opinion Extremity: A Social Projection Explanation of Deindividuation Effects [J]. Journal of Personality and Social Psychology, 47（4）：727.

Perkins F, 2004. Leibniz and China: A commerce of light [M]. New York: Cambridge University Press.（方岚生, 2013. 互照：莱布尼茨与中国 [M]. 北京大学出版社, 曾小五, 王蓉蓉, 译. 北京：北京大学出版社.）

Peterson W, 1986. Another Look at Li [J]. The Bulletin of Sung and Yuan Studies（18）：13-31.

Pihlström S, 2009. Pragmatist Metaphysics: An Essay on the Ethical Grounds of Ontology [M]. London: Bloomsbury Publishing.

Pihlström S, 2005. Pragmatic Moral Realism: A Transcendental Defense [M]. New York: Rodopi.

Prentice-Dunn S, Rogers R W, 1980. Effects of Deindividuating Situational Cues and Aggressive Models on Subjective Deindividuation and Aggression [J]. Journal of Personality and Social Psychology, 39 (1): 104-113.

Putnam H, 1992. Renewing Philosophy [M]. Cambridge, MA: Harvard University Press. (希拉里·普特南, 2008. 重建哲学 [M]. 杨玉成, 译. 上海: 上海译文出版社.)

Putnam H, 1992. Realism with a Human Face [M]. Cambridge, MA: Harvard University Press. (希拉里·普特南, 2005. 实用主义的多副面孔 [M]. 冯艳, 译. 北京: 中国人民大学出版社.)

Putnam H, 1981. Reason, Truth and History [M]. Cambridge, UK: Cambridge University Press. (希拉里·普特南, 1997. 理性、真理与历史 [M]. 童世骏, 李光程, 译. 上海: 上海译文出版社.)

Reber R, Slingerland E G, 2011. Confucius Meets Cognition: New Answers to Old Questions [J]. Religion, Brain & Behavior, 1 (2): 1-11.

Rees M, 2000. Just Six Numbers [M]. New York: Basic Books.

Robinson H, 2014. Substance [M/OL] //Zalta E N. The Stanford Encyclopedia of Philosophy.http://plato.stanford.edu/archives/spr2014/entries/substance/.

Rosati C S, 2014. Moral Motivation [M/OL] //Zalta E N. The Stanford Encyclopedia of Philosophy.https://plato.stanford.edu/entries/moral-motivation/.

Sabini J, 1982. Moralities of Everyday Life [M]. New York: Oxford University Press.

Sarkissian H, 2010. Confucius and the Effortless Life of Virtue [J]. History of Philosophy Quarterly, 27（1）: 1-16.

Sartre J P, 2007. Existentialism Is A Humanism [M]. New Haven, CT: Yale University Press.（让-保罗·萨特, 存在主义是一种人道主义[M]. 周煦良, 汤永宽, 译. 上海: 上海译文出版社.）

Sayre-McCord G, 1988. The Many Moral Realisms [J]. The Southern Journal of Philosophy, 24（5）: 1.

Schwitzgebel E, 2012. Self-ignorance [J]. Consciousness and the Self: New Essays: 184-197.

Seok B, 2008. Mencius's Vertical Faculties and Moral Nativism [J]. Asian Philosophy, 18（1）: 51-68.

Sherman N, 1990. The Place of Emotions in Kantian Morality [M]//Identity, Character, and Morality: Essays in Moral Psychology. Cambridge, MA: The MIT Press: 149-170.

Shien G M, 1951. Being and Nothingness in Greek and Ancient Chinese Philosophy [J]. Philosophy East and West, 1（2）: 16-24.

Shun K, 2010. Zhu Xi's Moral Psychology [M]//Dao companion to Neo-Confucian philosophy. New York: Springer, Dordrecht: 177-195.

Shun K, 2000. Mencius and Early Chinese Thought [M]. Pala Alto, CA: Stanford University Press.

Shun K, 1997. Mencius on Jen-hsing [J]. Philosophy East and West: 1-20. Sim M, 2007. Remastering morals with Aristotle and Confucius [M]. Cambridge: Cambridge University Press.

Slingerland E, 2011a. The Situationist Critique and Early Confucian Virtue Ethics [J]. Ethics, 121（2）: 390-419.

Slingerland E, 2011b. Of what Use Are the Odes? Cognitive Science, Virtue Ethics, and Early Confucian Ethics [J]. Philosophy East and West, 61 (1): 80-109.

Slingerland E, 2010. Toward an Empirically Responsible Ethics: Cognitive Science, Virtue Ethics, and Effortless Attention in Early Chinese Thought [J]. Effortless attention: 247-286.

Slote M, 2001. Morals from motives [M]. New York: Oxford University Press.

Smith A, 2002. The Theory of Moral Sentiments [M]. Cambridge: Cambridge University Press. (亚当·斯密, 1997. 道德情操论 [M]. 蒋自强, 等译, 商务印书馆.)

Sorensen R, 2009. Nothingness [M/OL]. Zalta E N. The Stanford Encyclopedia of Philosophy.http://plato.stanford.edu/entries/nothingness/.

Swartz N, 2009. Laws of Nature [M/OL]. Anon. Internet Encyclopedia of Philosophy.http://www.iep.utm.edu/lawofnat/.

Tang Chün-I, 1956. Chang Tsai's Theory of Mind and Its Metaphysical Basis [J]. Philosophy East and West, 6 (2): 113-136.

Taylor G, 1985. Pride, Shame, and Guilt: Emotions of Self-Assessment [M]. New York: Oxford University Press.

Tien D W, 2012. Oneness and Self-centeredness in the Moral Psychology of Wang Yangming [J]. Journal of Religious Ethics, 40 (1): 52-71.

Tien D W, 2010. Metaphysics and the Basis of Morality in the Philosophy of Wang Yangming [M] //Dao Companion to Neo-Confucian Philosophy. New York: Springer, Dordrecht: 295-314.

Tiwald J, Van Norden B, 2014. Readings in Later Chinese Philosophy: Han to the 20th Century [M]. Indianapolis, IN: Hackett Publishing.

Trivers R L, 1971. The Evolution of Reciprocal Altruism [J]. The Quarterly Review of Biology, 46 (1): 35-57.

Yu Jiyuan, 2007. The Ethics of Confucius and Aristotle: Mirrors of virtue [M]. New York: Routledge. (余纪元, 2009. 德性之境: 孔子与亚里士多德的伦理学 [M]. 林航, 译. 北京: 中国人民大学出版社.)

Van Norden B, 2014. Wang Yangming [M/OL]. Zalta E N. The Stanford Encyclopedia of Philosophy.https: //plato.stanford.edu/entries/wang-yangming/.

Van Norden B, 2008. Mengzi: With Selections from Traditional Commentaries [M]. Indianapolis, IN: Hackett Publishing.

Van Norden B, 2007. Virtue Ethics and Consequentialism in Early Chinese Philosophy [M]. Cambridge: Cambridge University Press.

Wang R, 2005. Zhou Dunyi's Diagram of the Supreme Ultimate Explained (Taijitu shuo): A construction of the Confucian metaphysics [J]. Journal of the History of Ideas, 66 (3): 307-323.

Wang R, Weixiang D, 2010. Zhang Zai's Theory of Vital Energy [M] //Dao companion to Neo-Confucian philosophy. New York: Springer, Dordrecht: 39-57.

Williams B, 2008. Shame and Necessity [M]. Berkeley, CA: University of California Press. (伯纳德·威廉斯, 2014. 羞耻与必然性 [M]. 吴天岳, 译. 北京: 北京大学出版社.)

Wilson E O, 1998. Consilience: The unity of knowledge [M]. New York: Alfred A. Knopf. (爱德华·威尔逊, 2002. 契合: 知识的统合 [M]. 田洺, 译. 北京: 三联书店.)

Wittenborn A, 1982. Some Aspects of Mind and the Problem of Knowledge in Chu Hsi's Philosophy [J]. Journal of Chinese Philosophy, 9 (1): 13-47.

Wong D, 1986. On Moral Realism without Foundations [J]. Southern Journal of Philosophy, 24 (5): 95-114.

Woodruff P, 2014. Reverence: Renewing a Forgotten Virtue [M]. New York: Oxford University Press.

Wong W Y, 2010. The Thesis of Single-Rootedness in the Thought of Cheng Hao [J] //Dao Companion to Neo-Confucian Philosophy. New York: Springer, Dordrecht: 89-104.

Wong W Y, 2009. Morally Bad in the Philosophy of the Cheng Brothers [J]. Journal of Chinese philosophy, 36 (1): 141-156.

Wright R, 1995. The Moral Animal: Why We Are, the Way We Are: The New Science of Evolutionary Psychology [M]. New York: Vintage Books.

Zhang D, 2002. Key Concepts in Chinese Philosophy [M]. New Haven, CT: Yale University Press.

索引[1]

a

a posteriori nature 后天之性 115, 116, 132, 160—161, 176

a priori intuitionism 先天直觉主义 132, 160, 246, 249—252

a priori nature 先天之性 160—161

absolute nothingness/void 绝对空无 82

action, unity with knowledge 行动, 知行合一 218—219, 258—262

Adler, Joseph A. 31, 32

altruism 利他主义 195, 208—212, 275—277

Ames, Roger 安乐哲 39

Analects《论语》22, 27, 112, 132, 199, 209, 210, 222, 233, 237

Angle, Stephen C. 安靖如 4n, 184n, 227n

arché (origin/beginning) 始基 (起源/开端) 6

Aristotle 亚里士多德 6, 109, 183, 216

Armstrong, David 18

---

[1] 页码为原书页码, 即本书的边码。本索引中涉及的英文姓名, 有成熟中文译名的则标注中文译名, 其他一律保留为英文, 以便中文读者查阅相关资料。对脚注的引用, 后面会标上字母"n"。

Arplay, Nomy 201
Asch, Solomon 280—281
attribution error 归因谬误 223
attunement 协调 234
authenticity（cheng）诚
automaticity 自动性 187, 188, 189
Ayala, Francisco J. 247

b

Bai, Tongdong 白彤东 56
Behuniak Jr, James 89
being and nothingness debate 有无之辨 12, 34, 38—51, 57, 72, 77
being watchful when one is alone 慎独
beyond physical form 形而上
Blasi, Augusto 184, 190
Bloom, Irene 32n
Bodde, Derk 31n, 32
Book of Changes（Yijing）see Yijing 见《易经》
Book of Documents（Shangshu）《尚书》133, 236—237
Book of Rites（Liji）《礼记》22, 162
Boundlessness（wuji）无极 51, 52, 56, 72
A Brief Exposition of the Essence of Laozi's Teachings（Wang, Bi）《老子指略》（王弼）43, 45
Brink, David O. 228—229, 266

Buddhism 佛教 2, 20, 22, 35, 45, 72, 77, 89, 105, 116, 234
Huayan 华严 6

C

cai（natural talents/capabilities）才 167—170, 269

cardinal virtues, see four cardinal virtues 基本德性，见四种基本德性

causation 因果性 98—101

Chan, Wing-cheuk 陈荣灼 76n, 82

Chan, Wing-tsit 陈荣捷 6, 9, 10n, 13, 16, 22, 32, 34, 38, 39, 40n, 41—44, 48—49, 50n, 51, 63, 64n, 70n, 91, 95, 96, 98n, 139, 140, 141, 209, 232n

chaos 混沌 55, 62—63, 79, 85, 113

Chen, Lai 陈来 53, 54, 70, 72, 92, 96, 98n, 106—107, 146

Chen, Tuan 陈抟 35, 37, 38, 59

Chen, Yufu 陈郁夫 38

Chen, Yun 陈赟 27, 104n, 178

Cheng, Chung-Ying 成中英 10—11, 97, 108, 110

Cheng, Hao 程颢 4n, 8, 9, 12—13, 13, 17, 19, 20—22, 31, 85, 86, 86—88, 91—94, 118, 130, 131, 205—226

Cheng, Yi 程颐 8, 9, 9—10, 12—14, 17, 19—23, 31, 83, 85—94, 96, 115, 116, 118, 130, 168, 169, 205—226

Cheng, Yishan 程宜山 61, 62n, 69, 70n, 80, 81

Cheng brothers see Cheng, Hao; Cheng, Yi 二程兄弟，见程颢、程颐

Cheng-Zhu school 程朱学派 6, 7, 8, 14, 22, 31, 82, 102, 150
moral psychology 道德心理学 158, 168, 169, 172, 178
heavenly principle 天理 86, 87, 103, 233
normative realism 规范实在论 13, 85—102, 117, 120, 221—222
Chinese Buddhism 中国佛教 1, 13—14, 163, 172
Ching, Julia 秦家懿 151n
coherence, principle as 连贯性, 作为连贯性的理 90
Colby, Anne 186, 190, 194, 195
Commentary on Laozi's Daodejing (Wang, Bi)《老子注》(王弼) 43
Commentary on the Zhuangzi (Guo, Xiang)《庄子注》(郭象) 48
compassion/commiseration 怜悯/仁 3, 141, 164—165, 175, 176—177
complementarities principle 互补性原理 43
concrete existence 具体存在 115, 116
concrete things 具体事物 52—53, 92, 97, 111
Confucianism, classical 古典儒学 2, 13
Confucius 孔子 13, 15, 16, 19, 34, 50, 132, 161, 168, 191, 193, 196, 198—199, 209, 210, 222, 223, 233, 237, 270, 282
Correcting Youthful Ignorance (Zhang Zai)《正蒙》(张载) 20, 105
cosmic accident 宇宙偶然事件 12, 85
cosmic principle concept 宇宙原理概念 77, 95
cosmogony 宇宙演化论 12, 67, 69
cosmology 宇宙论
creation ex nihilo 无中生有 55, 56
Cua, Antonio S. 4n
Cui, Jing 崔憬 110

d

Dai, Zhen 戴震 116

Damon, William 186, 190, 194, 195

Dao 道 40, 41, 63, 112

Daodejing《道德经》26, 32, 34, 38n, 40—44, 46, 75

Daoism 道教 2, 12, 20, 22, 31, 32, 35, 45, 50, 51, 89, 90, 92, 114, 116

Darley, John M. 278, 275, 279

Darwin, Charles 查尔斯·达尔文 246—247, 250

Davidson, Philip 193-194

Davis, Bret W. 45n

De Bary, William Theodore 31n, 32

De Sousa, Ronald 165n, 166

De Waal, Frans 159

deference（jing）敬 3, 237

Deleuze, Gilles 吉尔·德勒兹 276, 278

Deonna, Julien A. 163

deontology 义务论 5, 183, 184

Descartes, René 勒内·笛卡尔 82, 109

descriptive dimension（how things are）描述性维度（事物是怎样的）87

desires 欲望 133, 198

determinism 决定论 50n, 169, 186

Ding Weixiang 丁为祥 70

Discourse on Heaven（Liu Zongyuan）《天论》（柳宗元）73

disgust 厌恶 3，132，165—166

dispositions, physical and psychological 倾向，生理的和心理的 131

Disquisitions（Wang Chong）《论衡》（王充）68—69

division, problem of 分化，分化问题 68

Doctrine of the Mean《中庸》22，31，87n，105n，126，129，136，212

Dong, Zhongshu 董仲舒 61，62，68—69

Doris, John M. 16—17，201，202，205

Downes, Stephen M. 251

dualism 二元论 97，98

Duan, Yucai 段玉裁 40，51

Dweck, Carol S. 184

e

East Asian Buddhism 东亚佛教 89

Einstein, Albert 阿尔伯特·爱因斯坦 55n，81

Emotions 情感

empathy 移情 159，176，209，248，270，271，272，276，282

emptiness 空 77，105

epistemology 认识论

Erikson, Erik 213

eternalism 永恒论 96

ether 以太 81

ethical rationalism 道德理性主义 17，174，232

ethics 伦理学

evil 邪恶 3, 133

existentialism 存在主义 157

The Exposition of the Taiji Diagram (Zhou Dunyi)《太极图说》（周敦颐）31, 33, 34, 35, 52, 53

Extension 扩充

f

fair-mindedness 公 210

Fang, Yizhi 方以智 80—81

Feng, Youlan 冯友兰 32, 35n, 59, 115

Festingei, L. 280

Five Agents 五行 94, 95

Five Classics《五经》25, 27, 40n

Five Constant Virtues 五常 58—59

Flanagan, Owen 15

flood-like qi 浩然之气 193

formlessness 无形 10, 73, 76, 79, 80, 105, 108, 110, 116

foundationalism 基础主义 238

four cardinal virtues 四德 62, 128

Four Classics《四书》22, 120

Frankfurt, Harry 198

free will 自由意志 208

g

Ganeri, Jonardon 252

Gang of Seven in the Bamboo Forest 竹林七贤 46, 48n

Gaozi 告子 161

Gardner, Daniel K. 237

generation, 生成 68

globalism 整合主义 16, 17, 205, 206

globalist virtue ethics 整合主义美德伦理学 17, 205—226

goodness 善

Goose Lake debate (1175) 鹅湖之会 34—35, 151

Graham, Angus C. 6, 38, 39, 90, 92, 93

Grand Chaos 庞鸿 67

Grand Obscurity 溟涬 66, 67

Grand Singularity 太一 63

Great Element 太素 66, 67

Great Equilibrium 太和 105, 106

Great Incipience 太元 67

The Great Learning《大学》2, 22, 219

Great Ultimate 太极 107

Great Vacuity 太虚 105—106, 108, 111, 120

Greco, John 215

Gu, Jun 顾骏 48, 50

Guo, Xiang 郭象 47, 48—49, 50

Guo, Yu 郭彧 38, 53, 57

h

habituation 习惯化/习 132, 160, 161, 168, 169, 171, 176, 185, 189, 203

Haidt, Jonathan 15, 187

Hall, David 39

Han Dynasty (206 BCE—220 CE) 汉代 39, 40n, 54n, 57, 61n, 66, 68, 70n

Hanfeizi 韩非子 7, 16

Harman, Gilbert 206, 207, 215, 222, 223, 226n

harmonica universalis 普遍和谐 82

He, Yan 何晏 42, 43, 46

He, Zuoxiu 何祚庥 81

heaven and earth 天地 4, 137, 140, 172, 184, 191, 195, 257, 258, 273

heaven-as-human/heaven-as-heaven 人之天/天之天 118, 119

human nature 人性 125, 134, 149, 158, 172

Heguanzi 《鹖冠子》62

Heshanggong 河上公 38

Higher-order perception (HOP) 高阶感知 18

Hill, Patrick L. 184, 186, 188, 194

History of Jin 《晋史》48n

Hoffman, Martin L. 248, 275, 282

holistic order, principle as (Zhu Xi) 整体秩序, 作为整体秩序的理（朱熹）94—95

Hong, Jingtan 洪景潭 45

Hu, Shi 胡适 65n

Huainanzi（Daoist text）《淮南子》（道家文献）

Huang, Baijia 黄百家 35

Huang, Siu-Chi 黄秀矶 151, 227, 232

Huang, Yong 黄勇 3, 4n, 85, 90, 184n

Huang, Zongxi 黄宗羲 33n, 34n

Huang, Zongyan 黄宗炎 35, 38

Huayan Buddhism 华严宗 6

Hudson, William Henry 250

human nature 人性 14—15, 125—138

humaneness（yen）仁 94, 119, 226

humanistic moral realism 人道主义道德实在论 139, 144—150

Hume, David 大卫·休谟 109, 230

Hursthouse, Rosalind 206n

Hutton, Eric L. 205n

i

idealism 唯心论 140, 155

identity, moral 认同, 道德认同 188, 189—191

immorality 不道德 13, 131, 169, 175, 176

impartiality 不偏不倚/公 210

infinity, notion of 无限, 无限概念 51

intellectualism 理智主义 228, 229, 233

intellectuals 知识分子 46

intentionality 意向性/意 153

interconnectedness 相互关联 229—230

internal moral realism 内在道德实在论 14, 125, 130, 137, 227

intersubjectivity 主体间共通性 148

intrapersonal coherence 个人内在的一致性 202n

intuition 直觉

Isen, Alice M. 200

Ivanhoe, Philip J. 4n, 5, 25, 134, 139–142, 144, 146, 148, 151, 153, 184n, 211n

j

Jacquet, Jennifer 277

Jiang, Yi 江怡 51—52

Jincheng 晋城 21

Joyce, Richard 247

Jullien, François 115

k

Kang, Zhongqian 康中乾 45, 46, 47n

Kangxi（emperor of Qing Dynasty）康熙（清朝皇帝）209

Kant, Immanuel 伊曼努尔·康德 9, 76, 174

Kiehl, Kent A. 168—169

Kim, Jaegwon 100n, 101n

Kim, Yung Sik 金永植 7

knowledge 知识/知 18, 216, 217, 227, 228, 240

Korsgaard, Christine 克里斯汀·科尔斯戈德 271n

L

Lach, Donald F. 86

Lack of Character 品格的缺失 16

Lao, Sze-kwang 劳思光 38, 55

Laozi 老子 39, 40, 41, 42, 43, 51, 56n, 61, 67

Laplace, Pierre-Simon 76

Lapsley, Daniel K. 184, 186, 188, 189, 194

Latané, Bibb 275, 278, 279

Lau, D. C. 237

learning 学习/学

Lee, Chan 240

Leggett, Ellen L. 184

Leibniz, Gottfried Wilhelm 莱布尼茨 74, 81, 82, 109n

Levin, Paula F. 200

li（principle）see principle 理，见 principle

Li, Rizhang 李日章 21, 22

Li, Shen 李申 38, 55

Li, Tong 李侗 22

Liangzhi（pure knowing）良知（纯粹之知）18, 250—254, 258

Lind, Marcia 273n

Liu, An 刘安 63n

Liu, JeeLoo 刘纪璐 62n, 98n, 103n, 265n
Liu, Mu 刘牧 53
Liu, Yuxi 刘禹锡 73
Liu, Zongyuan 柳宗元 61n, 73
Locke, John 约翰·洛克 109, 142
love 爱 164, 175
Lu, Dian 陆佃 62
Lu, Suosan 陆梭山 33, 34
Lu, Xiangshan 陆象山 7, 9, 14, 20, 23, 25, 33—34, 139—155, 232, 234
Lu-Wang school 陆王学派 23, 82, 139

m

McDougall, William 164, 174
McMorran, Ian 81n
Major, John S. 64n
Mandate, of Heaven 天命 128, 131, 136
Mao, Qiling 毛奇龄 35
Marchal, Kai 125
materialism 唯物论
Memoir of Chuanshan（Wang Fuzhi）《船山记》（王夫之）26—27
Mencius 孟子 3, 13, 15, 18, 27, 126, 129—132, 141, 159, 161, 164, 167, 169, 171, 190, 193, 207, 265
meontology 绝无论 45
metaethics 伦理学 165

metaphysics 形而上学 4, 12—13, 91—92, 221
Milgram experiments Milgram 实验 201
Miller, Alexander 144n
mind 心灵
mind is principle 心即理 14, 139—155, 232
mind-body dualism 身心二元论 109
ming（brilliance）明 65, 127, 233, 255
Ming Dynasty（1368—1644）明朝 26
Mingdao Academy, Jincheng 明道书院, 晋城 21
moderation 节制 173
Monroe, Kristen Renwick 195
moral action 道德行为 3, 230, 271
moral agents 道德行为主体/行为主体 5, 13, 16, 133, 140, 174, 193, 211
moral beliefs 道德信念 190, 228, 239, 247, 266
moral character 道德品格 4, 5, 16, 17, 226, 235, 283
moral cultivation 道德修养 16—17, 18
moral epistemology 道德认识论 17, 18, 228—235
moral essence 道德本质 14, 15, 115
moral exemplars 道德榜样 17, 186, 188, 189, 191n, 193—194, 223, 248
moral expertise 道德专长 189, 192—194, 202
moral externalism 道德外在主义 4
moral goodness 道德善 134—135
moral identity 道德认同 188, 189—191
moral inquiry 道德探究 149—150
moral intuition 道德直觉 14, 18, 187, 239, 246

moral knowledge 道德知识 14，18

moral metaphysics 道德形而上学 3，14，85—86，104—107，126

moral methodology 道德方法论 254—258

moral motivation 道德动机

moral objectivism 道德客观主义 140，144，146，147

moral personality 道德人格 17，183—203

moral programs 道德规划 15，18，173，274，279

moral psychology 道德心理学 14，16，132—135

moral realism 道德实在论 14，129—130

moral reflexivism 道德反身主义 18，252—254

moral self 道德自我 125，172，188，189，190，202，253

moral self-cultivation 道德自我修养 190，191，196，199，283

moral self-identity 道德自我认同 184，189，190

moral senses 道德意识 140，248

moral sentiments 道德情操 3，132，133，174

moral skepticism, and virtue ethics 道德怀疑论，与美德伦理学 206—207

moral transformation 道德转化 186—187，190，191，197，235

moral truths 道德真理 145，147

moral universalism 道德普遍主义 144，149

morality 道德 2，13

Mou, Zongsan 牟宗三 70，140

Mu, Xiu 穆修 35，38

Munro, Donald J. 15—16，208

n

Nagel, Thomas 内格尔·托马斯 266

naïve materialism, Western 朴素唯物论 80, 104

Narvaez, Darcia 184, 189

natural constitutionism 自然禀赋主义 159

naturalized materialism 自然化的唯物论 80

nebular hypothesis 星云假说 76

Necessitarian Theory of Laws of Nature 关于自然法的必然论 77—80, 85, 112—113

Needham, Joseph 66, 95

negation doctrine 否定论 39, 40—41, 44, 45, 46, 51

Neo-Confucianism 理学

Neville, Robert C. 25, 32, 51, 56, 58n

Newcomb, T. 280

New-Confucianism 108

no error theory 无差错理论 50

nomological necessity, externalist and internalist view 律则必然性, 外在论和内在论观点 79

nonbeing 非存在 39, 44—47, 52, 55, 72

non-reductionism 非还原论 13, 86, 91-94

normative ethics 规范伦理学 4—5, 183, 184

normative principles 规范性原理 91

normative realism 规范实在论 13, 85—102, 117, 120, 221—222

normativity 规范性 87

O

On Yellow Emperor（Wang Fuzhi）《黄书》(王夫之) 25—26

One-body thesis（Wang Yangming） 一体论（王阳明）14

Oneness hypothesis 一体论 63, 210—212, 257, 258

ontology 本体论 11, 12

order 秩序 94—95, 113

Orive, Ruben 279, 280

P

Pang, Pu 庞朴 39—40, 41, 42, 44

passions 激情 133, 165

Pei, Wei 裴頠 47—48, 50

Penetrating the Book（of Changes）（Zhou Dunyi）《(易)通书》(周敦颐) 31, 33, 58

Pepitone, A. 280

Perceptions 感知 142, 145, 175, 216

performance, knowledge as 执行/履行, 知识即是履行 219n, 222

Perkins, Frank 2

permanence 永久性 108

personality psychology 人格心理学 16

Peterson, Willard 彼得森·威拉德 90, 96

phone booth experiment 电话亭实验 200—201

physicalism 物理主义 101

Pihlström, Sami 147, 149—153
Plato 柏拉图 89n, 174
pragmatist metaphysics 实用主义形而上学 150—153
prescriptive dimension 规范性维度 87—88
primary matter 原初物质 81—82
primitive force concept 原初动力概念 82
primordial chaos 原初的混沌 55
primordial qi 元气 12, 56, 61, 62—69, 72, 80
principle 原理/理
psychopaths 精神病患者 168—169
Putnam, Hilary 143, 147, 154

q

qi（cosmic energy）气（宇宙能量）11, 12, 79, 106, 107, 111
qi-generation thesis 气化论 76
qi-monism 气一元论 11, 53
Qing Dynasty（1644—1911）清代 26, 116
qualities, primary and secondary 性质, 第一性质和第二性质 142

r

realism 实在论 32
Realism Manifesto（Cheng Hao）实在论宣言（程颢）213
Reason, Truth and History（Putnam）《理性、真理与历史》（普特南）143n

Reber, Rolf 15

reciprocal altruism 互惠利他主义 208

reciprocal determinism 交互决定论 186

Recognizing Humaneness（Cheng Hao）识仁 210

Rectifying the Youth（Zhengmeng）《正蒙》184

Rees, Martin 7

Reflection（si）反思/思 15, 34, 116, 146, 171, 175, 230, 245, 246, 267, 272, 281, 282

Reflections on Things at Hand（Zhu Xi）22

Regulatory theory 调节理论 78, 85

respectfulness 敬 164, 212—215

reverence 敬畏 3, 166, 227, 235—239

righteousness（yi）义 9, 14, 16, 58, 107, 224, 249

Robinson, Howard 108

robust character traits 稳健的品格特质 222—225

Rodin, J. 275, 278, 279

Rogers, R. W. 280

Rorty, Amélie Oksenberg 263, 266, 281, 282

Rosati, Connie 240, 241

S

Sabini, John 202

sages/sagehood 圣人/圣人境界 17, 34, 58, 172, 239

Sarkissian, Hagop 280

Sartre, Jean-Paul 让·保罗·萨特 157

Sayer-McCord, Geoffrey144, 145n

School of Being 崇有派 47, 50

School of Mind 心学派 20

School of Nonbeing 贵无派 46

Schwitzgebel, Eric 222

Self-cultivation 自我修养 34, 91, 192, 194, 200, 227

self-interest 利己 195, 209, 245, 275

selfishness 自私 173, 254—258

self-knowledge 自我知识 222, 228

senses 意识 92, 126, 133, 142, 174, 216, 276, 281

Seok, Bongrae 15

shame 羞耻 3, 133, 165—166

Shao, Yong 邵雍 19n, 53—54

shendu（being watchful when one isalone）慎独 261—262

Shien, Gi-Ming 56, 57

Shun, Kwong-loi 信广来 4n, 125—126, 128, 129, 130

Shuowen Jiezi 《说文解字》51, 209

Silver, Maury 202

Sim, May 184n

singularity 奇点 62, 63

situational fit 时中 196—198

situational pressure 情境压力 201

situationism 情境主义 16—17, 185

Six Classics 《六经》23, 27, 40

Skepticism 怀疑主义

Slingerland, Edward 15, 183, 199

Slote, Michael 迈克尔·斯洛特 4n

Smith, Adam 亚当·斯密 276

Smith, Jacqui 189

Smith, Michael 266

social conditioning 社会条件作用 3

social intuitionism 社会直觉主义 187

social sentimentalism 社会情感主义 265—284

socio-cognitive model 社会认知模式 17, 184, 185—189, 190, 206

sociopathy 社会病态 168

Song Dynasty (960—1279) 宋代 26, 53, 83, 120

Song-Ming neo-Confucianism 宋明理学 2, 21

Sorensen, Roy 53n, 54, 55n

Sosa, Ernest 219n

Space-time framework 时空架构 54—55, 57, 82, 109

Spiritual Constitution of the Universe《灵宪》66

spontaneous transformation 自发性转化 48

Stewart, Ian 85n

substance 本体

substance and function 体用 44, 70n

substance dualism 本体二元论 98, 99n

supervenience 随附性 98, 99, 100

supervened base properties 随附基属性 98—99

Swartz, Norman 78, 79n, 85n

t

Taiji concept (Supreme Ultimate) 太极概念 14, 32, 52—59, 69, 89

Taiji diagram (Zhou Dunyi)《太极图》(周敦颐) 32, 33, 35,

36，38，55
 Tang, Chün-I 唐君毅 107
 Tang, Yongtong 汤用彤 42，44，45—46
 Tang Dynasty（618—907）唐代 26，61n，73，110
 Taylor, Charles 查尔斯·泰勒 234
 Taylor, Gabriele 267—268
 teleology 目的论 4，5，109
 Teroni, Fabrice 163
 Tien, David W. 143
 Treatises on Heaven（Liu Yuxi）《天论》（刘禹锡）73
 Trivers, Robert L. 208
 Turri, John 215

u

 understanding, as attunement 理解，作为协调的理解 234
 universe 宇宙
 utilitarianism 功利主义 183，184

v

 vacuum 真空/空 54，55，80，82
 Van Norden, Bryan 万百安 W. 25，184n
 Veneration of Being（Pei Wei）《崇有论》47
 virtue ethics 美德伦理学 15，17—18
 virtue ethics of flourishing（VEF）幸福主义美德伦理学 5

virtue ethics of sentiments（VES）情感主义美德伦理学 5

void 空间/虚空 32，39

volition 意志 136，170—171，190，198

W

Wang, Anshi 王安石 225

Wang, Bi 王弼 42—47，51

Wang, Chong 王充 68—69

Wang, Fuzhi 王夫之 7—8，9，13，14—15，18，25—27，70n，80，82，94，104—107，157—179，265—284

Wang, Haicheng 王海成 70，71n

Wang, Robin 32，38，57

Wang, Yangming 王阳明 4n，7，9，14，18，20，23，24—25，26，116，139—155，173，187，211n，218，232，245—263

Warring States period（475—221 BCE）战国时代 40，62n

Wei and Jin dynasties（220—420）魏晋王朝 42，45，46，50

Western Inscription《西铭》9，20—21，91，194

White Deer Cave Academy 白鹿洞书院 22

will 意志 170—171，208

Williams, Bernard 伯纳德·威廉姆斯 268

Williams, Robert Anthony 15

Wilson, Edward O. 208

Wisdom（zhi）智慧/智 9，14，46，59，107，119，161，223，230，249

Wittenborn, Allen 228，233，234，235n，238

Wong, David 145

Wong, Wai-ying 184n

Woodruff, Paul 236

Wright, Robert 245

Wuji concept (boundlessness) 无极概念

Wuji diagram (Chen Tuan)《无极图》(陈抟) 35, 37, 38

x

Xiang, Xiu 向秀 48n

Xiao, Jiefu 萧萐父 104n, 160

xingershang (beyond physical form) 形而上 117

Xiong, Shili 熊十力 108

Xu, Shen 许慎 39, 40, 51, 54n, 57, 62n, 109

Xu, Sumin 许苏民 104n, 160

Xunzi 荀子 3, 10, 33n, 161

y

Yan, Hui 颜回 19n, 223

Yan, Shouzheng 严寿澂 104

Yang, Lihua 杨立华 70

Yangming Grotto 阳明洞 24

Yi, Desheng 易德生 62n, 81

Yijing (Book of Changes)《易经》2, 3, 126

yin and yang 阴阳 8, 11, 78, 82, 100, 158

Youniss, James 193—194

Yu, Jiyuan 余纪元 184n

Yu, Kam-por 116n, 262n, 272n

Z

Zeng, Zhaoxu 曾昭旭 104n

Zhang, Dainian 张岱年 8, 10, 40, 62n, 70, 110

Zhang, Heng 张衡 66, 67, 69—70, 74

Zhang, Liwen 张立文 172, 178

Zhang, Qihui 章启辉 104n

Zhang, Zhan 张湛 42n

Zhang, Zai 张载 7—8, 9, 11, 12, 17, 20, 21, 22, 61—83, 85, 86, 101, 103—108, 111, 118, 120, 130, 141, 168, 183—203, 211n, 265

Zhou, Bing 周兵 160

Zhou, Dunyi 周敦颐 9, 12, 19, 20, 21, 22, 31—60, 72, 225

Zhu, Xi 朱熹 7, 9, 10, 13—14, 17—18, 19n, 22—23, 25, 31, 33—35, 52, 58n, 83, 85, 86, 91, 94—101, 103, 106, 115—116, 116, 125—138, 139, 140, 141, 150, 151, 154, 168, 169, 226n, 227—244

Zhu, Yizun 朱彝尊 35

Zhu, Zhen 朱震 35

Zhuangzi 《庄子》 26, 50

译后记

刘纪璐（英文名 JeeLoo Liu）教授出生于中国台湾，在台湾大学哲学系获得哲学学士和硕士学位，旋即赴美国罗彻斯特大学哲学研究所攻读博士学位，现为美国加州州立大学富乐顿分校（California State University, Fullerton）哲学系教授。她的研究领域不止于中国哲学，在形而上学、心灵哲学、语言哲学、道德哲学等多个领域都有精深的学术造诣。

目前呈现在大家面前的这本《宋明理学：形而上学、心灵与道德》一书，是刘教授的英文专著 Neo-Confucianism: Metaphysics, Mind, and Morality（Wiley-Blackwell 出版社 2017 年出版）的中译本。该书是作者的 An Introduction to Chinese Philosophy: From Ancient Philosophy to Chinese Buddhism（《中国哲学导论：从古代哲学至中国佛学》）一书的续篇。作者围绕形而上学、心灵与道德三个主题，对宋明理学中最为重要的八个人物进行了详尽的哲学分析，并试图论证在这些理学家那里，这三大主题是如何环环相扣，展现出一个连贯性的理论关怀与思想关联的。

作为一部宋明理学研究的著作，该书有着鲜明的特色。首先，在研究对象的选择上。随着宋明理学研究的深入，当前的宋明理学研究者往往觉得那些最为重要人物似乎已经没有可深入或突破的空间,从而倾向于选择一些学者们关注不多的文本或人物展开研究。但在本书中,刘教授仍然选取了宋明理学史上最具代表性的八个人物,即周敦颐、张载、程颢、程颐、朱熹、陆九渊、王阳明、王夫之。而通过这本书也可以看到,即便对于这些最为重要的人物,仍然有很多可以发掘的研究空间;其次,在研究主题的提炼上。与当前宋明理学的研究主要围绕着一些核心的概念、范畴展开有所不同,刘教授将宋明理学家们所关注的问题,提炼到了更为基本的哲学问题的层面,如实在的真相是什么?道德的基础何在?人性的本质是善的还是恶的?人类与整个宇宙的关系如何?通过这一提炼,刘教授试图揭示理学家们所关注的问题所具有的普遍性理论内涵;再次,在研究方法的使用上。刘教授自觉地反对"以中释中",而采取分析哲学的研究方式。在她看来,这一研究进路能够更好地为中国哲学的局外人提供进入中国哲学的知识性通道,帮助他们更好地理解宋明理学的哲学内涵与普遍意义。此外,作为一位使用英文进行写作的华裔学者,刘教授能够自由地游走于中、英文的学术世界之中,并基于她自身在西方哲学方面的深厚学养,能够自觉而自由地引用和运用西方哲学,特别是分析哲学领域的相关理论资源,对宋明理学家们的相关理论进行阐释,因此,她的这一工作也具有非常明确的比较哲学的色彩。总而言之,如果说国内的宋明理学研究成果,总体上都属于"史学式的哲学史研究",那么通过对分析哲学与比较哲学的研究方法的引入,刘教授的这部书则明显属于"哲学式的哲学史研究"①。本书是刘教授"用西方分析哲学的语言"将"儒学哲学化"的最新成果②，相信本书中译本的出版，能够在视野和方法上为宋明理学的研究者提供启发。

　　本书由我于2019年在牛津大学哲学系访学期间译为中文，刘教授通读了译稿，并提出了诸多详细的修订意见。尤其需要向读者交代的是，本书目前已经由台湾的联经出版社出版了繁体字版。在出版繁体字本前，刘教授又按照她的个人用词和表达习惯对译稿进行了较大的改动，不少地方在具体内容上也进行了修订和补充，使得繁体字本更像一本母语撰写的著作而不是译作，因此在繁体字出版时，将我与刘教授列为共同译者。不过，此次在西北大学出版社出版的简体字版，则在用词和表达上更多地保留了译者的习惯，故仍由我署名译者，刘教授署名校者。我的师兄、西安电子科技大学人文学院的陈志伟教授亦通读了译稿，提出了一些修改意见，西北大学出版社的任洁、向雱两位老师为本书的编辑和出版付出了大量的辛劳，在此一并表示感谢。至于译本中可能存在的错误，均由我一人承担，并切望读者诸君指正。

江求流
2021年10月于长安

---

　　①宋宽锋教授曾经区分了"史学式的哲学史研究"和"哲学式的哲学史研究"，参见氏著《哲学史研究方法论十讲》，北京：北京大学出版社，2021。

　　②参见刘纪璐，《儒学哲学化的契机：以分析哲学为传统中国哲学开生面》，《深圳大学学报（人文社会科学版）》，2016年第1期。